吉首大学"十二五"规划教材

吉首大学服务武陵山片区区域发展与扶贫攻坚特色专业群建设专业

国家社会科学基金"武陵山片区文化产业与旅游产业融合发展研究

武陵山片区非物质文化遗产保护与旅游利用

西南交通大学 出版社

·成都·

图书在版编目（ＣＩＰ）数据

武陵山片区非物质文化遗产保护与旅游利用 / 姚小云，刘水良主编. —成都：西南交通大学出版社，2015.1

吉首大学"十二五"规划教材

ISBN 978-7-5643-3543-4

Ⅰ. ①武… Ⅱ. ①姚… ②刘… Ⅲ. ①山区 – 文化遗产 – 保护 – 湖南省 – 高等学校 – 教材②山区 – 旅游资源 – 资源利用 – 湖南省 – 高等学校 – 教材 Ⅳ. ①K296.4 ②F592.764

中国版本图书馆 CIP 数据核字（2014）第 262772 号

吉首大学"十二五"规划教材

武陵山片区非物质文化遗产
保护与旅游利用

姚小云　刘水良　主编

责 任 编 辑	吴明建
封 面 设 计	米迦设计工作室
出 版 发 行	西南交通大学出版社 （四川省成都市金牛区交大路 146 号）
发行部电话	028-87600564　028-87600533
邮 政 编 码	610031
网 　 址	http://www.xnjdcbs.com
印 　 刷	四川川印印刷有限公司
成 品 尺 寸	170 mm×240 mm
印 　 张	13.75
字 　 数	247 千字
版 　 次	2015 年 1 月第 1 版
印 　 次	2015 年 1 月第 1 次
书 　 号	ISBN 978-7-5643-3543-4
定 　 价	30.00 元

目 录

第一章 武陵山片区非物质文化遗产概述

第一节 非物质文化遗产概念与分类

一、"非物质文化遗产"概念来源

第二次世界大战以后，亚洲的日本和韩国率先对非物质文化遗产实施活态保护。日本于 1950 年颁布了《文化财保护法》，此法成为日本保护国家文化财产的根本性法律。所谓"文化财"，分为"有形文化财"和"无形文化财"两大类。有形文化财即指地上地下那些文物古迹；无形文化财（むけいぶんかざい）就是那些以"人"作为媒体而得以代代相传的古老文化样式，如古老的戏剧演艺等。它的保护范围非常广泛，涵盖有形文化财、无形文化财、民俗无形文化财、史迹名胜天然纪念物、传统建筑物群、文化财保存技术、埋葬文化财等七大类。"无形文化财"（后来被译作"非物质文化遗产"）一词的提出，不仅标志着一个新的名词的诞生，同时也标志着一种全新理念的形成，即人类对文化遗产的保护范围，已经从原有的物质层面延伸到了非物质层面。因此，"无形文化财"这一全新概念和理念的提出，在人类遗产保护史上具有里程碑式的意义。

日本提出对非物质文化遗产实施活态保护后，国际社会并未给予足够重视。进入 20 世纪 60 年代后，情况开始发生变化。韩国从 1958 年开始举办"全国民俗艺术演出比赛大会"，1962 年制定了《文化财保护法》，并设有属于政府机关的"文化财厅"，无形文化遗产与有形文化遗产、纪念物、民俗资料等，一道被列为保护对象。无形文化遗产按照其重要程度，区分为由国家所指定的重要无形文化遗产以及市、道所指定的无形文化遗产。1964 年，民俗剧被指定为重要无形文化遗产，同时，"全国民俗艺术演出比赛大会"改称为"全国民俗艺术欢庆"。直到现在日本每年都在坚持举办。1965 年韩国开始拍摄非物质文化遗产的纪录片。从 1973 年开始，韩国每年以年度为计划建设无形文化遗产传授教育馆，以在该年度所传承地区为建立原则，特别注重团体项目的传承。1978 年之后，同国立电影制作所协议制作了有关舞蹈、工艺、技术等 44 部纪录片。从 1984 年起，开始通过每年刊行重要无形文化遗产的有关说明书，有计划地开展无形文化遗产的记录、整理和保存工作。韩国政府认为，世界各国对于无形文化遗产缺乏认识，因此，作为对策，在 1993 年举行的第 142 届联合国教科文组织理事会上，提出了关于"普及无形文化遗产制度"的提案，最终此提案被采纳。1997 年，韩国在汉城（现首尔）建成了重要无形文化遗产综合传授会馆，作为进行传授教育、演出、展览、广告等活动的多功能文化空间使用。

在全球性非物质文化遗产保护运动中，对世界产生重要影响的国家固然是起步最早的日本和韩国，但对联合国教科文组织发生直接作用并最终促使联合国教科文组织接受这种主张的是美国。1976 年 1 月 2 日，美国第九十四届国会通过了《民俗保护法案》。在该法案中，"美国民俗"包括的范围非常广泛："风俗、信仰、技巧、语言、文学、艺术、建筑、音乐、游戏、舞蹈、戏剧、宗教仪式、庆典、手工艺"等，在"美国境内各群体所持有的家族的、种族的、职业的、宗教的和地域的文化表现形式"，都隶属美国民俗，也都在《民俗保护法案》保护之列。美国的《民俗保护法案》受到了日本、韩国等非物质文化遗产保护理念的影响。这一法案的提出，比日本晚了 27 年，比韩国晚了 14 年，但与欧洲各国相比，美国还是先行了一步。

联合国教科文组织对非物质文化遗产的保护起步于 20 世纪 70 年代。在日本的推动下，非物质文化遗产保护的理念逐渐受到联合国教科文组织的重视。1977 年，联合国教科文组织在制定《联合国教科文组织第一个中期计划》（1977—1983）时，首次提及"非物质文化遗产"这个概念。7 年后的 1984 年，联合国教科文组织在制定《联合国教科文组织第二个中期计划》时，将非物质文化遗产作为人类两大遗产之一列入其中。

联合国教科文组织对非物质文化遗产的保护实践始于 20 世纪 90 年代。1989 年，联合国教科文组织提出了"关于保护传统和民间文化建议案"。1998 年，颁布了《人类口头及非物质遗产代表作条例》。并且，为了让会员国迅速实施该无形文化遗产制度，特设立了"世界口传无形文化遗产奖"。2001 年 5 月 18 日，联合国教科文组织发布了世界首批非物质遗产代表作，共有 19 项，中国的昆曲列入其中。2003 年 10 月 17 日，联合国教科文组织第 32 届会议正式通过了《保护非物质文化遗产公约》。从此，不但世界各国迅速掀起了一个保护和传承各自国家和民族非物质文化遗产的高潮，而且还将这一活动统一规范在联合国《保护非物质文化遗产公约》的框架之下，使得这一活动成为了世界的共识和共同行为。2003 年 11 月，联合国教科文组织第二次评选非物质遗产代表作，中国的古琴艺术入选。2005 年，中国又有新疆维吾尔族的木卡姆艺术和蒙古族长调民歌被列入人类口头和非物质遗产代表作名录。可见，联合国教科文组织不但在反复研究和科学论证的基础上，提出了非物质文化遗产的概念，采取了一系列新的举措，而且在保护非物质文化遗产方面跨越了 4 个重要的阶段，取得了世界瞩目的成就。第一阶段：提出保护传统和民间文化建议案；第二阶段：建立"活的文化财产"制度；第三阶段：建立"人类口头和非物质遗产代表作"公告制度；第四阶段：通过《保护非物质文化遗产公约》。特别是经过第四阶段以后，为选举产生世界非物质文化遗产委员会，为"代表作"过渡到"人类非物质文化遗产名录"奠定了基础，从而使整个人类的非物质文化遗产逐步得到有效的保护和传承。

2004 年 8 月 28 日，十届全国人大常委会第十一次会议表决通过了关于批准中国政府加入联合国教科文组织《保护非物质文化遗产公约》的决定，中国成为第六个签约国。这标志着拥有 5 000 年不间断文明传统的现代中国，也将进一步保护自身拥有的"非物质文化遗产"的工作，全面上升为国家意志。在随后的 2005 年 3 月 31 日，《国务院办公厅关于加强我国非物质文化遗产保护工作的意见》发布。2011 年 2 月 25 日第十一届全国人民代表大会常务委员会第十九次会议通过了《中华人民共和国非物质文化遗产法》，并于 2011 年 6 月 1 日正式实施。

二、非物质文化遗产概念

"非物质文化遗产"一词源于日语"无形文化财"的英译。联合国教科文组织在引进这一概念的过程中，最初将"无形文化财"译作"民间口头创作"或"人类口头及非物质文化遗产"，后译作"非物质文化遗产"（Nonphysical Cultural Heritage）。但在此后的使用中，认为这一译法并不十分妥帖，遂改译为"无形文化遗产"（Intangible Cultural Heritage）。中国政府在启动中国民族民间文化保护工程时，沿用了"非物质文化遗产"一词，没有使用国际社会广泛使用的"无形文化遗产"这一通用术语。

（一）联合国教科文组织

根据联合国教科文组织《保护非物质文化遗产公约》（以下简称《公约》）的定义："非物质文化遗产是指被各群体、团体、有时为个人视为其文化遗产的各种实践、表演、表现形式、知识和技能及其有关的工具、实物、工艺品和文化场所。各个群体和团体随着其所处环境、与自然界的相互关系和历史条件的变化不断使这种代代相传的非物质文化遗产得到创新，同时使他们自己具有一种认同感和历史感，从而促进了文化多样性和人类的创造力。"《公约》对此定义作了具体的说明，指出非物质文化遗产包括5个方面：①口头传说和表述，包括作为非物质文化遗产媒介的语言；②表演艺术；③社会风俗、礼仪、节庆；④有关自然界和宇宙的知识和实践；⑤传统的手工艺技能。在国际一级协调保护的非物质文化遗产由"人类非物质文化遗产代表作名录""急需保护的非物质文化遗产名录"以及"非物质文化遗产优秀实践名册"三个序列组成。

中国的人类非物质文化遗产代表作名录（30项）：昆曲、中国古琴艺术、京剧、新疆维吾尔族木卡姆艺术、蒙古族长调民歌（与蒙古国联合申报）、贵州侗族大歌、蒙古族呼麦、福建南音、甘肃花儿、西安鼓乐、《格萨尔》史诗、新疆《玛纳斯》、朝鲜族农乐舞、藏戏、广东粤剧、皮影戏、中国蚕桑丝织技艺、南京云锦、安徽宣纸、浙江龙泉青瓷、青海热贡艺术、书法、篆刻、剪纸、雕版印刷、珠算、传统木结构营造技艺、中医针灸、端午节、妈祖信俗。

中国急需保护的非物质文化遗产名录（7项）：羌年、黎族传统纺染织绣技艺、中国木拱桥传统营造技艺、新疆维吾尔族麦西热甫、中国活字印刷术、中国水密隔舱福船制造技艺和赫哲族伊玛堪说唱。

中国的非物质文化遗产优秀实践名册（1项）：福建木偶戏传承人培养计划。

（二）《中华人民共和国非物质文化遗产法》（2011）

2011年颁布的《中华人民共和国非物质文化遗产法》规定，"非物质文化遗产"是指各族人民世代相传并视为其文化遗产组成部分的各种传统文化表现形式，以及与传统文化表现形式相关的实物和场所。包括：

（1）传统口头文学以及作为其载体的语言；

（2）传统美术、书法、音乐、舞蹈、戏剧、曲艺和杂技；

（3）传统技艺、医药和历法；

（4）传统礼仪、节庆等民俗；

（5）传统体育和游艺；

（6）其他非物质文化遗产。

属于非物质文化遗产组成部分的实物和场所，凡属文物的，适用《中华人民共和国文物保护法》的有关规定。

三、"非物质文化遗产"的界定

（一）从传承主体看，非物质文化遗产必须以杰出传承人为依托，没有杰出传承人者不能认定为非物质文化遗产

与物质文化遗产相比，非物质文化遗产最大的特点是依托于人而存在，以声音、形象和技艺等为表现手段，以口传心授为延续方式，是一种"活态文化"。非物质文化遗产必须由人去延续，由人来传承，人是非物质文化遗产能够绵延不绝的核心。因此对于非物质文化传承的过程来说，人的传承就显得尤为重要，没有杰出传承人者不能认定为非物质文化遗产。

《中华人民共和国非物质文化遗产法》规定非物质文化遗产代表性项目的代表性传承人应当符合下列条件：（1）熟练掌握其传承的非物质文化遗产；（2）在特定领域内具有代表性，并在一定区域内具有较大影响；（3）积极开展传承活动。

（二）从传承形态看，非物质文化遗产必须以活态传承为特征，非活态传承者不能认定为非物质文化遗产

"非物质文化遗产"显然不是指日常生活意义上所说的精美制品、杰出作品或著名作品的"物质"概念，而是精巧的技艺、精深的思想、精美的构思、以及杰出的价值等"非物质"的内涵。剪纸作品是物质文化，但是，剪纸艺人的艺术传承和创作构思，剪纸的技巧工艺则是无形的非物质文化。同样道理，古琴乐器本身是物质文化，而古琴的制作工艺、弹奏古琴的手法和技巧、口传心授的乐曲调式、传统记谱方式方法、演奏形式或仪式等综合在一起形成的文化的链接，才称得上是无形的非物质文化。也就是说，非物质文化遗产必须以活态传承为特征。

近年来，在对我国各民族和各地区的普查中，发现了大批精美绣品、却已经找不到传承技艺的人；发现了大量的满族《子弟书》的各种版本或文字抄本，但是已经找不到能唱一句子弟书的艺人。如此，我们只有把那些搜集来的民间实物很好地保存起来，或进博物馆，或进档案馆，使它们成为后世人们的文化记忆，但因为是非活态传承，也就不能认定为非物质文化遗产。

（三）从传承时限看，非物质文化遗产必须有悠久历史，时间不足百年者不能认定为非物质文化遗产

非物质文化遗产著名学者苑利认为，非物质文化遗产至少要有一百年以上的历史，时间不足百年者，不能认定为非物质文化遗产。譬如陕西省户县

农民画（产生于 20 世纪 50 年代）、上海金山农民画（产生于 20 世纪 70 年代）等，至少目前还不能被认定为非物质文化遗产。原因即在于它们在传承时限上，尚没有达到非物质文化遗产的准入门槛。

将我国非物质文化遗产准入门槛限定在百年以前，是因为清末民初是中国历史上传统手工技艺、传统戏曲、曲艺等传统文化发展的最后一个高峰期，将这一时期产生并流传至今的优秀遗产挖掘出来，对于非物质文化遗产保护工作而言，无疑会起到事半功倍的作用。当然，百年历史只是我们对非物质文化遗产在时限上设下的一个最基本的准入门槛。其实，像中国这样一个具有悠久历史的文明古国，一般的非物质文化遗产事项通常都会有数百年乃至上千年历史——昆曲、京剧等表演艺术至少已有数百年历史，木版年画至少已有近千年历史，风筝制作至少已有近两千年历史。

其实，在非物质文化遗产遴选过程中，各国对非物质文化遗产都有一定的时限上的要求。以日韩等国为例，这些国家虽然对非物质文化遗产的准入门槛不曾有过明确的时间上的限定，但历史最短者，一般也要控制在百年以上。这一标准的制定，对于绝大多数国家来说显然是比较合适的。

需要说明的是，我们所说的百年，并非特指某一具体事物，而是泛指某类事物。只要某类事物已经具有百年以上的历史，其他条件也已具备，便有了评选非物质文化遗产的资格。

（四）从表现形态看，非物质文化遗产应该能够附会于某一具体表现形式，无法附会者不能认定为非物质文化遗产

顾名思义，非物质文化遗产具有非物质性。然而，其非物质性与物质性二者之间的内在联系非常密切。这种关联，除了在其行为过程需要一定的物质手段的共同作用外，物质性还作为行为的结果得以呈现。也就是说非物质文化遗产应该能够附会于某一具体表现形式，否则，不能认定为非物质文化遗产。

那些属于口头表达、表演形式的非物质遗产，以及民俗活动和文化空间，自然主要是以人作为传承维系。但只要细加推究，就会发现这些文化形式仍然离不"物"的承载。例如中国的古琴音乐艺术，也只能蕴含于古琴这个载体之上。因此，在非物质文化遗产保护过程中，除了重视"人"的因素，紧紧抓住传承人这一核心载体外，不能因为"非物质"这一定语而产生误解，忽视"物"的因素，不对非物质文化遗产的物质载体给予及时充分的保护，从而造成难以估量的破坏和遗憾。

任何一种非物质文化遗产，都拥有自己独特的内涵，同时也需要以物质

作为载体。没有"非物质","物质"便成了空壳;没有"物质","非物质"便难以依存和传承。

（五）从品质看，非物质文化遗产必须是一种重要的民族文化遗产，没有重要价值者不能认定为非物质文化遗产

非物质文化遗产应具有重要的历史价值、艺术价值、文化价值、科学价值和社会价值等。没有上述硬性条件作支撑，是不能被评定为非物质文化遗产的。在评价时，学术界对某项遗产的价值评估固然重要，但更重要的，还要看当地社会是否认同。一个不被当地社会视为本地域正能量的标志性文化的传统文化事项，是不可能成为非物质文化遗产的。

"麻将"能申遗吗？2012年10月28日在重庆黔江开赛的第三届世界麻将锦标赛，吸引了来自全世界20多个国家的188名选手自费参加，不少外国人更是以各种口音说着"吃""杠""碰"等麻将用语。据《人民日报》报道，这次的麻将世锦赛还吸引了北京大学、清华大学的学生参加。而10月27日在杭州落幕的"雀友杯"全国麻将大师赛总决赛上，名为"百万雀友同此情，麻将申遗献我心"的万人签名活动吸引了众人眼球。

麻将申遗的支持者认为，麻将和京剧、国画、中医一样具有丰富的中华文化内涵，应该被视为"国粹"。他们指出，作为中华民族独创的古老益智游戏，麻将涉及数学、逻辑学、心理学、博弈论等众多智慧。麻将牌制作中的图案、工艺和选材设计也都蕴含了丰富的美学思想。

麻将申遗的呼声日益高涨，但反对的声音也在不断出现。《京华时报》2012年10月29日引述中国文化部非物质文化遗产专家委员会副主任、中国民俗学会理事长刘魁立的意见，非遗保护不仅仅是一种单纯的怀旧情绪的表达，更要考虑对当今和未来的重要意义。无论从重要性、急迫性以及现实意义的角度，都不赞成将麻将纳入非遗项目。

四、非物质文化遗产的分类

借鉴联合国教科文组织非物质文化遗产分类方法，根据《中华人民共和国非物质文化遗产法》的规定，遵循包容、对等、唯一、均等、统一的非物质文化遗产分类原则，苑利、顾军等专家提出非物质文化遗产"七分法"，即分为民间文学类遗产、表演艺术类遗产、传统工艺美术类遗产、传统生产知识类遗产、传统生活知识类遗产、传统仪式类遗产和传统节日类遗产。但从实际操作层面而言，"七分法"过于复杂，并不是特别好用。因此，他们又提出在非物质文化遗产"七分法"的基础上，通过合并同类项的方式，将非物质文

化遗产七个小类合并为"传统表演艺术""传统工艺技术"与"传统节日仪式"三个大类。这种分类方法尽管并未见诸理论著述，但在具体的非物质文化遗产保护实践中，一些国家和地区已经将这一分类有意无意地运用到了自己的非物质文化遗产保护实践。如在非物质文化遗产保护议题中，就经常出现"传统表演艺术""传统工艺技术"和"传统节庆仪式"三个大类。

民间文化保护专家李莉认为人类口头与非物质文化遗产的具体内容大致可以分为如下三个主要部分：第一个部分包括三个方面，第一个方面是传统的民间习俗（包括人生礼仪、节日庆典、婚丧嫁娶、宗教祭祀等）；第二个方面是口传文学（包括各种地方的神话、传说、史诗、谚语、民间故事等）；第三个方面是民间艺术（包括各种民间歌舞、戏剧、曲艺、雕刻、绘画、剪纸、泥塑、刺绣、蜡染等）。第二个部分，主要是有关当地人的对自然认识的宇宙观和哲学观，这一部分主要是表现在对自然的朴素认识及崇拜上。第三个部分，是传统的生产知识，其中包括各种气象知识、动植物知识、草医草药知识、传统农业耕种知识、手工技艺劳动知识等。

根据我国国家级非物质文化遗产名录的分类方法，将非物质文化遗产明确地分为以下十个类别：民间文学、传统音乐、传统舞蹈、传统戏剧、曲艺、传统体育游艺与杂技、传统美术、传统技艺、传统医药和民俗。

第二节　武陵山片区非物质文化遗产特征

一、武陵山片区及其范围界定

（一）武陵山片区概念

在中国的土地上，有一座绵亘渝、鄂、湘、黔4省，面积约10万平方公里的大山脉，那就是巍巍武陵山。武陵山是褶皱山，长度约420公里。一般海拔高度1 000米以上，最高峰为贵州的凤凰山，海拔2 570米。山脉为东西走向，呈岩溶地貌发育，主峰在贵州铜仁市境内江口县、松桃苗族自治县、印江土家族苗族自治县交界处的梵净山。武陵山脉覆盖的地区称武陵山区，现在也习惯称武陵山片区。

以国务院扶贫开发领导小组办公室与国家发展和改革委员会2011年10月制定和颁布的《武陵山片区区域发展与扶贫攻坚规划（2011—2020年）》为依据：

武陵山片区跨湖北、湖南、重庆、贵州四省市，集革命老区、民族地区

和贫困地区于一体,是跨省交界面大、少数民族聚集多、贫困人口分布广的连片特困地区,也是重要的经济协作区。

(二)武陵山片区范围界定

武陵山片区包括湖北、湖南、重庆、贵州四省市交界地区的71个县(市、区),其中,湖北11个县市、湖南37个县市区、重庆市7个区县、贵州16个县市区。具体名单如下:

湖南

湘西土家族苗族自治州:吉首市和泸溪县、凤凰县、花垣县、保靖县、古丈县、永顺县、龙山县。

怀化市:鹤城区、中方县、洪江市、沅陵县、辰溪县、溆浦县、会同县、麻阳苗族自治县、新晃侗族自治县、芷江侗族自治县、靖州苗族侗族自治县、通道侗族自治县。

张家界市:慈利县、桑植县、永定区和武陵源区。

邵阳市:新邵县、邵阳县、隆回县、洞口县、绥宁县、新宁县、城步苗族自治县、武冈市。

常德市:石门县。

益阳市:安化县。

娄底市:新化县、涟源市、冷水江市。

湖北

恩施土家族自治州:恩施市、利川市和巴东县、来凤县、咸丰县、建始县、鹤峰县、宣恩县。

宜昌市:秭归县、长阳土家族自治县、五峰土家族自治县。

贵州

铜仁市:江口县、石阡县、思南县、德江县、玉屏侗族自治县、印江土家族苗族自治县、沿河土家族自治县、松桃苗族自治县和碧江区、万山区。

遵义市:正安县、道真仡佬族苗族自治县、务川仡佬族苗族自治县、凤冈县、湄潭县、余庆县。

重庆

黔江区、酉阳土家族自治县、秀山土家族苗族自治县、彭水苗族土家族自治县、武隆县、石柱土家族自治县、丰都县。

(三)武陵山片区资源概况

1. 基本概况

武陵山片区国土总面积为17.18万平方公里。71个县中有42个国家扶

贫开发工作重点县，13 个省级重点县；有 34 个包含少数民族自治地方的县，18 个少数民族自治县。71 个县共有 1 376 个乡镇，其中民族乡 122 个，占 8.9%；有 23 032 个行政村，其中国家贫困村 11 303 个。2010 年末，总人口 3 645 万人，其中城镇人口 853 万人，乡村人口 2 792 万人；片区内少数民族人口约占全国少数民族总人口的 1/8，其中民族自治地方少数民族人口 1 234.9 万人。境内有土家族、苗族、侗族、白族、回族和仡佬族等 9 个世居少数民族。

2．自然资源概况

武陵山片区属亚热带向暖温带过渡类型气候，境内有乌江、清江、澧水、沅江、资水等主要河流，水能资源蕴藏量大。土地资源丰富。矿产资源品种多样，锰、锑、汞、石膏、铝等矿产储量居全国前列。旅游资源丰富，自然景观独特，组合优良，极具开发潜力。区内森林覆盖率达 53%，是我国亚热带森林系统核心区、长江流域重要的水源涵养区和生态屏障。生物物种多样，素有"华中动植物基因库"之称。

3．人文资源概况

武陵地区各族祖先在历史长河中，共同创造了颇有特色的武陵文化，包括历史文化、民族文化、宗教文化、红色文化、服饰文化、饮食文化、建筑文化和名胜文化"八大系列"。武陵文化以"八大系列"为主体，积淀了大量的文物古迹资源、民族文化资源和名胜文化资源，既是旅游发展的助推器，又是经济发展的增长极。

一是以濮文化、巴文化、楚文化、苗文化、越文化和汉文化为源头的"历史文化"。武陵地区是中国人类起源地之一。湖北省长阳县发现的人类上颌骨和牙齿化石距今约 20 万年。湖南省石门县发现的人类左腿股骨和下颌骨距今约 3 万年。武陵地区已经发现虎爪山遗址等数十处旧石器时代遗址，发现新石器时代遗址数百处。夏商周三代，武陵地区为濮人、巴人、楚人、苗人、越人、汉人等多民族聚居区，致使武陵文化具有"多元文化时空叠合"的特点。秦汉三国两晋时期，武陵地区隶属黔中郡、武陵郡管辖。南北朝时期，千古名篇《桃花源记》的问世和武陵仙境"桃花源"的初创标志着"武陵文化"形成。唐宋元明清时期，"武陵文化"逐步发展。历代先民留下了许多文物古迹和诗词曲赋等历史文化遗产。

武陵山片区现有国家历史文化名城一处：凤凰县。

国家历史文化名镇 6 处：重庆合川县涞滩镇、重庆石柱县西沱镇、湖南龙山县里耶镇、湖南永顺县芙蓉镇、湖南绥宁县寨市镇、湖南泸溪县浦市镇。

国家历史文化名村 14 处：湖南会同县高椅乡高椅村、湖南辰溪县上蒲溪瑶族乡五宝田村、湖南永顺县灵溪镇老司城村、湖南通道侗族自治县双江镇芋头村、湖南通道侗族自治县坪坦乡坪坦村、湖南绥宁县黄桑坪苗族乡上堡村、湖南绥宁县关峡苗族乡大园村、湖南省龙山县苗儿滩镇捞车村、湖北恩施市崔家坝镇滚龙坝村、湖北宣恩县沙道沟镇两河口村、湖北宣恩县椒园镇庆阳坝村、湖北利川市谋道镇鱼木村、贵州石阡县国荣乡楼上村、贵州务川县大坪镇龙潭村。

二是以土家族、苗族和侗族文化为主体的"民族文化"。武陵地区各族先民创造了奇特的民族语言、丰富的民间文学、独特的民间艺术、浓郁的民俗文化以及传统的民族体育。不仅有永顺溪州铜柱、永顺老司城遗址、通道马田鼓楼、通道芋头侗寨、利川大水井古建筑群、桑植贺龙故居、永定湘鄂川黔革命根据地旧址等 40 多处全国重点文物保护单位，而且有桑植民歌、梯玛歌、薅草锣鼓歌、土家族打溜子、土家族摆手舞、土家族撒叶儿嗬、苗族鼓舞、土家族毛古斯、傩愿戏、花灯戏、目连戏、恩施扬琴、南曲、挑花、土家织锦技艺、蓝印花布印染技艺、苗族服饰、苗族银饰锻造技艺等 70 多项国家级非物质文化遗产。

三是以民间信仰和儒道释融为一体为特征的"宗教文化"。武陵地区各族群众民间信仰的主要形式有自然崇拜、图腾崇拜和祖先崇拜等。道教传入武陵地区始于西晋，著名道观有慈利五雷山道观、凤凰天后宫、武陵源紫霞观、武陵源朝天观、永顺祖师殿和通道白衣观等。佛教传入武陵地区始于西晋，著名佛寺有石门洛浦寺、洪江大兴禅寺、龙山太平山寺、永定天门山寺、永定普光寺、沅陵龙兴讲寺、慈利兴国寺、武陵源宝峰寺、石门夹山寺、来凤仙佛寺、印江天庆寺和黔江香山寺等。

四是以贺龙、周逸群、贺锦斋、袁任远、廖汉生等无产阶级革命家、革命将领为代表的"红色文化"。依托以贺龙为首的无产阶级革命家在武陵山的生活轨迹和斗争历程创造的"红色文化"，蕴含着丰富的革命精神和厚重的历史文化内涵。

五是以土家族、苗族、侗族、白族服饰为标志的"服饰文化"。土家族老年男子穿满襟衣，头裹青布巾；中青年男子穿排扣对襟衣，裤脚缀梅花条。土家族老年妇女头包青布帕，身穿矮领滚花边满襟衣；中年妇女穿右开襟矮领衣，套绣花围裙，裤脚用色布缀 3 条梅花边，穿绣花鞋；土家族姑娘穿外托肩上衣，裤子绣五色花，戴瓜子耳环和银手圈。苗族男子头包布帕，大如斗笠；穿对襟衣，裤短而大。女子用花格帕包头，层层缠绕；穿无领大袖满襟衣，胸前绣花；下着短而大的宽脚裤，边缘滚花边；喜戴银饰和项

圈。侗族老人穿无领右衽衣，着宽长裤，系束腰带。妇女穿无领右衽带子衣，下着百褶裙，袖口、裤脚镶花边，系绣花胸围，插银簪，包花帕。白族男子包白头巾，穿白色对襟衣，套黑马褂。女子戴"风花雪月"帽，穿白色大襟衣，套黑丝绒短褂，系绣花飘带。

六是以湘西北"湘菜"和渝东南"川菜"为特色的"饮食文化"。湘菜由湘江流域、洞庭湖区和湘西山区三种地方风味组成。洞庭湖畔常德市的名菜有蒜香黄鱼、红烧甲鱼、冬笋野鸡和冰糖湘莲等。以张家界市、湘西自治州、怀化市为中心的湘西山区菜系以烹制山珍野味见长，名菜有土家酸鲊肉、腊味合蒸、炖腊野鸡、麻辣竹鸡、油炸蜂蛹、沙锅狗肉、板栗炖鸭肉、泥鳅钻豆腐和岩耳炖土鸡等。渝东南黔江、酉阳等5个区（县）原属四川省辖地，这些地方的土家族、苗族人民擅做宫保鸡丁、鱼香肉丝、毛肚火锅、干烧鱼、麻婆豆腐、锅巴肉片和香酥排骨等川味菜肴。川菜发源于巴蜀，调味以麻辣著称。

七是以转角楼、吊脚楼、鼓楼和"三房一照壁"为标志的"建筑文化"。土家族建筑是正屋配单转角楼和正屋配双转角楼，如永顺县王村镇、龙山县里耶镇、慈利县江垭镇、慈利县溪口镇、永定区王家坪镇、桑植县两河口乡、桑植县苦竹寨、利川市鱼木寨、恩施市崔家坝镇、石柱县西沱镇、酉阳县龚滩镇、铜仁市东山古建筑群、思南县思唐古建筑群。苗族建筑是吊脚楼，如吉首市德夯、凤凰古城、黄丝桥古城和松桃县寨英村古建筑群。侗族建筑"三宝"是鼓楼、凉亭、风雨桥，知名鼓楼有通道的马田鼓楼、横岭鼓楼、阳烂鼓楼等。张家界桑植县白族民居建筑以"三房一照壁""四合五天井"家庭院落为代表，造型为青瓦"人"字屋顶。

八是以"大武陵旅游金三角"凤凰、张家界、梵净山为龙头的"名胜文化"。武陵地区旅游资源丰富，旅游产品齐全。

截止到2014年7月，武陵山片区拥有以下一些世界级和国家级风景名胜资源。

世界自然遗产3处：武陵源风景名胜区、中国丹霞地貌——崀山、中国南方喀斯特——武隆。

世界地质公园1处：张家界武陵源世界地质公园。

国家地质公园4处：湖南张家界砂岩峰林国家地质公园、湖南崀山国家地质公园、湖南凤凰国家地质公园和湖南古丈红石林国家地质公园。

国家5A级景区5个：张家界武陵源旅游区、神农溪纤夫文化旅游区、武隆喀斯特旅游区、酉阳桃花源景区、长阳清江画廊景区。

国家级重点风景名胜区14个：湖南武陵源风景名胜区、湖南省崀山风景名胜区、湖南省猛洞河风景名胜区、湖南省德夯风景名胜区、湖南省万佛山—侗寨风景名胜区、湖南省虎形山—花瑶风景名胜区、湖南省凤凰风景名胜区、贵州省石阡温泉群风景名胜区、贵州省沿河乌江山峡风景名胜区等。

国家森林公园 15 个：湖北咸丰坪坝营国家森林公园、湖北秭归大老岭国家森林公园、湖北长阳清江国家森林公园、湖北五峰柴埠溪国家森林公园、湖南石门夹山国家森林公园、湖南怀化鹤城中坡国家森林公园、湖南新邵百里龙山国家森林公园、湖南张家界国家森林公园、湖南天门山国家森林公园、湖南凤凰南华山国家森林公园、重庆黔江国家森林公园、重庆丰都双桂山国家森林公园、重庆石柱黄水国家森林公园、重庆武隆县仙女山国家森林公园、贵州正安县九道水国家森林公园。

国家级自然保护区 13 个：湖北五峰后河国家级自然保护区、湖北星斗山国家级自然保护区、湖北宣恩县七姊妹山国家级自然保护区、湖南绥宁黄桑国家级自然保护区、湖南张家界大鲵国家级自然保护区、湖南桑植八大公山国家级自然保护区、湖南沅陵借母溪国家级自然保护区、湖南会同鹰嘴界国家级自然保护区、湖南永顺小溪国家级自然保护区、湖南新宁舜皇山国家级自然保护区、湖南石门壶瓶山国家级自然保护区、贵州梵净山国家级自然保护区、贵州麻阳河国家级自然保护区。

按照中央把集中连片特殊困难地区作为新阶段扶贫攻坚主战场的战略部署和国家区域发展的总体要求，国务院扶贫开发领导小组率先启动武陵山片区试点，为全国其他连片特困地区提供示范。

二、武陵山片区非物质文化遗产特征

在漫长历史过程中，武陵山片区形成了以土家族、苗族、侗族、仡佬族等文化为特色的多民族地域性文化，民俗风情浓郁，非物质文化遗产十分丰富。

（一）数量多，种类全

武陵山片区拥有国家级非物质文化遗产 77 项，省（直辖市）级非物质文化遗产 204 项。涵盖了民间文学、传统音乐、传统舞蹈、传统戏剧、曲艺、传统体育游艺与杂技、传统美术、传统技艺、传统医药和民俗等全部十大类别。

（二）类别特色明显

武陵山片区国家级非物质文化遗产主要集中在传统音乐（国家级 18 项，省级 31 项）、传统戏剧（国家级 10 项，省级 25 项）、传统舞蹈（国家级 10 项，省级 28 项）、传统技艺（国家级 8 项，省级 30 项）、民俗类（国家级 8

项，省级 38 项）等类别上。

（三）民族特色浓郁

武陵山片区国家级非物质文化遗产主要为土家族、苗族、侗族、仡佬族、瑶族和白族等少数民族项目，其中土家族 23 项、苗族 12 项、侗族 5 项、仡佬族 3 项、瑶族 2 项、白族 1 项。项目体现了武陵山片区各少数民族的特色，成为其文化标签。

（四）旅游开发价值大

在遗产旅游业越来越受到旅游者欢迎的今天，非物质文化遗产也越来越成为区域旅游业发展的重要支撑。武陵山片区非物质文化遗产具有的观赏性、新奇性、参与性、文化性以及娱乐休闲性具备了旅游资源的基本特质，能够满足旅游者求新、求异、求美、求知、求乐等旅游需求。也就是说武陵山片区非物质文化遗产是一种旅游资源，具有重要的旅游利用价值。适合社区旅游、旅游演艺、旅游购物品、节庆旅游、主题公园等旅游项目的开发，有助于旅游要素文化内涵、地方特色提升。

第三节　武陵山片区非物质文化遗产价值

《保护非物质文化遗产公约》在定义"非物质文化遗产"时指出："各个群体和团体随着其所处环境、与自然界的相互关系和历史条件的变化不断使这种代代相传的非物质文化遗产得到创新，同时使他们自己具有一种认同感和历史感，从而促进了文化的多样性和人类的创造力。"从这个定义可以看出非物质文化遗产具有历史价值、文化价值、艺术价值、科学价值、社会价值等多方面的重要价值。

一、非物质文化遗产的历史价值

这是指非物质文化遗产在帮助人类认识自身历史过程中所体现出来的独特价值。如土家族毛古斯舞实录了父系社会初期至五代时期的"酉溪人群"的渔猎、农耕的生产生活、婚姻习俗情况，以及湘西原始毛人的生存繁衍状况，说明中华文明不止五千年，还应上溯得更远。毛古斯还以丰富的内容与湘西酉水流域旧石器、新石器考古遗址相佐证，扩写了土家族古老文明的历史进程。

非物质文化遗产所提供的历史认识价值只能是正面的，而不能是负面的。历史传承价值是非物质文化遗产价值体系的核心价值。非物质文化遗产的历史传承价值主要表现在：从根源上来说，非物质文化遗产是"一种集团或个人的创造，面向该集团并世代流传，它反映了这个团体的期望，是代表这个团体文化和社会个性的恰当的表达形式"。由此可见，非物质文化遗产是反映了民众集体生活，并长期得以流传的人类文化活动及其成果，因而具有不容忽视的历史文化价值。尤其重要的是，非物质文化遗产以其民间的、口传的、野史的、活态的历史文化价值，通过历史上传承下来的传说、故事、史诗、神话等各种非物质文化遗产事项，可以弥补官方历史中正史典籍的不足、遗漏或讳饰，有助于人们更真实、更全面、更接近本原地去认识已逝的历史及文化。如《梯玛歌》从土家族的民族起源、民族迁徙、民族祭祀到生儿育女、生产生活，几乎是无所不包，无所不涉。有些"神歌"还传述了天象、物候、农时、农事、烹饪、生育等知识，对指导人们的生产、生活起到了很好的作用。不愧被专家学者们称为"研究土家族方方面面的活化石"。

二、非物质文化遗产的文化价值

这是指非物质文化遗产在帮助人们认识一民族文化时所呈现出来的独特价值，主要通过"活化"呈现，即通过知识、技术与技艺等体现出来，更具传播效果。非物质文化遗产中深深蕴藏着所属民族的文化基因、精神特质，这些在长期的生产劳动、生活实践中积淀而成的民族精神，是世代相传沉积下来的民族的思想精髓、文化理念，是包括了民族的价值观念、心理结构、气质情感等在内的群体意识、群体精神，是民族的灵魂、民族文化的本质和核心。因此在当今全球一体化的潜在威胁下，确保民族特性、民族精神的代代相传，就是每一个民族无法回避的重要任务。而非物质文化遗产作为人类文化传递和保存的生动有效的手段、工具和载体，能够很好地将民族精神等文化信息传递到每一个人、每一代人这些活生生的载体上，从而造就一个有独特文化个性和崇高民族精神的伟大民族。

每一项非物质文化遗产项目都有其独特的文化承载价值。例如花瑶挑花就具有很深的文化内涵。在许多以动物和花瑶日常生活为题材的挑花中，充分反映了花瑶民族的宗教信仰、独特的节庆和婚嫁习俗。在大量以动物为题材的花瑶挑花中，蛇图案最为丰富，有盘蛇、交体蛇、昂头翘尾蛇、无尾双头蛇、蛇缠图腾蛇等，多达上百种。且蛇的形态各异，充满奇思妙想。如训子蛇、比势蛇、吐信蛇、群蛇聚首、双蛇戏珠等，花瑶挑花对这些蛇都赋予了灵性。这是因为花瑶长期生活在山深林密，湿热多蛇的环境中，对蛇的习性十分熟悉，而蛇又具有游水、上树、钻地、长寿、耐饿等能力，是早期人类力所不及的，因而视之为灵物，成为花瑶部落的图腾，有类于汉族对龙的崇拜。

三、非物质文化遗产的艺术价值

这是指非物质文化遗产在帮助人类认识不同历史时期以及不同地域间审美生成规律与演变规律过程中所呈现的独特价值。绝大多数非遗项目，如传统建筑装饰技术、传统绘画、书法艺术、传统音乐、传统美术、民间文学、传统戏剧等均具有高超的艺术价值。我国第一批 518 项国家级非遗代表作中，至少有 420 项与它们独特的艺术价值有关。

非物质文化遗产中有许多天才的艺术创造，无与伦比的艺术技巧，独一无二的艺术形式，能深深打动人类心灵、触动人类情感。通过这些非物质文化遗产中的艺术作品，我们可以形象地看到当时的历史事件、人的生存状态和生活方式、不同人群的生活习俗，以及他们的思想与感情、艺术创作方式、艺术特点和艺术成就。例如苗族的刺绣和蜡染图案，特别讲究"规整性"和"对称性"，就是挑花刺绣的针点和蜡染时的染距都有一定的规格，一定的变化规律，或等距，或对称，或重复循环。图案结构严谨，给人以整齐、紧凑感。尤其是挑花刺绣图案，很容易在其中找到圆心，坐标轴不论沿横向还是纵向折叠，都是对称的。许多图案，不仅整个大的组合图案对称，而且大图案与小图案之间也是对称的。同时很讲究图案的色彩搭配，强调色彩与图案的完整和统一，似乎事先经过精确计算过。当你欣赏苗族刺绣蜡染图案时，如果将数学公式、几何原理套入进行计算，会发现其图案结构间的等距、对称关系几乎是分毫不差的。

非物质文化遗产中有大量的文化艺术创作原型和素材，可以为新的文艺创作提供不竭的源泉，当代许多演艺、影视、小说、戏剧、舞蹈等优秀文艺作品就是从其中孕育而出的，很好地发挥了非物质文化遗产的审美再造功能，充分利用了其审美艺术价值。在非物质文化遗产中，不仅口头文学、民间文学、表演艺术有审美价值，就连其中的民族民间文化、社会习俗、服饰织染、红白礼仪等也普遍涉及美的内容，具有重要的审美艺术价值。张家界《天门狐仙·新刘海砍樵》是一部超震撼的山水实景演出、魔幻音乐剧。故事根据神话传说《刘海砍樵》改编。《刘海砍樵》是湖南民间广为流传的一个爱情故事，属湖南省省级非物质文化遗产项目。本剧通过对这个经典故事的重新构思、巧妙编排，在音乐旋律的引领下，一幅幅绚丽优美、哀婉生动的舞台场景层层展开，重新讲述了以砍柴为生的青年樵夫刘海和在天门山中修炼千年的白狐仙之间曲折而浪漫的爱情经历，是一部融入了桑植等地的民歌和土家族的民风、民俗，在大型的真实场景中表演的歌舞剧。该剧以灯光和背景的大型营造以及歌曲独特风格为胜。

四、非物质文化遗产的科学价值

这是指非物质文化遗产在帮助我们解读人类历史上所创各种科技成就，并利用这些成就来创造新科技的过程中所呈现出来的独特认识价值和借鉴价值。科学认识价值是非物质文化遗产价值体系的价值规范。非物质文化遗产作为历史的产物，是对历史上不同时代生产力发展状况、科学技术发展程度、人类创造能力和认识水平的原生态的保存和反映。因此可以说非物质文化遗产本身就具有相当高的科学含量和内容，有较多的科学成分和因素。

例如国家级非物质文化遗产苗族医药的诊治方法，是苗族人民在长期与疾病抗争中积累下来的宝贵经验，具有简、便、廉、效的特点。苗医对病因的认识较为朴素，认为是季节气候和外来毒素，如风毒、水毒、气毒、寒毒等所致，基本上已摆脱了神鬼巫术的桎梏。在贵州黔东南、铜仁和湘西等地，苗医对疾病的认识历来就有两纲、五经、三十六症、七十二疾的说法。

苗医的诊法也十分独特，诊断病情常用望、号、问、触，也就是看望、号脉、问诊、摸触四诊。苗医的望诊方法多样，除望形态、面色外，还有指甲诊、耳壳诊、指纹诊、头发诊、毫毛诊、鬓角诊、掌面诊或其他特定部位的望诊。凯里的熊文美老医生，在治疗气管炎、结核病等疾病上，就自创了一种"望背"诊法，通过观察患者背部不同形状的暗斑，来判断疾病的深浅，十分准确。

中国民族医药学会会长储国本（2003）指出：苗医药是中国传统医药的重要组成部分。至今苗族地区几乎每人都能掌握日常苗药，均有看家药物，这说明草医草药发展得非常好，我们没有任何理由轻视和放弃这些宝贵的资源。

五、非物质文化遗产的社会价值

非物质文化遗产是一个民族传统文化的精华，是一个民族集体认同的产物——促进文化认同，增强民族凝聚力、向心力。人类是群居的社会化动物，个体都有一个适应集体、融入社会的过程；而社会或族群也要求每一个成员都变成它的合格的个体，其标准和方法就是使所有社会成员都掌握这个社会或族群的文化。因此，个体的社会化过程其实也就是个体学习族群独特文化，接受、适应并在这种文化中成长发展的过程。在这一过程中，个体接受了族群的独特文化，也就是对这个社会进行了价值认同，从而有效地融入社会达到社会和谐。这样，作为鲜活的、多样丰富的文化资源，非物质文化遗产就有重要的社会认同、社会和谐的价值和作用。此外，非物质文化遗产中的某些传统文化内容，反映和表现了民族共同心理结构、思维习惯、生活风习等内容，规范着民族的群体生活方式、思想价值取向，能产生强大的民族凝聚力，促进民族共识和认同，也具有重要的社会和谐价值。因此，黄帝陵祭典、炎帝陵祭典、太昊伏羲祭典、大禹祭典、妈祖祭典和祭孔大典等被列入我国首批国家级非物质文化遗产名录。

非物质文化遗产在维系社会秩序、建立公共道德等方面发挥着重要作用。在当今张扬个性的社会中，人们更多的是追求个体价值的实现、个体利益和欲望的满足，这就在一定程度上导致了某些人唯利是图，只为金钱和利益服务，不讲诚信、不讲道德，极大地败坏了社会风气、破坏了社会的和谐稳定，为此需要我们倡导传统伦理道德，鼓励向善的个人美德，而在非物质文化遗产中就含有大量的传统伦理道德资源。在保护、传承非物质文化遗产的过程中，撷取、展示、宣扬其中的美好向善的伦理道德资源和内容，将会极大地助益于我们当今的和谐社会的建设。布依族聚居的贵州省黔南州贵定县音寨自新中国成立以来迄今为止尚无刑事犯罪案件发生，这在全世界也是不多见的。据当地有关人士分析，这一奇迹的出现很大程度上与音寨这一带一直未中断当地特有的"三月三""六月六"歌会等民族民间节日文化活动有关，正是这些非物质文化遗产的有效传承、举行，很好地起到了凝聚民心、讲究道德、弘扬正气的作用，从而保证了当地的人民平安、社会和谐。

六、非物质文化遗产的经济价值

经济开发价值是市场经济和消费社会条件下非物质文化遗产的一种重要价值形态，是非物质文化遗产价值体系的价值利用。经济开发可以促进非物质文化遗产拥有地的经济发展；财政收入增加后，这些地区就有条件加大对非物质文化遗产保护资金的投入力度，扩大宣传力度，给非物质文化遗产的传承人提供更好的传承、保护和创新条件，提供更好的生活条件，使之更加安心地从事非物质文化遗产的保护、传承工作。一些发达国家已经认识到"无论是有形文化遗产，还是无形文化遗产，都应该在确保文化遗产不被破坏的前提下，尽可能进入市场，并通过切实可行的市场运作，完成对文化遗产的保护及其潜能的开发"，并实现了文化保护和经济开发的良性循环互动。例如日本、韩国积极发掘本国民俗文化资源，保护、恢复传统礼仪、节庆仪式，从而吸引了大批国内外游客，创造了可观的经济收入。除了从维护文化生态、保护文化多样性的角度考虑外，也是看到了在这些独具风情的民族地区发展文化旅游能够创造巨额经济收入。

以武陵山片区苗族妇女服饰的经济开发为例，不仅很好地保持、弘扬了苗族妇女服饰文化，而且还带来了可观的经济效益。第一，组织苗族服装模特队进行节庆演出，中老年妇女、青春少女穿着不同的苗族传统女装在舞台上大展风采，充分展示民族服饰的魅力。第二，将民族特色鲜明、文化内涵丰富的苗族服饰的象征——银饰开发成旅游纪念品出售，销量极大、利润可观。这种做法既利用传统工艺、传统文化资源取得了经济收入，更重要的是推动了传统文化的传承和发扬，促进了非物质文化遗产的保护和发展。

第二章　武陵山片区非物质文化遗产项目（上）

第一节　民间文学类非物质文化遗产

一、民间文学类非物质文化遗产概述

"民间文学"这一术语是"五四"以后才出现并流行起来的，主要指由劳动人民直接创造的、在民间广泛流传的文学。在一定条件下，民间文学可以向官方文学、经典文学转换，如《诗经》以及元明清时期的一些戏曲作品。非物质文化遗产的保护对象，主要是神话、史诗、民间传说、民间故事以及谚语、谜语和歌谣等各种样式。学术层面"民间文学"中的说唱文学被归入"曲艺"类非物质文化遗产，民间小戏则被归入"传统戏剧"类。

武陵山片区民间文学类非物质文化遗产主要集中在民族史诗、民间传说、民间故事和和歌谣等样式上，拥有土家族哭嫁歌、土家族梯玛歌、苗族古歌、酉阳古歌、盘瓠传说、屈原传说和都镇湾故事等 7 项国家级非物质文化遗产，蚩尤传说、土家族摆手歌等 18 项省（直辖市）级非物质文化遗产。

二、土家族哭嫁歌

土家族哭嫁歌，是中国民族文学百花园中的一枝奇葩；是广泛流行于土家族区域的一种典型婚礼习俗中形成的最富民族特色，极具地方文化色彩且积淀十分丰厚的文化景观；是由待嫁新娘及其女亲友们演唱的抒情性歌谣。它是在特定历史时期女性出嫁时宣泄心中真情实感的一种演唱形式，也是新娘为了表达离别之情，由新娘哭诉、亲人们劝慰开导的一种以哭伴歌的口头文学形式。湘西土家族哭嫁歌历史悠久，清乾隆《永顺县志》卷四《风土志·风俗·三》记载："歌丧哭嫁，崇巫尚鬼……"记述了古代土家族婚嫁习俗和哭嫁歌。清彭秋潭《竹枝词》："十姊妹歌歌太悲，别娘顿足泪沾衣。宁山地近巫山峡，犹似巴娘哭竹枝。"具体描述了土家族哭嫁的场景，指出了哭嫁歌与古代民歌竹枝词的"犹似"关系。哭嫁歌在清代已十分盛行。

土家族《哭嫁歌》内容丰富，主要包括序歌《哭开声》《哭爹娘》《哭哥嫂》《别姊妹》《骂媒人》《哭开脸羚》《哭梳头》《哭戴花》《哭穿露水衣》《哭离娘席》《辞祖宗》和尾声《哭上轿》。此外还包括《哭木匠》《哭八仙》《哭十二月花》《哭十杯酒》等礼节性的内容。

按习俗，婚礼前后哭嫁的过程分为三个阶段，即过礼哭、娶亲哭和发亲哭，谓之"新娘三哭"：

过礼哭，就是在结婚的前一天，男方请媒人和掌礼先生（俗称路总管）领着新郎及帮忙的人带上早已准备好的礼物，包括新娘的衣物、首饰，给女方家的全猪全羊或一方一肘（一块条肉、一个长猪蹄）以及其他的物资到女方家过礼。当过礼的队伍即将到达女方家，在听到鞭炮、唢呐起鸣时，新娘及陪哭的姐妹们便开始第一次哭嫁。这时哭的内容多是对父母养育之恩的感激、对亲人们难舍难分之情谊的哭诉。诸如："我的爹呀我的娘，辛辛苦苦养一场，刚刚长到十七八，就要离娘到婆家，爹娘恩情怎报答。""我的姐呀我的妹，姐妹从小同床睡，明日就要两分离，几时又才到一起。"

娶亲哭，是指迎亲的队伍和花轿等到来时，新娘和陪哭的人一起哭。这时除了哭父母的恩德、教诲和亲情外，也有哭嫁妆、哭媒人、怨亲人的。如"我的老子我的爹，家里家外劳累些，女儿就要出嫁走，嫁妆多少由你给，给的多了把不起，给的少了别人说，难为爹妈受搓磨"。"女儿离家把嫁出，今日出嫁心不服，一恨媒人心刮毒，贪杯贪财吃鱼肉；二怨爹妈心太粗，专听媒人说好处，女儿爱的（你）偏不嫁，不看儿郎看家屋；三怨哥哥不做主，不念妹妹亲骨肉，好花不栽向阳地，专栽砂岩背阴土"。这是对旧社会"父母之命，媒妁之言"婚姻制度的控诉。其言词之尖刻、比喻之形象，充分表现了土家姑娘的聪明才智和一个弱女子对不合理制度的不满却无奈的心情。

发亲哭，是指娶亲的人在新娘家吃毕酒宴，经双方总管协商一致，准备迎新娘上轿，正式发亲（即迎娶新娘）前的一场哭，也是三哭中最隆重、最壮观的哭嫁。骨肉之情、别离之痛，纵有千言语万语言也难以言表，亲人们便以内容丰富的哭嫁来表达。这时哭的人员除新娘外，还有母亲、伯母、婶娘、姑妈、舅娘、姐、妹、嫂子等一起哭，前来贺喜的满堂客人无不为之动情。哭嫁歌"十月怀胎"是哭诉母亲怀胎之苦、养育之艰辛的，其感情之真挚，听了令人潸然泪下；"新娘十哭"更是一首历数父、母、兄、嫂、弟、妹、叔、伯、舅娘等情谊的好歌。亲人对即将出嫁的女子用"哭"来表达出不舍之情时，还对她们的未来生活充满憧憬，希望她们美满幸福，同时也给她们讲述一些做人的道理。

如"娘哭女"：

我的女儿我的心，你到婆家要小心。

只能墙上加得土，不能雪上再加霜。

婆家人可大声讲，你的话却要轻声。

金盆打水清又清，你的脾气娘知情。

铜盆打水黄又黄，你的脾气要改光。

亲生爹娘不要紧，公婆面前要小心。

十月一满临盆降，我娘分身在一旁。

牙齿咬得铁打断，双脚踩得地皮穿。

醒来一看儿的身，是女是男娘伤心。

发亲哭在众人的劝导下，适可而止。而后，随着总管"发亲"的一声令下，伴着长号、大锣和唢呐的奏鸣（不兴击鼓、放鞭炮），在众人的簇拥下由兄长背着新娘送上花轿，哭嫁便圆满结束。亲友们目送抬有新娘的花轿和浩浩荡荡的婆亲队伍渐渐远去。

从语言应用上，早期哭嫁歌用土家语哭唱，语言直白、句式自由、长短不一、不求韵律。随着汉文化影响的加深，土家语哭嫁歌逐渐被汉语取代，句式工整，多为七言，语言如诗；艺术风格上，语言朴素，形象生动，意境清新，声韵和谐；在表现手法上，采用了比兴、比拟、夸张、联想、排比、谐音双关等修辞手法。

湘西土家族哭嫁歌是一部极具土家风味的抒情长诗，是一部土家民族亲情伦理、道德行为的百科全书，是千百年来土家族妇女集体智慧创作的结晶，是极具民族特色的土家族文学样式。在整个土家族文学史中，哭嫁歌价值颇高，对研究土家族历史、语言、歌谣、爱情、社会演变、婚俗发展、宗教信仰、妇女艺术形象、土汉文化交流等有十分重要的价值，对发展中国民间文学也起到了重要的作用。

三、土家族梯玛歌

土家族梯玛歌，也作"土家族梯玛神歌"，是土家族梯玛活动中一种用土家语演唱的古歌。主要分布在湘西酉水流域的龙山、永顺、保靖、古丈四县土家族聚居区，其历史悠久，内涵丰富，特色浓郁，对土家族人文社会影响深远。其格局宏大，篇幅浩繁，是一种吟唱式的长篇史诗，对土家族的历史、民族的迁徙、天文地理、信仰禁忌、宗教哲学、生产劳作、生活习俗等，都作了宝贵的记述。是湘西土家族苗族自治州土家族民间文学中的珍贵文化遗产，被誉为"研究土家族方方面面的百科全书"。

　　《梯玛歌》是梯玛活动中一种用土家语演唱的古歌。"梯玛"是土家语音译，既指土家族的一种原始宗教仪式，又是巫师的土家语称呼，即"敬神的人"。"梯玛"在土家人的心目中，是沟通人神之间的神秘使者。他既能向神表达人的祈求，又能向人转达神的旨意；既是神的代言人，又是人的代言人。但是由于土家族有语言无文字，无论梯玛代人求神还是代神传言，都只能用语言表达而不能用文字陈述。因此，《梯玛歌》一直以土家语为媒介，在世代土家人中心口相传。这样，掌握这门知识和技能的梯玛，在土家族中占有显赫的社会地位。清雍正年间实行"改土归流"政策后，梯玛的权力虽然日渐削弱，但在土家人的日常生活中，仍有重大而深刻的影响。

　　《梯玛歌》在吟唱时，以土家语为主要表述语言，在形式上是韵文和散文的综合体，演唱时有唱有吟，有对唱有合唱；既有深沉、忧郁的古歌，也有轻松、欢快的盘歌；既有抒情、哀婉的祈祷辞，也有风趣、滑稽的玩笑话。《梯玛歌》以舞贯穿始终，其舞，有豪放者如《开天辟地》，有潇洒者如《坐马》（起马），有缠绵者如《解钱》（摆和事钱），有粗犷者如《大赏兵》（赏众），有风趣者如《选男选女》（拜男拜女），等等。由于梯玛在舞蹈中的主要舞具是铜铃，故称之为"八宝铜铃舞"。其形式有梯玛单独表演的"独舞"，亦有陪神、香倌随之唱和的双人舞或三人舞，是有表有叙、亦歌亦舞的长篇舞蹈诗。

　　《梯玛歌》是一部珍贵的民族史诗，它既有对自然的崇拜、关爱、珍惜的一面，也有敢于在恶劣的自然环境中不屈不挠、英勇奋斗的一面。在《开天辟地》这段神歌中，叙述了人类处在一个混沌初开的年代，"天和地隔得太近了"，日月不明，昼夜不分，于是铁汉大哥、铜汉二哥上树戳天；后来天上又冒出九个太阳，卵羽又站在马桑树上，用箭射下七个太阳，只留下一个太阳和一个月亮。尤其是那场毁灭性的大洪荒，人们面对"天变成地了，地变成天了"这种天翻地覆的大裂变，毫无惊惧之色，竟然发出了"天垮了用权子叉起来，地塌了用钩子勾起来"的伐天檄文，在现场聆听，给人一种热血充沛的振奋感。"神歌"以大量的篇幅，叙述了盘古开天、卵羽射日、远古洪荒、兄妹成亲、人种再续等神话传说，揭开了《创世纪》的历史。继而又在"嘎麦起业"等法事中，向人们托出了一幅古老的民族迁徙图。从中可以看到，其土家族先民活动的区域基本上是在酉水流域一带。

四、苗族古歌

　　苗族古歌是苗族人民世代相传的口头叙事古歌，是我国苗族聚居地区民间文学百花园中的一朵奇葩。苗族古歌广泛流传于湖南省湘西土家族苗族自治州的花垣县、吉首市、凤凰县、保靖县、古丈县、泸溪县以及与之接壤的贵州、重庆和湖北等地。

花垣县位于湖南省西北部，地处云贵高原的余脉武陵山区，这里山峦叠嶂、森林密布，经济相对落后，环境相对封闭，成为民间文学繁衍的土壤。苗族古歌从古流传至今，源远流长，这有其特殊的历史原因。自苗族先民三苗、灌兜、南蛮、武陵蛮，到宋时的苗人，都一直把它视为自己的"百科全书"而广为传诵，家喻户晓。"文化大革命"中，它的手抄本和方块苗文记载本被焚烧殆尽，但苗族人民还是悄悄地用民间口传的形式，将其保存了下来。

苗族古歌内容十分丰富，涵盖特别广博。主要包括开天立地、战争迁徙、风俗习惯、生产劳动、神话传说、爱情故事、情歌礼辞、丧葬火把、苗医苗药以及天文哲学等方面。古歌主要分为四部分：《开天辟地》《枫木歌》《洪水滔天》和《跋山涉水》。其中，《铸日造月》提到冶金技术，反映青铜文化打下的烙印；《砍枫香树》描写里老断案，展现部落联盟时期的社会管理机制……整部史诗以口传心记为传承手段，全诗属五言体结构，押苗韵，长达一万五千余行，塑造了一百多位有名有姓的人物，并充满浪漫主义和理想主义色彩。诗中大量运用比喻、夸张、排比、拟人、反问等多种修辞手法，生动地反映了苗族先民对天地、万物及人类起源的解释和人们艰苦奋斗开创人类历史的功绩，充满了浪漫主义和理想主义色彩。

由于苗族没有自己的文字，古歌传唱实际具有传承民族历史的功能。因此，演唱古歌时有较严格的禁忌，一般都是在祭祖、婚丧、亲友聚会和节庆等重大场合演唱，演唱者多为中老年人、巫师、歌手等。酒席是演唱古歌的重要场合。演唱时，分客主双方对坐，采用盘歌形式问答，一唱就是几天几夜甚至十天半月，调子雄壮而苍凉。传承古歌的方式也较严谨，有祖先传授、家庭传授、师徒传授、自学等几种。

苗族古歌是中国苗族中特有的口碑文献，历史悠久，内容极为丰富，对研究苗族古代的历史、政治、经济、宗教、哲学、文学、艺术、祭祀、医学、美学、农学、天文、饮食、生产、生活、婚姻、民俗、军事、科技、部族战争以及民族迁徙等，具有十分重要的价值。苗族古歌在湘、黔、渝、鄂四省市边区深受苗族群众喜爱。对加强边区民族团结，构建和谐社会具有十分重要的现实意义。

五、酉阳古歌

《酉阳古歌》（即巫傩诗文）属巫文化范畴，现主要流传于地处湘鄂渝黔交界处的重庆西阳土家族苗族自治县，是南方古文化在在武陵山区延续和衍变的产物，是土家族巫傩师（梯玛）在法事活动——祭祖崇拜，祈求丰产和驱邪还愿活动中吟诵或唱诵的文辞，风格诡谲，大约有 6 000 年的历史，源头可以追溯到上古时代的巫歌，是劳动人民长期积累的自然知识和社会知识的总汇。

《西阳古歌》的内容取决于所主持活动仪式的性质，主要有跳神、请师、造桥、招魂、藏身、落阴、盖家先钱、打保符、送茅山、送神等章节，口耳相传，文辞固定。西阳巫傩诗文分为神灵类和生活类，其代表作有：赞美诗《东岳齐天是齐王》；风俗诗《藏身躲影》《鸣锣会兵》；诀术诗《一年四季》等。包括人类起源、民族迁徙和英雄传说等；又有生活气息，如为家庭性的驱邪还愿活动，包括申文请圣、迎兵架桥、请水篙灶、悬幡解邪、回神安香、扫荡踢刀等程序章节。巫傩诗文是以自然崇拜、祖先崇拜和鬼神崇拜为基础、杂糅着儒、道、佛等成分的祭祀韵文。

西阳古歌有双句押尾韵的自由体和两句一节、四句一节句尾押韵的格律体，多为四言七言句式，穿插连接，有高腔与平腔两种唱腔。

西阳古歌承载远古神话，是研究中华民族风俗民情、文学艺术发展的第一手宝贵资料。随着社会变迁，大众观念的革新，民间仪式活动逐渐减少，从事该职业的梯玛也所剩无几，西阳古歌濒临消亡，亟待抢救与保护。

六、盘瓠传说

盘瓠与辛女神话传说，发祥于湖南省湘西土家族苗族自治州泸溪县，是盘瓠文化的主要内容。流传于我国湘西苗族地区、黔东北苗族地区以及东南部地区。

盘瓠与辛女神话传说源远流长，最早见诸文字的是范晔的《后汉书》，此后的《风俗通义》《搜神记》《荆楚岁时记》以及《溪蛮丛笑》《辰州府志》等史书和典籍中都有记载，由神话传说衍生出民族学、宗教学、语言学、祭祀、舞蹈、医药和丧葬等文化事象。盘瓠与辛女神话传说，在泸溪广为流传。严格地说，盘瓠是一位历史人物，盘瓠崇拜也就是纯粹的祖先崇拜，就像人们崇拜黄帝、炎帝一样。只是，在这种祖先崇拜中，掺入了浓厚的犬图腾崇拜。如《晋纪》所说：五溪蛮"糅杂鱼肉，叩槽而号，以祭盘瓠。"现在，大多数的学者已经承认盘瓠神话的主要情节，即盘瓠杀敌立功、受封以及与公主结婚，是对历史的真实记载，有据可证。那么，盘瓠又是如何演变成为一只狗去杀敌立功的呢？盘瓠传说之所以能演变为神话，现普遍认为是图腾标志使然，认为盘瓠这个人肯定生活在一个以犬为图腾的氏族或部落里，他们以犬为标志，把自己打扮成犬的样子，在自己的居住地雕刻有犬图腾柱，挂有犬图腾形象的旗帜，并时刻以犬自称，同时他人也以犬来称呼他们。这样，在汉文献中，就出现了以犬来代替盘瓠这一人物形象。因此才会有"高辛之犬名曰盘瓠，妻帝之女，乃生六男六女，自相夫妻，是为南蛮"的记载。正确的记录，应是"高辛之犬氏族中名盘瓠者，妻帝之女"。

与神话传说相关联的盘瓠洞、盘瓠庙、辛女岩、辛女庵等几十处地貌实体，集中在辛女村一带，这种现象全国罕见。"盘瓠传说"作为古老的神话传说，最初根植于农耕文化的土壤，逐渐演变成各种崇拜盘瓠的民俗事象，而且至今还在泸溪苗族地区口耳相传，还保留祭祀盘瓠与辛女的习俗。

盘瓠与辛女神话传说，内容丰富，故事完整，有广泛的群众性。神话传说衍生的民族学、宗教学、语言学等诸多事象，对研究苗族民俗、历史文化具有重要价值，对于提倡民族团结、勤奋拼搏、构建和谐社会具有重要的社会意义。

七、屈原传说

屈原传说是湖北省秭归县汉族民间传说之一，是秭归人民将屈原与境内自然景观、人文景观相互联系起来而创作和传承的以抒情和表意的民间文学。

据《史记》"屈原贾生列传"记载：屈原是春秋时期楚怀王的大臣，他倡导举贤授能，富国强兵，力主联齐抗秦，却遭到楚国贵族子兰等人的强烈反对。屈原遭谗去职，被赶出都城，流放到沅、湘流域。他在流放中，写下了忧国忧民的《离骚》《天问》《九歌》等不朽诗篇，独具风貌，影响深远（因而，端午节也称诗人节）。公元前278年，秦军攻破楚国京都。屈原眼看自己的祖国被侵略，心如刀割，但是始终不忍舍弃自己的祖国，于五月五日，在写下了绝笔作《怀沙》之后，抱石投汨罗江而死，以自己的生命谱写了一曲壮丽的爱国主义乐章。传说屈原死后，楚国百姓哀痛异常，纷纷涌到汨罗江边去凭吊屈原。渔夫们划起船只，在江上来回打捞他的尸身。有位渔夫拿出为屈原准备的饭团、鸡蛋等食物，"扑通、扑通"地丢进江里，说是让鱼龙虾蟹吃饱了，就不会去咬屈大夫的身体了。人们见后纷纷仿效。一位老医师则拿来一坛雄黄酒倒进江里，说是要药晕蛟龙水兽，以免伤害屈大夫。后来为怕饭团为蛟龙所食，人们想出用楝树叶包饭，外缠彩丝，后来发展成粽子。

从现存的古籍文献来看，能追溯最早记载屈原传说信息的史料是东汉学者应劭的《风俗通》，其曰："五月五日，以五彩丝系臂者，辟兵及鬼，令人不病瘟，亦因屈原。"《汉书·地理志》称述这种"因屈原"的风俗传说为"习以相传""南郡尤甚"。秭归于汉时即属南郡。由此说明，汉代已将屈原与端午风俗传说结合在一起而广为流传。但是，从传说故事的发展规律来看，"屈原传说"应该在屈原辞世之后或在屈原晚年即已产生。因此，"屈原传说"大约产生于 2 200 年前。汉代以后的历史文献也有大量记述，南北朝时期的梁人宗懔在《荆楚岁时记》中说："五月五日竞渡，俗为屈原投汨罗日，伤其命，故并命舟楫以拯之，至今为俗。"其后，南朝吴均《续齐谐记》、隋代杜台卿《玉烛宝典》、清同治三年（1864 年）《宜昌府志》、清光绪八年（1882 年）《归州志》均记述有屈原传说。秭归屈原传说中的"龙舟竞渡"与古籍文献的记述吻合。这些记载充分说明"屈原传说"历史悠久，源远流长。

现有的 91 则屈原传说故事可分为四大类，类类优美妙趣，脍炙人口。"景物传说"虚实相间，使人如临其境，如《玉米三丘》《伏虎降钟》等；"地名传说"惟妙惟肖，令人心向往之，如《乐平里》《九畹溪》等："人物传说"贬恶褒善，致人赏心悦目，如《马桑树》《易服救主》等；"习俗传说"雅俗共赏，惹人心旷神怡，如《三闾风》《纱帽翅》等。屈原传说中蕴含着丰富的积极向上、开拓进取、团结拼搏、正道直行、清正廉洁等方面的思想内容。如《楚王井》中屈原与民同苦抗旱打井的故事，感天动地；又如《米仓口》中屈原"哀民生之多艰"（《离骚》）恤民济困的故事，感人肺腑；再如《菖蒲剑》中百姓插菖蒲保护屈原墓的故事，感人至深。在这些传说中，即便是对色彩缤纷的花草树木以及形体各异的飞禽走兽，屈原均博爱有加，而且爱憎分明，放射出人性的光芒。屈原不懈的求索精神与炽热的爱国情感，更是贯注其中，读后令人顿生浩然之气。屈原传说故事的思想特征，具有警世、励人、兴国、恤民的深远意义。

八、都镇湾故事

都镇湾故事于 2008 年 6 月被国务院列入国家第二批非物质文化遗产保护名录。

都镇湾故事主要分布在湖北省长阳县都镇湾的杜家冲、十五溪、庄溪和龙潭坪等地区。著名都镇湾故事讲述者、女故事家孙家香老人于 2001 年 7 月被湖北省民间文艺家协会授予"湖北省民间故事家"称号；2006 年 2 月被中国民间文艺家协会吸收为会员，早在 1986 年有关部门就收集到孙家香婆婆讲述的 440 个故事；1998 年 7 月长江文艺出版社出版《孙家香故事集》。此外，刘华阶、李国兴、刘青远、刘泽刚、刘维芬、谢邦望等都是都镇湾故事讲述者的杰出代表。全镇民间故事重点传承人约 2 100 多人，已收集故事 4 千余则。

都镇湾故事类型概括起来分为：①神话：包括天体、大地、山川、河流起源，人的起源，牲畜起源；②传说：包括动植物传说、神仙传说、帝王传说、地名传说、风物传说、习俗传说；③故事：包括机智人物故事、动植物故事、幻想故事、精怪故事、生活故事、革命故事等等；④笑话、寓言等。

都镇湾故事具有浓郁的民族气质和乡土风味。特别是老虎故事有着土家族传统文化的鲜明印记。嫁匠故事，即土家族巫术故事，是古老巫文化遗留。有些故事是汉族故事，甚至是世界范围内流行的著名故事类型，在讲述中将土家风俗融入其中。都镇湾故事还具有情节发展简洁明快，有话则长，无话则短；开头单刀直入，结尾戛然而止的特征。

讲故事者不是职业艺人，它不是以师徒的方式传承的，它的传承方式大致分为两种：一是家族传承，含家庭传承；二是社会传承，含村落传承。都镇湾故事不仅具有娱乐、教化、认识生活、和谐社会的功能，还具有认识历史、传承历史和民俗学的研究价值。

第二节　传统音乐类非物质文化遗产

一、传统音乐类非物质文化遗产概述

传统音乐指形成并流行于民间的歌曲和器乐曲，还包括民间舞蹈音乐和民间戏曲音乐。它具有鲜明的民族风格和地方特色，过去主要通过口头的方式流传。我国传统音乐一般涵盖五个类别，即：器乐音乐（包括独奏和合奏）、戏曲音乐、说唱音乐、民歌和民间舞蹈音乐。但在非遗名录中，"戏曲音乐"被归入"传统戏剧类"，"说唱音乐"被归入"曲艺"类，"舞蹈音乐"被归入"传统舞蹈"类。非物质文化遗产中作为"传统音乐"被保护的项目，只有各类民族器乐、各民族各地区的民歌（含号子、山歌、小调）以及佛、道教音乐等。

武陵山片区传统音乐类非物质文化遗产主要集中在民族器乐和各民族各地区的民歌两大类别，拥有土家族打溜子、芦笙音乐、薅草锣鼓、土家族咚咚喹、桑植民歌、苗族民歌、土家族民歌、酉阳民歌、秀山民歌、新化山歌、瑶族民歌（花瑶呜哇山歌）、利川灯歌、石柱土家啰儿调、靖州苗族歌鼟、江河号子（长江峡江号子、酉水船工号子）、川江号子、南溪号子和茶山号子等 18 项国家级非物质文化遗产，侗族喉路歌、吹打乐（五峰民间吹打乐、建始南乡锣鼓、来凤唢呐）等 31 项省（直辖市）级非物质文化遗产。

二、土家族打溜子

打溜子又称"围鼓""打家伙""抽溜子""打十盘鼓""打家业""打点子""打路牌子"等。土家族打溜子主要分布在湖南湘西州酉水流域土家族聚居的永顺、龙山、保靖、古丈 4 县 68 个乡镇。土家族打溜子与土家族人民的生活密切相关，土家人的婚嫁、寿诞离不开打溜子，年节喜庆要打溜子，特别是土家族的传统舍巴日更是少不了打溜子。

打溜子演奏形式多样，曲目丰富，相传有 300 多支曲牌，目前尚存并收录 130 支，分为绘声、绘神、绘意三大类。绘声类是以描绘自然界飞禽走兽的声态为乐思的曲牌，名曰"绘声曲"。比如，模拟禽兽声态的，有"鸡婆唱蛋""蛤蟆闹塘""画眉扑笼""喜鹊噪梅""马过溪桥""阳雀叫春"等，代表曲目有《鲤鱼漂滩》《雁儿拍翅》等。绘神类是以描绘禽兽神态、仪体为乐思，抒发美好吉祥之情感。有表现人们意象中吉祥的"梅鹿含花""凤点头""八哥洗澡"；有气吞山河、显示民族气概的"猛虎下山"；有表现幽默诙谐的"猫捕老鼠"，以及节奏旋律多变的"古树盘根""狗扯羊"等等，表现了土家人美好、勇武、诙谐的民族性格。代表曲目有《小纺车》《闹年关》等。绘意类如结婚新娘子进屋打起"庆请儿""安庆调""鹊桥会""双齐头"等；如华屋落成、祝寿，打起"安庆调""新仕门""新门进""仕门进"等；迎接宾客出行，途中打起"龙抬头""龙摆尾""渡江过河""八仙过海"。这些曲目，以平稳舒缓的曲调，描绘出一种安适如画的意境。主要有"四季发财""观音坐莲"等曲牌，还有《安庆》《迎风》《八哥洗澡》《画眉跳杆》等数十首代表性传统曲目。在我国少数民族器乐艺术中，打溜子独特的组合、精湛的演奏技艺自成系统。

打溜子乐队编制由溜子锣、头钹、二钹、马锣四件打击乐器组成，加唢呐演奏的情况比较少。马锣又叫小锣或钩锣，发音清脆尖亮，是合奏中的高音乐器兼指挥，除独奏、领奏外，常用掩音奏法（即敲击后让声音立即休止），使节奏活泼，富于弹性。另外，马锣亦常与头钹齐奏，以加强强拍的节奏。头钹、二钹的面径较汉族钹宽，比较薄，发音明亮柔和，是合奏中的中音乐器。演奏时，头钹多奏强拍、次强拍，把握演奏中的节奏；二钹多奏弱拍，音型变换多样，加花密集频繁，演奏起来技巧性很强，一般人不易掌握，但二钹的艺术效果很独特，是打溜子中非常有色彩有个性的一个部分。

钹的基本技法有闷击、亮击、侧击三种。双钹富有极强的表现力和模仿力，以模仿飞禽走兽居多，很多曲牌亦以动物动态而命名，如"燕平翅"、"凤凰闪翅""龙虎斗""八哥洗澡""鹞子翻身"等，形象生动，情趣感人。溜子锣即大锣溜子锣，又称田锣、堂锣，是土家族、布依族敲击体鸣乐器。溜子锣用响铜制成，外形如盘，锣面平坦无脐，锣壁较厚，锣身不镟光，留有锤锻痕迹。锣面直径 33 厘米左右、锣边宽 3.5～4 厘米，锣边一侧钻孔系绳。锣棰由木棒制成，长 20 厘米，头大尾小，棰头不包绸布，质厚坚实，发音洪亮。锣槌不用布包头，由一根长约六寸、头大尾小的木头槌敲击锣面。溜子锣是合奏中的骨干和低音乐器。演奏技法有击心、击边、轻击、重击、延长及迫锣等。

图 2.1　四人溜子
（来自 http://www.folkw.com）

由于乐器分别组合的编制不同，演奏形式分"三人溜子""四人溜子""五支家伙"三种，在演奏风格上自成体系。"三人溜子"乐队编制为头钹、二钹、溜子锣，为土家族"打溜子"的本土初始乐队编制演奏形式，主要分布在流经永顺县、古丈县、保靖县酉水河沿岸的土家族聚居的乡镇。"四人溜子"乐队编制是在"三人溜子"的基础上加上马锣组合而成，主要分布在酉水河两岸的永顺、龙山、保靖三县交界的大山区。它增加了"马锣"的高音声部，形成了独特的大山里山区文化意识，丰富了本土初始"三人溜子"的演奏形式和表现内容。打溜子演奏时四人站立，头钹对二钹，马锣对溜子锣，围成一圈或半圈演奏。"五支家伙"乐队编制是在"四人溜子"的基础上加上土唢呐的一种从本土打击乐向吹打乐发展的新的演奏形式。其唢呐演奏的曲牌明显带有外来音乐元素，形成本土与外来乐曲相融合的特点。

打溜子风格古朴，节奏鲜明，旋律优美，曲调多变，被称为"土家族的交响乐"。在我国少数民族器乐艺术中，打溜子独特的组合、精湛的演奏技艺自成系统，具有极大的代表性。它不仅能为民族学、社会学的研究提供不可忽略的重要材料，也可作为音乐学中音色旋律学研究的极其珍贵的原生性文化标本之一。

三、芦笙音乐

芦笙从古老的簧管乐器发展而来，至今约有两千多年的历史，是湖南省通道侗族自治县广泛流传的传统民间乐器。

芦笙种类根据吹奏的形式和表演手法的不同，共分为6种：地筒、特大芦笙、大芦笙、中芦笙、小芦笙、最小芦笙。地筒属特重低音，特大芦笙属倍低音芦笙，大芦笙属低音芦笙，中芦笙属中音芦笙，小芦笙属次高音芦笙，最小芦笙属高音芦笙。传统芦笙共有3个音，12个调。

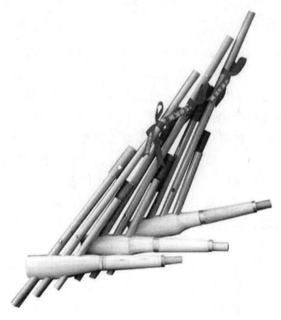

图 2.2　芦笙

（来自 中国音乐网）

相传侗族芦笙曲牌共有十二首，现在，常用的芦笙曲牌主要有《集合曲》《进堂曲》《踩堂曲》《扫堂曲》《同去曲》《上路曲》《比赛曲》《走曲》《圆圈曲》等。

演奏时，演奏者常做左右大幅度摇摆，独舞和对奏时，又会时而旋转，时而蹲跳。在音乐效果上富有特色的是碎音颤奏。

组建芦笙乐队，常用一支最高音芦笙作为领奏和指挥乐器，其他芦笙数量为：高音芦笙二支、中音芦笙三支、次中音芦笙十支、低音芦笙两支、倍低音芦笙一支、地筒一支。也有其他形式配置。

芦笙舞是通道侗族多种民俗活动表演的内容。它以芦笙为伴奏乐器并围绕着芦笙而跳的民间舞蹈。有两种形式：其一，自吹自舞、边吹边舞，主要模仿人们的各种劳动动作或动物动作，其难度较高，有鱼跃、采花、斗鸟、赶虎、猫旋柱、鹰翔、拌草、滚车、盘龙等舞姿，非经训练难以完成；其二，吹者自吹、舞者自舞，跳时以大号芦笙居中，年青姑娘以大号芦笙为中心，围成圈，摆手帕或打花伞、提油灯，或进或退，腿部一曲一变，踩着芦笙的节拍翩翩起舞。在姑娘的外围又有一圈手握小号芦笙的男子边吹边舞。这两圈舞蹈者按照一定的舞步，不时交换位置，从而使之气势雄浑，场面壮观。

四、薅草锣鼓

薅草锣鼓，渝黔一带土家人俗称"打闹""打闹歌"，鄂西州一带也有叫"山锣鼓"的，它由薅草劳动形式和田歌艺术形式两部分组成，是土家族的一种劳动生产与音乐相结合的民间艺术形式。在结群薅草、挖土、栽秧时，一般有两位歌师傅领唱或对唱山歌，一人按节奏击鼓，一人应点敲锣，锣鼓间歇，歌声即起，轮流对唱，整日不歇。历史上，土家族聚居地区山大人稀，单家独户劳力不足，加上野兽出没，窃食庄稼，伤害人畜。在这种特定的自然条件和劳动环境中，土家族人形成了团结互助、结伴成群、协作生产的习俗，劳作时配以锣鼓敲击，既可作为劳作的信息，又可以起到惊吓野兽的作用。久而久之，形成了风格独具的薅草锣鼓。薅草锣鼓具有相对固定的结构形式，它一般由"歌头"（俗称"引子"）"请神""扬歌""送神"几部分组成，有着请神求愿、组织生产、鼓舞生产、调节情绪等功能，是土家族人的劳动进行曲。

薅草锣鼓的乐器，主要有鼓、锣、钹、马锣四件响器组成，鼓手领队，发歌指挥，既指挥唱歌，又指挥生产，号召力很强。也有两人一班，一人挎着鼓，打鼓发歌，一人掌握锣鼓架，架上挂着大、小锣和钹，敲打三件乐器接歌。薅草锣鼓演唱形式灵活，或互相接歌，你叫我接；或一领众和，一人或两人叫，锄草的人一齐接；或锣鼓师父自打自唱，不拘一格。"唱"和"打"也有不同的配合，若唱时不打，只以锣鼓作间奏，谓之"住鼓听声"；若边打边唱，以锣鼓伴歌，则称之"鼓里藏声"。有的地方还配有唢呐，称为"吹锣鼓"，仅用打击乐器伴奏接腔的称作"盘锣鼓"。

锣鼓的演奏方法，种类很多，复杂多变，有快节奏和慢节奏之分。锣鼓点子一般是由慢到快，随着节奏的加快，出现劳动的高潮。一天之内，形成三起三跌，称为"三潮"。特别是在收工之前，要赶劳动进度，锣鼓节奏越来越快，叫做"放擂"。放擂时的劳动场面，土家人自己是用"饿马奔槽"一词来形容的。锣鼓歌师既要演奏，又要演唱，劳动时间内不能间断，一天下来，其劳动强度，不是一般人能承受得了的。因此口唱要与锣鼓演奏相配合，互相衬托，得以缓冲。一般情况下，在每一句唱词中，要配以鼓锣，在句尾上，又配以较长时间的锣鼓点子，使锣鼓在演奏中较歌比重要大。这也是土家"薅草锣鼓"未带"歌"字的原因。

薅草锣鼓的锣鼓声节奏鲜明，深沉浑厚，其打法为｜XX○｜，歌词生动形象，通俗易懂，朗朗上口。其具体做法为：歌手站在薅草人的后面，一边敲打锣鼓，一边吼唱。歌手或两人对唱，每人两句，以锣鼓声为节奏，边唱边舞；或两人领唱，薅草之众和之，间以锣鼓，边唱边舞。最常见的当属后者，因为后者所产生的氛围较前者热烈。舞蹈的动作特点为：双手随脚步摆动，左手左脚，右手右脚，动作柔中带刚，自然摆动。

薅草锣鼓的曲牌，种类纷繁。在渝黔一带土家地区，主要有"号子"和"扬歌"等类。"号子"又分"请神号""出工号""下田号""清茶号""收工号""抒怀号"等；在湘鄂一带土家族聚居地区，主要有"声子""号子""调子""溜子"和"扬歌"等类，共有上百种曲牌。其中以"穿号"和"扬歌"为主，其他曲调只在一天中的一定时间内演唱，或在需要转调时演唱。

薅草锣鼓的唱词一头一尾有固定的内容，中间多是"薅词"。唱词中往往夹有大量说白快板，每唱完一板，和以锣鼓。按一定程序把各种腔调唱完，从下田唱起，一直唱到收工。歌唱的内容一般是上午唱古人，中午唱花名，下午唱爱情。曲牌早中晚各不相同，例如上午唱［四声子］："鼓锤拿一对，打进歌场内，麻布洗脸初相会。""早晨来得早，露水一条河，打湿丝鞋白裹脚 。"下午唱［扬歌子］："吃哒中饭下田来，锣靠鼓来鼓靠怀，拜上打鼓匠师傅把翼摆。"二歇下田唱［四声子］："歇了一会茶，又把歌来发，南腔北调任我拿。"收工唱［回声子］："日头下了岩，锣鼓腰了台，今天放工早，明天早点来。"曲牌的运用基本上因时而异，但也有穿插进行的，都是高腔。歌唱者为了有间歇的机会，故锣鼓点子很多，其节奏，一天之中有快有慢，叫做"三起三跌"，也有叫"三潮"的，即早中晚三潮，各有由慢到快的节奏。随着节奏的加快，出现劳动的高潮。特别是收工之前，越打越快，叫做"放擂"。薅草锣鼓有它自己独特的锣鼓点子，锣鼓经的念谱也特别，念作"扑薅 扑薅 扑的扑的薅"。薅草锣鼓的歌词多为一韵到底，而内容则分为"歌头"（俗称"引子"）、"请神""扬歌""送神"四个部分。歌词的内容里，祭祀就占去了一半，而娱乐同样也占去了一半。

五、土家族咚咚喹

咚咚喹亦称"呆呆哩"。土家语称"早古得"，土家族单簧竖吹乐器。咚咚喹制作虽然简单，却能吹出欢快清脆的旋律，故深受土家族妇女、儿童的喜爱。咚咚喹可独奏或重奏，经常两支在一起对奏，音色明亮，曲调轻快活泼。流行于湖南省湘西土家族苗族自治州龙山、桑植、保靖、永顺，湖北省鄂西土家族苗族自治州来凤、鹤峰等地。

咚咚喹制作简单，其发音清脆、明快。普遍流传的传统曲牌有"咚咚喹""巴列咚""呆嘟哩""乃哟乃""拉帕克"等20多种。有词有曲，可吹可唱，吹唱结合，唱词内容以土家语儿歌为主。表演时有独奏、齐奏或合奏等各种不同的演出形式。

演奏时，口含簧片，管身竖置。咚咚喹音高随管身长短和音孔位置的不同而变化，能吹出四五个音。三孔者，左手食指按第三孔，右手中指、食指分别按第一、二两孔，无名指在出音孔下扶管；四孔者，左手食指按第四孔，右手食指、中指、无名指按另外三孔。口含管首簧片，吹气鼓簧发音。咚咚亏音高随管身长短和音孔位置的不同而变化，可吹奏出四或五个音来。三孔咚咚喹音列为：g、c1、d1、e1 或 c1、d1、e1、g1。四孔咚咚亏音列为：g、c1、d1、e1、g1 或 c1、d1、e1、g1、a1。第三孔可奏出各种装饰音。音色柔和、浑厚。可用于独奏或合奏，经常两支在一起对奏。主要有打音、倚音和颤音等演奏技巧。

六、桑植民歌

桑植县地处湖南省西北部，古称充县，隶属西楚荆州，素为土家族、苗族聚居地。桑植民歌起源于原始农耕时期的生产劳动，质朴、粗犷、风趣、诙谐是其主要的艺术风格。

桑植民歌内容极为丰富，有山歌、情歌、小调、花灯调、劳动号子、薅草锣鼓调子、革命民歌、仪式歌、挽歌、嫁歌、摇篮曲、三棒鼓、渔鼓、傩腔等。民歌多用衬词、衬腔扩充声腔，占民歌数的 90%。节奏常出现垛垛儿句，使音乐的强弱节奏变得张弛有度，在中国民歌中极为少见。三句体歌词结构，可谓独树一帜。曲式结构严谨，曲体多样，有一句、二句、三句、四句、五句、六句、七句体。其润腔方法独特，在同音重复和级进时，用很弱的颤音，使之产生飘浮感。其代表性曲目《板栗开花一条线》《马桑树儿搭灯台》等已成为中国民歌宝库中的经典。现已搜集整理的山歌、小调、号子、花灯调等有 2 300 多首，其中山歌 1 400 多首，小调 300 余首，号子 100 多首，礼仪歌 60 多首，风俗歌 300 余首，花灯调 126 首，薅草锣鼓 40 余首，革命民歌 80 多首。

1987 年，在波兰举行的第十九届国际民间舞蹈赛演出会上，桑植民歌手尚生武登上国际舞台，深情演唱《桑木扁担软溜溜》《棒棒儿捶在岩板上》等五首民歌。同时，桑植民歌无穷的魅力也吸引了瞿希贤、白诚仁、谭盾、鲁颂、彭梦麟等著名艺术家前来采风。他们在吸收桑植民歌丰富营养的基础上，创作了大量脍炙人口的作品，如白诚仁根据桑植民歌创作的《挑担茶叶上北京》、鲁颂创作的《甜甜的山歌》、王佑贵根据桑植民歌创作的《心头爱》等。桑植民歌已成为广大艺术工作者进行创作取之不竭的宝贵资源。由于桑植民歌历史悠久，节奏明快，旋律优美，具有鲜明的民族风格和山区特色，被省内外音乐界誉为"民歌的海洋"。

七、苗族民歌

湘西苗族民歌是苗族民歌的重要组成部分。湘西苗族民歌流传在湖南省湘西土家族苗族自治州境内吉首市、凤凰县、花垣县、保靖县、古丈县、泸溪县（流传区域还包括湖南麻阳、城步、贵州省松桃县）。

湘西苗族民歌的历史非常悠久。公元 18 世纪（清乾隆时期）《永绥厅志》"永苗风俗十年"载"鼓藏跳至戊时乃罢，然后择寨旁旷野地处，男女各以类相聚，彼此唱苗歌，或男唱女和，或女唱男和，往来互答。"清嘉庆二十五年（1820 年）严炳文《苗防备览·风俗》亦有赛歌的记述"或有以能歌斗胜负者，男子出绸绢，女子出簪环以为采，结队对歌，彻夜不休，以争胜负。胜者收取其彩，万善歌者不入队"。1974 年中国科学院语文研究所凌纯声、芮逸夫《湘西苗族调查报告》"苗歌略说"云："歌谣在苗人的生活中，特别是在各种仪式中是占着很重要的位置的。他们日常既随时随地即兴口占，表现当时的情绪或叙述当地的事件，而每遇举行某种仪式或集会时，更多男女对歌，日夜不休。在苗人的生活中，特别是在各种仪式中占着很重要的位置。"

湘西苗族民歌可分高腔、平腔、仡佬腔、飞腔、叭固腔五大声腔。在不同的演唱形式及内容上，派生出接亲调（对外拦门歌）、送亲歌调、古歌调、情歌调、工夫歌调、儿歌调、哭嫁调、老司歌调、扛仙歌调、赶秋打秋千时玩调等十种常用歌调。苗歌用苗语演唱。苗歌曲调丰富，曲式结构很完整，节奏非常自由，旋律多装饰音和滑音，演唱时，真假声转换自如，演唱形式多样，润腔方法特殊，风格特点鲜明。

八、酉阳民歌

酉阳民歌流传于重庆酉阳土家族苗族自治县。据史料记载，酉阳民歌在春秋战国时期就已开始萌芽，至今已有 2 000 多年的历史。

酉阳民歌优美流畅，曲调丰富，种类繁多，主要有小调、劳动号子、山歌三大类。从内容上看，有劳动歌、爱情歌、闲情歌、苦情歌、哭嫁歌、红军歌和新民歌等。歌词的创作多采取比喻、夸张等手法，充分展示了人们对现实生活的深刻体验和认识。酉阳民歌歌手多为普通民众，演唱活动风格多样，民歌形式多有创新。

从歌词上看，酉阳民歌中的艺术情感不仅真挚，而且深刻。由于人民群众对生活的感悟良多，对生活有深刻的体验和认识，所以能在民歌中表现出生活的本质，一针见血，其艺术概括力之强，令人惊异，如"看见太阳要落坡，我和情妹唱山歌，搓根树藤甩上去，吊住太阳不准落"中的"树藤"和"吊"字的运用寓意深长，一语双关，包含了许多男欢女爱的内在情感。从曲调上看，酉阳民歌种类繁多，曲调丰富、优美、流畅。大多是自由体山歌和小调，以宫调式、徵调式、羽调式为主，其旋律结构大多属民族民间五声调式范畴，以单段体为主，在某些"劳动号子"中也会出现一些不规则的"和声"结构，听后感觉十分亲切。

酉阳民歌是武陵山区特有的地理环境与苗、汉、土家文化融合衍变的产物，现挖掘到的大约有 1 700 多首。代表曲目有《不要愁来不要焦》《太阳去了坡背凉》《木叶情歌》《这边岭来那边梁》等。由于土家族只有语言没有文字，酉阳民歌承载着酉阳的历史、天文地理、风俗民情、知识技艺、道德伦理，一代一代地传诸后人，为多种学科的研究提供了资料。2008 年 6 月 7 日，酉阳民歌与酉阳土家摆手舞一起，被国务院列入第二批国家级非物质文化遗产名录。

九、秀山民歌

秀山位于渝、湘、黔三省（市）接合部，是渝东南门户，有"小成都"之称，面积 2 462 平方公里，人口 65 万。秀山民歌是秀山地区具代表性的民族民间艺术之一。秀山享有"中国民歌之乡"之美誉。

秀山民歌比秀山花灯的历史还要久。它起源于上古时代的巴渝歌舞，兴盛于唐、宋，延续于元、明、清，随着汉民族的迁入，与本地世居民族相融合，促进了秀山民歌的发展。2008 年，秀山民歌被国务院列入第二批国家级非物质文化遗产保护名录。秀山的优秀民歌《黄杨扁担》《一把菜籽》享誉神州。秀山民歌包括劳动歌、山歌、风俗歌、生活歌四大品类。薅草歌、船工号子、石工号子、农事歌为代表的劳动歌，有《一把菜籽》《划船调》等代表曲目；对歌、盘歌、情歌等为代表的山歌，有《豇豆林》《绣荷包》等代表曲目；孝歌和婚嫁歌为代表的风俗歌。经过初步普查，秀山民歌有上千首。单是秀山花灯的歌曲，就有 24 大调，1 000 余首曲子。

秀山民歌和秀山各族人民的生活相连，他们通过编制民歌传授知识、表达爱情、诉说衷肠，祈求五谷丰登、吉祥幸福，同时也用民歌抒发他们的情感、美化生活、记录历史。

十、土家族民歌

土家族绝大部分居住在武陵山区的渝东南酉阳、秀山、黔江、彭水、石柱和湖南湘西永顺、龙山、保靖、古丈以及湖北省来凤、利川、鹤峰、咸丰、五峰、长阳、恩施一带及贵州铜仁地区，自称"毕兹卡"（意为本地人）。土家族有自己的语言，大多数人通汉语，截至 2013 年只有几个聚居区还保留着土家语。

土家族的民间歌曲按传统习惯可分为山歌、薅草锣鼓、劳动号子、摇儿歌与儿歌、风俗歌 5 种。

山歌：土家族山歌在语言上有土家语山歌和汉语山歌两种；在声腔上有高腔和平腔之分；在结构上有"一声子""三声子"、"四句头""五句子"之别；在内容上有情歌、古歌、礼仪歌、生活歌、苦情歌等。

薅草锣鼓：又称薅草歌、合音锣鼓、挖土歌等。

劳动号子：土家人世居武陵山区和酉水、澧水两岸，拖木运料、撬岩抬石、行船驾舟等在劳动生活中占有重要地位，因而行船号子、拖木号子、岩工号子最为流行。

摇儿歌与儿歌：龙山的坡脚、保靖的普戎流行用土家语唱的摇儿歌，曲调由上下句组成，节奏平稳。普戎县的摇儿歌有羽调式和征调式两种，旋律

多级进下行。

风俗歌：有哭嫁歌、孝歌、摆手歌等。

十一、新化山歌

新化县位于湖南省中部，娄底市西部，盘依雪峰山东南麓、资水中游，总面积3 642平方公里，人口130万。新化，是古梅山峒蛮的中心地带，宋代以前此地为瑶、苗族聚居地，汉称"长沙蛮"。直到北宋开发梅山，汉族不断涌入，瑶、苗、汉民族逐渐融合，我们的先民们就在这块古老神奇的土地上劳作和生活，不断形成独具特色的梅山文化。

新化山歌的起源，历代县志和府志都没有记载，但从民间流传的山歌中可以寻找踪迹。以史诗为据，有宋代章惇《开梅山歌》为证："穿堂之鼓堂壁悬，两头击鼓歌声传"，生动地记载了梅山山歌的一种特殊演唱形式。新化是古梅山峒蛮的中心地带，10世纪前（宋代以前）为苗、瑶聚居地，至10—13世纪北宋开发梅山，汉族不断迁入，苗、瑶、汉多民族文化逐渐融合。在勤劳耕作之余，喜庆节日、婚娶祭丧之时，梅山先民常以山歌抒发感情，逐渐形成了独具特色的梅山文化代表作——新化山歌。清末大学者黄宗宪《山歌题记》中记载："冈头溪尾，肩挑一担，竟日往复，歌声不歇"。因此有民歌研究专家认为，新化山歌起源于先秦，兴于唐宋，盛于明清。

新化山歌世代相传，不断丰富和发展，至民国已深入到民间生活的各个角落，几乎事事有歌，天天有歌。从内容上划分有劳动歌、时政歌、仪式歌、节气歌、陶情歌等。山歌中数量最多、最脍炙人口的是被称为"陶情歌"的情歌。这类歌，从男女相识、初恋、相思、定聘到结婚甚至婚外情都有丰富多彩的表现，反映了年轻男女对封建礼教的诅咒反抗和对自由爱情的向往与追求。如《屋前屋后莫唱歌》：

屋前屋后莫唱歌

恐怕大户人家子女多

老姐听见犹小可

小姐听见绫罗不织听山歌

娘骂女，贼婆情

绫罗不织听山歌

女骂娘，老莫严

山歌凡是古人传

新化山歌有很高的文学价值，表现手法丰富多彩，句式长短有致，俚俗方言衬词较多，是美学价值极高的民间文学样式。在音乐上特色更为鲜明，不管是高腔山歌、花腔山歌、平腔山歌、波罗山歌和兴隆山歌，起音都较高，跳跃性强，往往是一人起头众人和，歌声抬得山转水动，具有粗犷、激越、陡峭、抒情的风格和大胆、利索、调皮、带有野性美的特色，是我国民间音乐中的一枝带露的野玫瑰。

十二、瑶族民歌（花瑶呜哇山歌）

花瑶呜哇山歌是田野山冈劳动时自我愉悦的一种山歌号子，因加衬词"呜哇"而得名，主要流传于湖南省隆回县虎形山瑶族乡。

花瑶呜哇山歌至今还流传着几千首，内容丰富，涉及的题材十分广泛，歌词带有即兴性（瑶语称"见子打子"）。在演唱中，歌手常用瑶语和汉语演唱，汉语演唱的歌曲颇多。山歌题材主要有瑶族来源和迁徙（花瑶巫术咒语高腔调，瑶语称"霸麦热饭"）、农业劳作、深山狩猎、洞谷名胜、死亡葬丧、服装首饰、日月星辰、风花雪月、婚姻嫁娶、傩巫鬼神等等。因呜哇山歌演唱大多在乡间野外，不受劳作时间限制，随意性很强，歌的内容可以随场景和思维形式的变化而变化，是一种自由抒发的劳动号子。花瑶人家请人做事就一定得请人来唱歌，呜哇山歌成为传唱千年的劳动号子。演唱时，有独唱、对唱、多声合唱等多种形式，常用大锣大鼓来伴奏，歌声高亢激昂，穿云透雾。

花瑶呜哇山歌多为成年男子用真假声结合演唱，曲调节奏自由，音调悠长，声音高亢嘹亮，有较长的甩腔，并常加用"呜哇呜哇……"等衬词。歌词结构复杂，一般为四句体、六句体和多偶句体，歌词讲究节奏和押韵，共24个韵脚，被称为"民歌中的绝唱"。花瑶山歌分平腔山歌（瑶语称"甩客"）和高腔山歌，高腔山歌（呜哇山歌）最具有地方特色和民族特色。过去，花瑶祖先常隐居深山老林中，人烟稀少，常有虎豹出没，人们走山路时，便唱起了呜哇山歌："呜哇……呜哇……"，声音激越高亢，可穿透数里。一则以此邀集同伴，二则惊散猛兽，故一般都用假嗓高腔或真假嗓结合唱，技巧性很高，难度较大。

十三、利川灯歌

利川灯歌起源于湖北省利川市柏杨坝镇，距今大约有300年的历史。据民俗专家谭宗派先生介绍，利川灯歌始于何时尚无确考。根据利川柏杨现存灯歌第五代代表性传承人全友发的传承谱系：其师为汪安佐，师爷为姚泽美，师祖为李祖田，祖师爷为清康熙时的谭功朝（鼓师）、乔国富（演员，外号乔幺妹）、毕凯（画匠），再结合一些清代墓碑上关于灯歌的浮雕，我们完全可以认定：明末清初，灯歌已在今利川柏杨坝一带流行，迄今至少已有300多年的历史。从清朝开始，群众逢年过节、喜庆集会、玩采莲船时都要唱灯歌，现在以《龙船调》为代表，涌现出《筛子关门眼睛多》《打把扇子送情郎》等一批旋律优美、歌词诙谐生动的灯歌。

新中国成立以后，扮演神仙鬼怪的花灯和大量以歌唱爱情为内容的灯调被取消，但"后八出"中的龙灯、狮子和"杂灯"中的采莲船、车车灯却得以幸存。"文革"中，灯歌中止。改革开放以来，彩龙船、车车灯的演出虽然早已失去了它昔日的辉煌，但其演出时间却从年节逐渐扩展到了一切喜庆集会和休闲活动，从一种习俗逐渐变成了一种随时都可进行的群众文化歌舞活动。

"利川灯歌"是群众逢年过节、喜庆集会、休闲娱乐时，以彩龙船、车车灯为道具，以本乡本土传统系列优秀民歌为歌唱，划地为台，载歌载舞的民间歌唱表演形式，属"灯歌"范畴。其伴奏乐器以鼓、钹、锣、镲、二锣和马锣为主，早期还有唢呐和竹笛。"利川灯歌"演唱时，一人扮书生（或武生），兰衫纶巾，手执折扇（或桡竿），潇洒站立船头（或车头）；二人扮丫环，燕尾椎髻，手舞花巾，殷勤侍立船侧（或车侧）；一人扮艄公（或媒婆），花鼻驼背，手执桡片（或蒲扇），滑稽追随船尾（或车尾）。乐队一般由六人组成，既伴奏又伴唱，随着打击乐的阵阵响起，演员们或随彩船（车灯）飞旋起舞，或踏歌翩跹进退。歌唱是在演员舞蹈和伴奏停歇时进行的，唱法一领众和，一般多为幺妹领唱（也有书生或武生领唱的），众人合唱。曲调传统固定，多为本地传统民歌结合玩灯特点历代演唱而成。除开场、收场为祝福、送财外，其主要内容为唱本地风俗、农事和男女情爱。唱词多为传统唱段，也可即兴创作，一句一段或两句一段者最多。唱词中衬词极为丰富，它们有的对主句烘云托月，推波助澜；有的和主句血脉相通，水乳交融。特别是一些便于观众参与、撩拨挑逗、妙趣横生的衬词衬句，一问众答或互问互答，把演员和观众的心灵融为一体，常常把演出一次次地推向高潮。

"利川灯歌"是优秀民歌《龙船调》的母体，优秀民歌《龙船调》是"利川灯歌"的代表。《龙船调》由《灯歌·种瓜调》收集整理而成。

十四、石柱土家啰儿调

石柱土家啰儿调起源于重庆市石柱土家族自治县。它是流传于渝东南本土汉族和土家族的啰儿调山歌，因山歌唱词中有"啰儿"而得名。

石柱土家族啰儿调旋律简洁，每曲音域都在八度以内，腔中少有装饰，行腔起伏流畅，易于掌握，便于传唱。其调式多为徵、羽、商调式，既有传统曲目，又有现场发挥的即兴歌调。歌词句式大多为七字句，可即兴填词，现场发挥，酣畅淋漓地表达歌者的真情实感。有的歌曲调相同而词不同，颇有"竹枝词"遗风；有的歌词直白通俗，逼真地反映了当地土家人的生活、劳动、民风、民俗、情感和宗教信仰等多方面的内容，比较全面地记录了土家族的礼俗活动、生存状况及民族文化演变过程。啰儿调音韵淳朴而浓郁，特别是啰儿调中大量地运用"啰儿""啰儿啰""啰"等习惯性方言衬词，使曲子音调与当地土家族方言的四声声调紧密结合，率真地表现了土家人乐观、豁达、睿智、幽默的性格，从而形成独特的风格和韵味。蜚声海内外的《太阳出来喜洋洋》就是石柱土家族啰儿调民歌的代表作之一，此外还有《长年歌》《怀胎歌》《小情郎》等曲目。

20 世纪五六十年代，石柱土家族自治县境内尚有三百多人能唱"啰儿调"，随着社会文化的变迁，演唱者越来越少。据初步调查，现在只有大约七十人能唱了，这些歌手年事已高，啰儿调的传承面临困境。2006 年 5 月 20 日，石柱土家啰儿调经国务院批准列入第一批国家级非物质文化遗产名录。

十五、靖州苗族歌鼟

靖州苗族侗族自治县位于湖南省西南边陲，湘黔两省交界之地，沅水支流渠江中游，是个多民族聚居的山区县。其中苗族人口约占全县总人口的40%，主要分布在三锹乡一带。三锹苗族，历史悠久，源远流长，与五千多年前的"九黎"、尧舜禹时期的"三苗"以及周时期的"荆楚"有着一脉相承的关系。

"鼟（tēng）"是击鼓的声音，"歌鼟"原来是"多声部苗歌"的一种，即男女歌队对歌时唱的一类歌曲，而这种歌贯穿于苗民各种生活之中，由此成为"多声部苗歌"的代表。而后约定俗成，苗民便把"歌鼟"视为"多声部苗歌"的总称。"锹里"一带民俗活动较多，几乎所有的民俗活动都有特定歌唱方式的参与。如"坐茶棚""坐夜""结婚""打三朝""立夏节"以及"踩芦笙""歌会节""祭祖"等都与歌鼟密不可分。

从表面上看，苗族歌鼟只是一种苗家的民间歌唱方式，但在"以饭养身，以歌养心"的苗族人民心中，歌鼟的意义决不仅限于"歌唱"。在无文字的苗族，借用"歌"来完成记事、交流和传承功能，选择用"歌"作为记载并传承本族文化的主要手段。他们在喜庆节日以歌相贺，男女相恋以歌为媒，生产劳动以歌互助，丧葬祭祀以歌当哭，叙述苗史以歌相传。

苗族歌鼟歌词大多为七言四句，二四句末字一般讲究押韵。通常采用比喻、拟人、夸张等修辞手法。其内容涉及历史传说、祭祀礼仪、生产劳动、婚姻恋爱、劝事说理、唱咏风物等传统文化的诸多方面。其文学性强，内涵深邃，是苗家人的"口头文学"。演唱时，主要用中锹凤冲村苗族土语（酸话）演唱（饭歌用纯苗语）。"酸话"是一种与当地苗语和周边侗语不同的苗族土语，是苗语的汉化，语音近似于当地汉语，但又略带苗语腔调。歌鼟用纯苗话不好唱，用"酸话"唱才顺口、易学。

苗族歌鼟按其风格、旋律、内容、演唱方式及民族习惯可以分为：茶歌调、酒歌调、饭歌调、山歌调、担水歌调、三音歌调等，这些歌曲与苗族风俗活动紧紧相联，几乎覆盖到苗家的全部生活空间和细节。其音乐既不同于其他地方的苗族民歌，也不同于临近的侗族民歌和汉族民歌，自有鲜明的个性和特点。

十六、江河号子（长江峡江号子、酉水船工号子）

（一）长江峡江号子

宜昌长江峡江号子，是指流传在滩多水急的长江三峡西陵峡一带行船过程中船工呼喊的号子，以及装卸、泊船时呼喊的码头号子和搬运号子。长江峡江号子是湖北民歌号子类中最富特色、最具代表性的歌种，是船工在生命极限的考验中产生的，是群体劳作创造的生命乐章。

长江峡江号子现存126首，其中船工号子94首，包括拖扛、搬艄、推桡、拉纤、收纤、撑帆、摇橹、唤风、慢板等9种；搬运号子32首，包括起舱、出舱、发签、踩花包、抬大件、扯铅丝、上跳板、平路、上坡、下坡、摇车和数数等。峡江号子在峡江上下广为流传。

长江峡江号子，伴随着劳动节奏而歌，其声高亢、浑厚、雄壮、有力，节奏铿锵，表现形式为一领众和，有喊唱、呼啸、翻唱等。音乐旋律与内容融为一体，音调与语言声调相结合，自由行腔，节奏、速度视具体活路（活计）而定。"腔旋律"居多，也有"韵调旋律"，别具古老的徵羽乐风。音乐呈现出力度感与节奏性强的突出特点，气势磅礴，有疾劲、悠扬的号子，也有抒情的民歌。结构多为联曲体，也有单曲体，舒展自由，灵活多变。具有独特的文化艺术价值和音乐史、心理学等研究价值以及合理开发的可利用价值。

（二）酉水船工号子

千百年来，行驶在酉水河上的船工们在长期战险滩、斗恶浪的过程中，创造了一种粗犷雄浑、高亢激昂、呼喊夹着歌唱的调子——酉水船工号子。它记录了劳动人民与酉水拼搏抗争的历史。2008 年，酉水船工号子入选第二批国家级非物质文化遗产名录。

酉水，是湖南四大水系之一沅水的支流，自古就是上游重庆酉阳和湘西龙山、中游保靖、下游永顺和古丈等地沿岸百姓通往外界的主要通道。酉水河谷狭窄水深，水势湍急，险滩频生。酉水船工号子分为橹号子、桨号子、纤号子、卸货号子等，品类达 50 多个，曲调、节奏各异，所反映的内容分为历史传说类、水路分段记述类和风俗生活类，彼此间相互穿插、相互糅合。其中"桨号子"雄浑厚重，流传广泛，歌唱起来也极具冲击力和感染力。过去物质生活极度贫乏，时时与险滩恶浪抗争，天天同死神擦肩，船工们的喜怒哀乐、悲欢离合，尽在慷慨高昂的号子呐喊中。

酉水船工号子在酉水上下游之间的保靖河段最流行。较之其他地区，沉淀在这里的酉水船工号子传唱形式最古老、内容最完备，它唱尽了酉水流域土家人的生产、生活、习俗、性情、交易、名山、市镇、险滩，不仅具有催人奋进的力量，还兼有几分诙谐与玩世。

然而随着时间的推移，公路交通的发展，船不再是主要的交通工具，特别是 21 世纪后酉水河上保靖县碗米坡水电工程的建设，使船的行程越来越短，险滩消失，船工失去了高唱酉水船工号子的环境和条件。加上大部分老船工去世，尚在的老船工因为年龄太大忘记歌词，酉水船工号子面临着成为"绝唱"的处境。

十七、川江号子

川江号子是川江船工们为统一动作和节奏，由号工领唱，众船工帮腔、合唱的一种一领众和式的民间歌唱形式。重庆到宜昌 1 000 多公里的长江江段俗称川江，航道艰险，险滩密布，礁石林立，水流湍急。重庆和四川东部是川江号子的主要发源地和传承地。

巴渝境内，山峦重叠，江河纵横，交通不便，货物流通、客运往来，皆需木船载客运货，于是柏木帆船成为主要的交通工具。小的船有几个船工，大的有二三十个船工，艄翁又称驾长，是一船之主，众船工皆听艄翁指挥。在明清时期，是由艄翁击鼓为号指挥船行，统一扳桡节奏。大约在清朝中期，才逐渐兴起号子，产生了专门的号子头。川江号子是川江船工们为统一动作和节奏，由号工领唱，众船工帮腔、合唱的一种一领众和式的民间歌唱形式。

川江号子包括上水号子和下水号子。上水号子又包括撑篙号子、扳桡号子、竖桅号子、起帆号子、拉纤号子等，下水号子又包括拖扛号子、开船号子、平水号子、二流橹号子、快二流橹号子、幺二三交接号子、见滩号子、闯滩号子、下滩号子等，因此形成数十种类别和数以千计曲目的川江水系音乐文化。代表曲目有《十八扯》《八郎回营》《桂姐修书》《魁星楼》《拉纤号子》《捉缆号子》《橹号子》《招架号子》《大斑鸠》《小斑鸠》等。

在长年的唱号子中，形成了号子的不同腔型类别，计有四平腔数板、懒大桄数板、起复桄数板、快二流数板、落泊腔数板等。这些腔调中，号子头的领唱部分，节奏在规范中又有变化，小腔花音使用较多，带有一定的即兴成分，故有十唱十不同的说法。但总体上既有雄壮激越的音调，又有悦耳抒情的旋律，在行船中起着统一摇橹扳动作和调剂船工情绪的作用。在三面临水、一面朝天的环境中，给贫苦的船工带来一点欢乐。

十八、南溪号子

重庆市黔江区鹅池镇的南溪村，是南溪号子的发源地和传承地。据史料记载，南溪号子起源于唐朝，至今已有1 000多年历史，千百年来在南溪当地广为传唱。南溪号子最初形成是土家族农民在劳动中解乏鼓劲的劳动号子和山歌号子，与薅草锣鼓近似。当地人常说："南溪左右两面坡，男女老少会唱歌"，那是因为被险峻群山环抱的南溪村地理条件特殊，山谷狭长幽暗，阻碍了土家族先民的交流和联系，人们只得通过声音来相互传递消息。一声声呐喊在不经意间演变成了南溪村民文化生活中的重要内容，经过千年的丰富发展和传承，从而形成了今天的南溪号子。

20世纪五六十年代，农村集体化、公社化时期，坡上干活的人唱起号子，两岸应和，声调宏壮。那时是南溪号子的鼎盛时期。在南溪村有着"十对男女九对歌，十首山歌九情歌"的说法。南溪号子的歌词多属即兴创作，无伴奏乐器，多以情歌为主，靠口头传唱得以世代相传，没有文字记录。爱唱山歌的人看到什么或想到什么就唱什么，往往是一首山歌开始由一个人唱，大家喜欢就自然会在人群中传唱。

在长时期的传唱过程中，南溪号子逐步发展成为一种自成一格的特殊山歌品种，它既不同于周边的川江号子、纤夫号子，也有别于广泛传唱在武陵山区的其他劳动号子和山歌号子。南溪号子歌词多为即兴创作，但其腔调和唱法却比较固定。唱腔主要有大板腔、九道拐、三台声、打闹台、南河号、喇叭号等十余种。其基本唱法为一人领喊，二人或三人扮尖声（即喊高音），三人或更多的人喊低音，众人帮腔，从而形成高中低声部互相应和、在山野间悠扬激荡的天籁之声。一首号子多为4句，一句7个字，中间有大量衬词，如"新打船儿下余渡，余渡有个两夫妇，生下幺姑一尺五；六幺妹生下地，团团转转把媒提，幺妹还在娘怀里"。

十九、茶山号子

茶山号子是瑶民在劳动生活中所形成的一种极为特别的民歌演唱形式。茶山号子主要分布在湖南辰溪县的黄溪口镇、罗子山瑶族乡、苏木溪瑶族乡、土蒲溪瑶族乡一带。茶山号子源于明清，是辰溪瑶族人民在冬季挖茶山时唱的劳动号子，是一种直接伴随劳动的山歌。其过程是：鼓手先祭土地神，挖山的人们，在山脚下一字排开，然后鼓手在前方不远处敲鼓，伴随鼓声、号子声的节奏扬锄落地，一同挖山，节奏的快慢指挥着挖山速度的快慢。茶山号子歌气势磅礴，宽广洪亮，激越高亢，很有鼓动人心的作用。

"茶山号子"从早晨一直唱到下午收工，在挖茶山前要祭山神及土地神，再念咒语、烧香，然后才能开鼓唱茶山号子。茶山号子分早晨开挖时、上午休息时、休息后开挖时、送午饭时、午饭后、下午收工时几个时段，每个时段歌唱的内容各不相同。它的旋律一般在高音区，演唱时翻高八度。演唱内容：（早晨开挖时唱）日出东方亮，梳头打扮出远乡。坐一行，行一乡，梳头打扮出远乡。柑子开花满园香，十八妹妹莫装腔，梳头打扮出远乡。早晨来，早晨来，打个帽檐遮日头。（上午休息时唱）新打锄头各有楔，邀起大家吃袋烟。（休息后开挖时唱）吃你烟，谢你烟，谢你金花插两边。（快吃午饭时唱）东边烧了火，西边起了烟。点心煮熟了，还在主人边。（送午饭时唱）姐儿穿身青，担饭进茶林。手攀茶树枝，喊郎吃点心。（午饭后唱）姐儿穿身青，头包花手巾。我郎问你到哪里？我到冲里送点心。吃了午时饭，要唱末时歌。堂屋椅子拖又拖，和姐两个论理坐。（下午收工时唱）抱木鼓杵两头黑，打起锣鼓送日头。日头送到天脚下，今日晚了明日来。

茶山号子演唱时配以小鼓、小锣。其作品仅存录《茶山号子》。后创作的作品有《瑶族茶山号子》《瑶山伢子嗓子好》等。

第三节　传统舞蹈类非物质文化遗产

一、传统舞蹈类非物质文化遗产概述

传统舞蹈是指人类社会在历史上创造并以活态形式传承至今的一种肢体语言表现形式。这类舞蹈具有较强的自娱性和稳定性，一旦定型就很少改变。传统舞蹈是产生和流传于民间、风格鲜明、为广大群众喜闻乐见的舞蹈。它反映人民的劳动、斗争、交际和爱情生活。传统舞蹈可分为宫廷舞蹈、民间舞蹈两种形式。不同民族和地区的民间舞蹈受生活方式、历史传统、风俗习惯、民族性格、宗教信仰甚至地理和气候等自然环境的影响而显现出风格特色的明显差异。

广布于民间的民间舞蹈是非物质文化遗产保护的重点。民间舞蹈起源很早，它产生于人类社会的早期生活，特别是与人类社会早期的娱神活动密不可分。依功能不同，民间舞蹈又可分为娱人型舞蹈和娱神型舞蹈。娱人型舞蹈主要用于各种节庆、迎客、联欢、娱乐和演出等场合，如各种芦笙舞、秧歌、鼓舞、旱船等大都属于这一类。娱神型舞蹈主要用于各种丧葬、祭祀、祈祷、治病、驱邪等宗教仪式。其实，娱人舞蹈其起源多半也与娱神活动有关，是人类学研究的重要参考。

武陵山片区传统舞蹈类非物质文化遗产一般源于娱神，现大多属娱人类。拥有土家族摆手舞、土家族毛古斯舞、湘西苗族鼓舞、高台狮舞、龙舞（地龙灯、芷江孽龙、城步吊龙）、土家族撒叶儿嗬、肉连响、仗鼓舞（桑植仗鼓舞）、棕包脑和玩牛等10项国家级非物质文化遗产，湘西土家族铜铃舞、张家界高花灯等28项省（直辖市）级非物质文化遗产。

二、土家族摆手舞

湘西土家族摆手舞是最具土家族民族特色及古老风俗的舞蹈。古代摆手舞主要服务于祭祀、祈祷活动，祭祀对象除八部大神外，大部分祭土司王，如彭公爵主、田好汉、向老官人等历史上有名有姓的人物，带有显著的祭祀和祖先崇拜痕迹。流传区域内的各县志厅志均有记载，主要流传在龙山、永顺、保靖、古丈等县。湘西土家族摆手舞一般在农历正月初三至正月十五夜间表演。

湘西土家族摆手舞系集歌、舞、乐、剧于一体的庞大载体，表现开天辟地、人类繁衍、民族迁徙、狩猎捕鱼、桑蚕绩织、刀耕火种、古代战事、神话传说及饮食起居日常生活等广泛而丰富的社会生活内容。摆手舞的基本特点是顺拐、屈膝、颤动、下沉。顺拐是摆手舞最主要的特征，即甩同边手，它要求手脚配合默契，动作一致，以身体的律动带动手的甩动，手的摆动幅度一般不超过双肩，摆动线条流畅、自然、大方；屈膝要求膝盖向下稍稍弯曲一下，上身摆正，脚掌用力，显得敦实、稳健；颤动是脚部与双臂略带小幅度抖动，给人一种有弹性和韧劲的感觉；下沉是指在伴奏重拍时身体有一种向下的感觉，动作沉稳而坚实。

土家族摆手舞动作大方、粗犷，有单摆、双摆、回旋摆，边摆边跳。具体运用有撒谷种、望太阳、撬岩头、穿花、披甲、牛打架、狗连裆、老鹰抓鸡、摸冰口、抖狗蚤等。摆手舞伴有起腔歌和摆手歌以及锣鼓伴奏，曲目根据舞蹈的内容及动作一曲多变。舞蹈场地一般在坪坝上。舞蹈分为大摆手和小摆手。其音乐包括声乐伴唱和器乐伴奏两部分，声乐主要有起腔歌和摆手歌，乐器主要是鼓和锣，曲目根据舞蹈的内容及动作而一曲多变。

图2.3　土家族摆手舞

（梁向东 摄）

大摆手在摆手堂进行，规模大，时间长。一般从正月初九开始到正月十五结束。摆手队伍一般以村寨为单位，参加者众多。表演的具体内容主要有闯堂进驾、开天辟地、人类起源、迁徙定居、耕作劳动、自卫抗敌、扫堂关架等八个部分，穿插打溜子、唱山歌、吹冬冬喹、打花鼓、唱薅草锣鼓歌，表现土家先民跋山涉水、迁徙繁衍、农事活动、日常生活、战争场面等。

小摆手规模较小，时间较短，正月初九至十一日在各村寨所在的土王祠举行。其内容为祭彭公爵王、打蚊子、牛打架、塞冰口、挖地、下种、插田、除草、收割，表示劳动丰收的喜悦欢乐之情。摆手舞有独唱、领唱众和、众人齐唱等形式，曲调随舞的内容而变换。清贡生彭施铎《竹枝词》记曰："福石城中锦作窝，土王宫畔水生波。红灯万点人千叠，一片缠绵摆手歌。"

三、土家族毛古斯舞

毛古斯舞，土家族语称"谷斯拔帕舞""帕帕格次"或"拨步卡"，汉语多称为"毛古斯"或"毛猎舞"。毛古斯舞产生于土家族祭祀仪式中，是

湘西土家族一种古老的舞蹈形式，主要流布在湘西的龙山县、永顺县、保靖县、古丈县。

毛古斯舞是一种具有人物、对白、简单的故事情节和一定的表演程式的原始戏剧舞蹈，它以近似戏曲的写意、虚拟、假定等艺术手法表演土家先民渔、猎、农耕等生产内容，既有舞蹈的特征，又有戏剧的表演性，两者杂糅交织，浑然一体。表演大多与跳摆手舞穿插进行，有时在一定场合单独表演。

毛古斯舞动作特点别具一格，表演者屈膝，浑身抖动，全身茅草刷刷作响，头上五条大辫子左右不停摆动，表演中碎步进退，左右跳摆，摇头抖肩。"打露水""扫进扫出""围猎""获猎庆胜"等内容，可根据表演动作清楚地分辨出来。该舞蹈最突出的特色在于服饰的风格，表演茅古斯的人，须浑身裹扎稻草或茅草，以"茅人"象征远古蛮荒时代的先民。其中，一人扮演"拨铺卡"的代表祖先，其余扮演小茅人的则代表后代子孙。演出自始至终讲着土话，唱土歌，语焉不明。表演动作以碎步进退，屈膝抖身，摇头耸肩，左右晃动等动作，显出粗放、诙谐的民族气息。表演对话时要求变腔变调，使观者辨认不出表演者的真实身份。最重要的是毛古斯舞作为一种古老和独具特色的艺术形式，可以为土家族舞蹈来源的研究提供较可靠的线索。

图 2.4　土家族毛古斯舞

（姚小云　摄）

毛古斯舞不仅对研究土家族最初的生活形态、生活方式有着十分重要的价值，其表演形态中所保留的自然崇拜、图腾崇拜、祖神崇拜等远古信仰符号和写意性、虚拟性、模仿性等艺术元素，更是一笔弥足珍贵的文化遗产。

四、湘西苗族鼓舞

湘西苗族鼓舞流传在湖南省湘西土家族苗族自治州境内的吉首市和凤凰、泸溪、保靖、花垣、古丈等县。据历史文献记载该舞源于汉代以前，产生在苗族祭祀活动中。随着时代的变迁，苗族鼓舞已成为苗族人民最喜爱的舞蹈艺术形式。

湘西苗族鼓舞舞蹈动作分为生产劳动、生活习俗、武功拳术和动物动作四大类。其特点是节奏明快，动作舒展大方，双手交替击鼓，两脚轮换跳跃，全身不停扭摆。湘西苗族鼓舞苗鼓具有规范的套路，节奏复杂，常见的有 3/4、2/4、4/4 三种。鼓舞的基本步伐有三步、小踢腿步、滚翻身、踩三角走三步等。

湘西苗族鼓舞的种类多达数十种，常见的有花鼓舞、猴儿鼓舞、女子单人鼓舞、男子单人鼓舞、团圆鼓舞等。《猴儿鼓舞》灵巧多变，风趣诙谐，挑逗戏耍，时而打鼓、时而离鼓，表演协调。《花鼓舞》温婉妖媚，轻盈柔软，身态柔美，极富表现力。《男女鼓舞》多为屈膝矮桩，全身舞动，动作粗犷，豪放刚健。《女子鼓舞》双脚轮梭，步法灵活，头稍摇动，腰随扭摆，含蓄抒情。《团圆鼓舞》场面宏大，时而边歌边舞，柔慢抒情，时而激情狂舞，轻松活泼。

各种形式的鼓舞，在不同的历史阶段各有不同功能，在社会生活中发挥着自己的作用。如原来"木鼓舞"，仅为祭祀祖先、祈神禳灾、娱神、娱祖灵所用；"踩鼓舞""花鼓舞"等主要是在每年春节和隆重的传统节日中娱乐。如今，都演变为节庆活动和人们劳动之余不可缺少的一种文化娱乐形式。功能的转化，也促使鼓舞的节奏及击鼓动作发生更为复杂的变化，而具表演性质。

湘西苗族鼓舞历史久远，在与外来势力的争斗和反抗封建朝廷的过程中，苗鼓号角起到了号召与激励民众的作用，形成巨大的民族凝聚力，苗鼓更是成了湘西苗族的圣物。保护和开发湘西苗族鼓舞对研究苗族的历史、战争、宗教、迁移、生产、爱情、民俗等有着十分重要的意义。

五、高台狮舞

高台狮舞是重庆市彭水苗族土家族自治县民间最具特色的体育与舞蹈相

结合的表演艺术，已有约150年历史，在民众中颇有影响。

狮舞可以分为地面狮舞和高台狮舞两种。地面狮舞主要用于日常节日、生日、婚丧嫁娶、开业庆典等活动。搭台上架的高台狮舞则多用于重大节庆和比赛，表演时常常与地面狮舞连为一体，最核心的部分是空中表演。用方桌搭台，最少7张，一般15张，多则24张，极限达到108张。高台狮舞表演者身披长约2米的彩绘狮子，在导引师的引导下，踩着由锣、大鼓、小鼓、钹、铰等乐器伴奏的节奏，从第一层开始，层层上升，直达"一炷香"。在各层表演时，狮子要穿过每一张方桌。在"一炷香"上要进行玩狮子和立桩表演，惊险刺激。

高台狮舞的舞蹈语汇有蹬黄冬儿、打羊角桩、鹞子翻叉、扯链盖拐、翻天印、黄龙缠腰、奶牛困塘、狗连裆、扯海趴狗、钻圈等套路，还有狮子高杆夺绣球、游走板凳等表演动作。表演风格或惊险刺激，或古朴滑稽，或华丽多姿。高台狮舞表演要求表演者有高超的表演技能和良好的体力。

六、龙舞（地龙灯、芷江孽龙、城步吊龙）

龙舞，有的地方称之为"舞龙"，也有的称之为"龙灯舞"。龙舞是广泛流行于中国各地如广东、浙江、四川、重庆、湖北、湖南及山西等地方的一种民间舞蹈形式。演出的时间，一般都在农历正月初一拜年、十五闹"红火"闹"元宵"的时候，也有一些地方在农历二月初二的"龙抬头"时表演，这是一种极为普遍的民间艺术，这种传统的艺术节目，大都与中国的传统节日紧密地联系在一起。

（一）地龙灯

武陵大山的腹地，有一种号称"巴地梭"的灯戏——"地龙灯"。表演时，除舞龙头者外，其余的人都隐藏于龙衣内，一手抓住前面一人的腰带，一手握住龙衣内圆形蔑圈，站的骑马桩，走的弓箭步，全凭感觉与默契配合，使龙翻腾舞动，恰似巨龙出海，长蛟饮涧。这种独特的龙灯现仅存于湖北省来凤县旧司乡的大岩板、板沙界两个村落。地龙灯在来凤流传大约有300来年历史，每逢春节和五月十五"中端午节"，两村的地龙灯队便游舞四乡，遇到欢迎人群，便在街头、坝坪或农家的堂屋、院落中进行表演。

地龙灯虽然也是龙舞，但却不受传统龙舞套路的束缚，而是想象龙、蛇的形态动作，创造出别具一格的12种舞蹈套路，即"龙出水""龙抢宝""龙标滩""之字拐""龙困滩""扣扣""龙卷饼""龙抬头""龙过桥""凤骑龙背""三星岩""龙上树"等。从始至终，龙、凤、玩宝者配合默契，动作灵活多变，形象栩栩如生，是一种集技巧性和娱乐性为一体的民间表演艺术。除了其娱乐功能外，它还寄托着扫瘟镇邪、去病化灾，保佑六畜兴旺、五谷丰登的愿望。灯戏班子到户表演时，先要顶着龙、凤在主东家的堂屋、牛栏、猪圈各处"清扫"，表现出浓厚的除旧迎新意味。

"地龙灯"独特之处，还在于它始终与"凤"共舞，并有老虎、鱼、虾、蚌、龟伴舞。这种飞禽走兽与龙凤同场嬉戏的情节是其他灯戏绝对没有的。龙分为龙头、龙身、龙尾；凤由凤头、凤翅、凤身与凤尾四部分组成。均以竹篾、铁丝和彩布等扎制而成。"地龙灯"以锣、鼓、钹等击乐伴奏，曲名为"龙归海"。节奏欢快热烈，伴着地龙翻滚、彩凤翱翔的舞姿和动作，丝丝入扣，烘托出地龙吞云吐雾、移山倒海的气势。地龙灯的道具主要有元宝、龙、凤各一件。

（二）芷江蓐龙

湖南芷江侗族自治县富家团村是一个历史悠久的侗家山寨，具有典型的侗族文化，是"蓐龙"的发源地。"蓐龙"的萌生、发展和形成，经历了漫长的历史进程，与侗族民族史和文化史息息相关，它生动地体现了这一少数民族地区的文化传统。"蓐龙"曾以"劣龙"之名编入《民舞集成》。芷江蓐龙相传起始于春秋中期，它是富家团村田姓家族传承至今的氏族灯艺。

蓐龙既传承了中国的"龙"文化，又凸显了浓厚的民俗内涵。我国传统的舞龙少则十几人，多则上百人，长长的巨龙随红色的彩珠飞舞腾跃、蜿蜒涌动、气势恢弘，场面较壮观。而蓐龙由于仅限一人舞龙，一人舞宝，乍看起来毫无龙威，但其表演的空间较大，不受任何条件束缚。两人配合默契，舞动起来让人眼花缭乱，五彩缤纷。如遇群龙演舞时那热闹紧张的场面很快引得群情激奋，丝毫不逊于长长的巨龙。同时，具有浓郁侗乡特色的鼓乐伴奏，让人耳目一新而又催人奋进。多年来，经过民间艺人不断加工和改造，到现在已发展成为一种形式完美、具有相当表演技巧和带有浪漫主义色彩的民间舞蹈艺术，其技艺世代相传并深为侗寨人民所喜爱。

蓐龙艺术包容了侗民俗文化，宗教信仰等各种艺术成分和文化意义。侗族是一个能歌善舞的民族，有深厚的文化底蕴，蓐龙从制作、表演、化龙等一系列过程中，都包含了侗民族的传统习俗和宗教信仰，进而形成了显著特色的地域文化。它不仅体现和传承着侗族文化的传统，同时也是研究侗族传统音乐、舞蹈、文学等艺术发展史的重要依据。

（三）城步吊龙

舞龙又称为舞龙灯。舞龙之俗早在唐代就盛行于苗族群众中，这里流传一首山歌："十月里来立了冬，魏征丞相斩老龙。斩断老龙十二截，满身流血遍地红。"湖南城步苗族每逢春节喜庆都由村寨组织舞龙活动，以龙舞迎神消灾，驱邪恶而祈平安。这是苗族人民长期在科学不发达的自然条件下对"五谷丰登"的期盼，寄托于龙给予"风调雨顺"的精神安慰。千百年来，苗乡的九峒四十八寨都舞龙灯，并以东、南、西、北、中五方区分龙灯的颜色和表演形式。东方村寨（白毛坪乡、兰蓉乡一带）以舞草龙（又称木龙）为主，用草木叶扎制，颜色为青色；南方村寨（汀坪乡、五团镇一带）以舞高杆龙（又称火龙）为主，颜色为红色；西方村寨（丹口镇、长安营乡一带）以舞吊龙（又称金龙）为主，颜色为蓝色；北方村寨（威溪乡一带）以舞蛇龙（又称水龙）为主，颜色为绿色；中央村寨（西岩镇、茅坪镇一带）以舞滚龙、爬龙（又称地龙、土龙）为主，颜色一般为黄色。若时逢盛大喜庆或连年丰收等节日，也有一方村寨同舞"五龙呈祥"的，但同样必须按村寨的五方五色而定，表演壮观，异彩纷呈。纵观湖南省城步苗族人民舞龙艺术，尤其以丹口镇下团村吊龙最有文化艺术特色。

丹口镇下团村是一个群山环抱的苗族村寨。全村 152 户，738 人，90%都是苗族。千百年来，这个村每逢春节或重大喜庆活动都要举行舞龙活动。他们扎的吊龙，做工精细，形态逼真，轻便灵活，活灵活现。每当表演舞龙时，配上气势磅礴、浑厚得体的音乐，以及烟雾和灯光的烘托，让观众有身临其境之感，心潮亦随着龙灯的起伏和舞姿忽而担惊受怕，忽而心情激动。巨龙出洞时，首先是阴森可怕，如山崩地裂，从山洞喷薄而出，速度快捷，直指云天；然后，翻身一跃，腾空摆尾，好像要把蹲伏在深山石洞中修炼时的孤独和压抑一下子全释放出来，乱冲乱闯放荡不羁！刚出山洞的龙，涉世未深，经几番吞云吐雾，经受风雨雷电的考验，翻滚蜕皮，受了挫折和教训后，盘缠喘息、反思和养精蓄锐，懂得如何腾云驾雾，如何呼风唤雨，风调雨顺，护佑苍生，修身养性，造福人类。待修道圆满，炼就正果后又乘着大风大浪翻弄云雨，几经争斗，几番拼搏，终于摆脱尘世折磨，巨龙飞天！苗族群众的舞龙活动特别讲究礼节，如请龙、接龙、贺龙必须在村口、寨门、堂屋三个有代表性的方位举行仪式，由迎接方摆上供桌香案，上供三牲果品、神龙牌位，舞龙者和迎龙群众面对香案向神龙行三跪三叩之礼，然后由舞龙方致贺词，接龙方行答礼。在双方一贺一答中以苗族款词颂扬神龙、颂扬祖先，以吟诗作对赞美天时地利人和，双方互相勉励，温馨和谐，友情交融，既突出了苗族人民的礼仪道德，又展露了丰富的文化艺术才华。

丹口镇下团吊龙，历史悠久，祖传遗风。以苗族扎龙老艺人丁志文为代表的一代舞龙传人，他们无论从取材、扎制、造型、舞蹈、音乐等方面都很具有民族特色，既通俗又高雅，紧凑而大方，功底深厚，风格独特。整个龙舞表演过程，让观摩者赞不绝口，给人以观赏性和启发性，寓意深刻，让人流连忘返，实在是一朵独特的民族文化艺术奇葩。

七、土家族撒叶儿嗬

湖北长阳土家族"撒叶儿嗬"，是湖北清江流域中游地区土家的一种祭祀歌舞。"撒叶儿嗬"历史悠久，唐人樊绰《蛮书》谈及土家先民巴人葬仪时写道："巴氏祭其祖，击鼓而祭，其父母初丧，击鼓以道哀，其歌必号，其众必跳。"清《长乐县志》云："家有亲丧，乡邻来吊，至夜不去，曰伴亡；于枢旁击鼓，曰丧鼓；互唱俚歌哀词，曰丧鼓歌。"

"撒叶儿嗬"即跳丧或"跳丧鼓"。每有老人去世，停灵枢于堂前，亲属邻里前往吊唁。入夜，众人"打鼓踏歌"，通宵达旦，以增热烈气氛，谓为亡人解寂，慰亲属节哀。"撒叶儿嗬"的演唱形式是一人执鼓领唱，众和。执鼓者，是有声望且能歌善舞的长者，他以鼓点指挥舞蹈，以鼓点变换曲牌。这种祭祀歌舞，在古代巴人之后裔土家族的聚居区，世代沿袭，千古不绝。无论哪家死了老人，村民们闻讯而至，通宵达旦。这叫做"人死众家丧，一打丧鼓二帮忙。打不起豆腐送不起情，跳一夜丧鼓陪亡人"。

跳丧的特点是手脚同边，舞姿豪放，动作平稳、舒缓，唱词以歌颂死者生平事迹，歌唱其对子女的抚育以及死者生产劳动方面的内容为主。撒叶儿嗬的鼓点子及舞蹈动作因地域不同而稍有差异。按跳丧格局大致可分"四大步""么连嗬""摇丧""打丧""哭丧"等20多个类型。按模仿形象动作分，有"凤凰展翅""犀牛望月""猛虎下山""虎抱头""猴子爬岩""狗撒尿""狗连裆""燕儿含泥""乡姑筛箩"等。

撒叶儿嗬作为一种民族舞蹈，无论是音乐、舞蹈还是歌词内容，都少有悲凄之感，音乐高亢欢快，舞步健美勇武。歌词内容十分广泛，回忆民族起源、讲述民间故事、叙述得到父母养育之恩等，歌舞者看到什么就唱什么，想到什么就唱什么。歌词多呈四句七言，四、三式，也有"五句子"保持着古代巴歌"竹枝""杨柳"等曲牌格律形式，内容古朴。每唱完一首，最后大家高声合唱一句"跳撒尔嗬喂"，或"解忧愁噢"，粗犷的歌声和明快的曲调扫去了死者家里悲痛凄婉的气氛，人们用欢歌和鼓乐致哀，为死者家人驱散忧愁。跳丧的唱腔分高腔、平调，节奏鲜明，巴东的鼓点子主要是3/4节拍，建始是2/4节拍，其中6/8拍较为普遍。跳丧有歌有舞，舞的成分更重。整个舞场均随掌鼓人的鼓点和唱腔随时变换曲牌、节拍和舞姿。当唱到感情交融时，掌鼓者还会绕开鼓座加入舞者行列，时而用鼓槌在鼓上敲击节拍。

"撒叶儿嗬"不仅是一种精彩的歌舞，一种艺术化的风俗或者风俗性的艺术，同时还承载着丰厚的历史文化信息，蕴涵着深邃的哲学意义。它的声腔歌调是一种古老的特性三声腔，这种歌腔仅存于清江以北长江三峡北岸的兴山部分地区，在其他歌种已成绝响时，撒叶儿嗬却原汁原味地保存了下来。它的历史渊源有文献记载的至少可以追溯到唐代，而其源头可以从《巴渝舞》和武王伐纣时的巴人军阵舞中找到关联；它的豁达、通脱的生命观念直逼庄子，非同等闲。"撒叶儿嗬"具有很高的艺术和学术价值，为清江土家所独有。

八、肉连响

"肉连响"，是湖北省利川市土生土长的、以独特的肢体表演为主要形式的少数民族地方舞蹈品种，流行在该市的都亭、柏杨、汪营一带，舞蹈主要以手掌击额、肩、脸、臂、肘、腰、腿等部位发出有节奏的响声而得名。"肉连响"以往曾称"肉莲湘"，动作与民间传统舞蹈"打莲湘"相仿。因舞蹈以其肉体碰击发出响声为其突出特色，乡民习惯称之为"肉连响"。

"肉连响"多为男子表演，表演场地不限大小，由于动作和声响关系密切，表演时不分春夏秋冬，只穿背心、短裤或者干脆赤膊上阵，既不需要道具，也不需要更多服装，所以极易为广大群众接受。它的主要动作有"秧歌步""穿掌吸腿跳""颤步绕头转身""双打""十响""七响""四响""三响"等十几种。"肉连响"的表演生动、诙谐、活泼、自由。在动律上，讲究"圆转"，顺着相击的部位不断改变身体倾斜角度，柔美协调。"肉连响"虽无唱腔、无伴奏，但口读简谱，短而有特点，艺人根据演唱的需要，加上舌头弹动的声响伴奏，更增添了舞蹈的欢乐气氛。

"肉连响"舞蹈是根据旧时"泥神道"演变而来的。新中国成立前，乞讨者为引起人们的关注，将稀泥涂在裸露的身上，手舞足蹈，沿街沿门拍打，稀泥四溅，迫使主人施舍，俗称"泥神道"。20 世纪 80 年代，利川文化馆工作者与"泥神道"传承人吴修富等人，对传统的"泥神道"进行挖掘、加工整理，提炼舞蹈元素，创造舞蹈语汇，并配上"莲花闹"的曲调，辅以锣鼓点子，演绎成今天的群体健身舞——"肉连响"，并载入《利川民间舞蹈集成》，成为一个独立舞种。

九、仗鼓舞（桑植仗鼓舞）

湖南桑植白族是宋末元初从大理聚住区迁徙而来，迄今已有七百多年历史。桑植白族仗鼓舞的产生大约在元朝初期。桑植白族迁徙始祖谷均万、王朋凯、钟迁一等带领子孙躲避战乱来桑植麦地坪、马合口等一带定居，创造了白族独特的民间舞蹈——白族仗鼓舞。它粗犷、刚劲、原始、大方又杂夹武术套路，广泛用于游神、庙会、节日庆典、祭祀、庆贺丰收等民俗活动中，和"土家摆手舞""苗族猴儿鼓"并称为张家界三朵艺术奇葩。

桑植白族仗鼓舞，主要分布在马合口、麦地坪、芙蓉桥、洪家关、走马坪、淋溪河、刘家坪等 7 个白族乡，外半县如官地坪、瑞塔铺等 10 多个乡镇也流行仗鼓舞。白族仗鼓舞套路多，有九九八十一套路。在鼓、锣、钹等打击乐配合下，翩翩起舞，跳得尽兴时，人们可以拿劳动工具作道具，三人一组，鼎足而立，灵巧多变，深受白族人民青睐。

桑植白族仗鼓舞经过两个大发展时期，一是白族迁始祖们来桑植落脚，与土家族等共同发展，创造白族仗鼓舞原始雏形。到了明初，社会发展了，白族地区人口增加，仗鼓舞得到发展，逐渐有了"三十二连环"等套路。二是元末明初，许多外省人来桑植外半县一带定居，给仗鼓舞发展提供了契机，白族人逐渐完善了体系，建立一套完整的舞蹈套路。桑植白族仗鼓舞在新中国成立前一直很流行，大多数白族人均能跳仗鼓舞。新中国成立初期，白族仗鼓舞被当作保留节目参加省级文艺汇演。白族仗鼓舞在"文革"期间被禁演。1984 年成立桑植 7 个白族乡时，仗鼓舞又开始活跃在舞台上，一些节目还获得了大奖。

十、棕包脑

"棕包脑"是一种古老的民间生态祭祀舞蹈，因用棕片包着脑袋舞蹈而得名。主要流传在湖南洞口县长塘瑶族乡、罗溪瑶族乡、月溪乡等瑶家山寨。据《宝庆府志》记载，"宋熙宁五年（公元 1074 年）开梅山，瑶人以'棕包脑'装扮梅山鬼神袭官军"。

"棕包脑"舞还有个神奇的传说，在很久以前，长塘山上住着位美丽的瑶族女人，一次在采摘山果时，被凶恶的山鬼掳走。她儿子长大后，决心救出母亲，他拜倒立梅山张五郎为师，苦练擒鬼除魔本领。为了不让山鬼察觉，他用棕片包脑，腰扎万年常青藤和棕叶，隐身山林，经历千辛万险，在三峒梅山的帮助下，终于打败山鬼，救出母亲。为了颂扬祖先寻母救母孝母的大爱美德，长塘、罗溪、月溪的瑶族后人每年正月十四和十五都要举行隆重的祭祀仪式，跳起"棕包脑"舞，歌功颂德，祈福未来。

"棕包脑"舞源自雪峰山地区流行的梅山祭祀活动，舞蹈动作以摆首、甩臂、舞棍、扭腰、跺脚、左右顿步为主，简练干净、粗犷有力，充分展示了瑶族人民坚强刚毅、不畏强暴的性格和特点。表演的人数由 1 至 20 人不等。舞者多为男性，他们以棕片裹头，身披棕叶，腰系万年常青藤，手执木棍，踏着鼓点翩翩起舞。资料显示，"棕包脑"的表演程序分为"祭祀""单棍表演""双棍表演""凳术""梅山倒立""驱山鬼、打野兽""庆祝"等段落，每个段落细节繁多。"祭祀"时，在场地中央摆一方桌，奉上糍粑、桃子等贡品。待香、烛燃起，瑶老阴师朝天吹响牛角，"棕包脑"持棍顿地，吆喝前行，而后挥棍迈步，半弓躯体，双手握棍作揖，十分虔诚。"单棍表演"时，"棕包脑"执棍而立，前劈后勾，左打右击，吆喝声四起，山谷震荡；"双棍表演"由两个"棕包脑"握棍对立，你攻我防，棍棒噼啪作响；"凳术"表演中，"棕包脑"手握长条凳，挥舞旋转，前推后挡，呼呼生风；如"梅山倒立"时，"棕包脑"双手着地，倒立行走，动作诙谐；"驱山鬼、打野兽"的场面紧张激烈，如山洪袭来，势不可挡；舞蹈最后在"庆祝"中圆满谢幕，"棕包脑"踏着鼓点，围着篝火载歌载舞。

"棕包脑"具有人物、对白和简单的故事情节，并有固定的表演程式，以近似戏曲的写意、虚拟、假定等艺术表演形式，展示了瑶族先民不畏强暴，与大自然顽强抗争的刚毅性格，既有舞蹈的特征，又具戏剧的色彩。

第四节 传统戏剧类非物质文化遗产

一、传统戏剧类非物质文化遗产概述

戏剧，指以语言、动作、舞蹈、音乐、木偶等形式达到叙事目的的舞台表演艺术的总称。文学上的戏剧概念是指为戏剧表演所创作的脚本，即剧本。戏剧的表演形式多种多样，常见的包括话剧、歌剧、舞剧、音乐剧、木偶戏等。

传统戏剧是指在历史上产生，并以活态形式传承至今的代言体表演艺术形式。传统戏剧大致可以分为民间小戏与大型传统戏剧两种表现形式。民间小戏多是民间社会自娱自乐的产物，民间小戏的曲调多来自当地民歌，动作多来自当地舞蹈，情节多来自当地说唱。在中国戏剧发展史上，宗教祭祀活动对民间小戏的行程产生过重要影响。如武陵山片区的傩戏，源于古老的驱傩仪式。中国传统戏曲历史悠久，与古希腊戏剧、古印度梵剧并称为世界三大古老戏剧样式。中国戏曲史上较为著名的大型传统戏曲形式，基本都是在地方小戏的基础上发展而来。如清丽、婉约的昆曲，就是在古老的"昆腔"的基础上发展而来。

武陵山片区传统戏剧类非物质文化遗产以民间小戏居多，一般源于民间祭祀仪式，历史较为悠久。拥有傩戏（侗族傩戏、沅陵辰州傩戏、梅山傩戏、鹤峰傩戏、恩施傩戏、仡佬族傩戏）、阳戏（张家界阳戏、上河阳戏）、思南花灯戏、南剧、高腔（辰河高腔）、灯戏（恩施灯戏）、木偶戏（邵阳布袋戏）、花鼓戏、侗戏、目连戏（辰河目连戏）等10项国家级非物质文化遗产，皮影戏（秭归皮影戏）、石阡木偶戏等25项省（直辖市）级非物质文化遗产。

二、傩戏（沅陵辰州傩戏、侗族傩戏、梅山傩戏、鹤峰傩戏、恩施傩戏、仡佬族傩戏）

傩戏，又称傩堂戏、端公戏、地戏、傩堂戏、傩愿戏，是在汉族民间祭祀仪式基础上发展形成的一种戏曲形式，广泛流行于安徽、江西、湖北、湖南、四川、贵州、陕西、河北等省。演出剧目有《孟姜女》《庞氏女》《龙王女》《桃源洞神》《梁山土地》等，此外还有一些取材于《目连传》《三国演义》《西游记》故事的剧目。

傩，是指古代腊月驱逐疫鬼的仪式。傩在苗语中的原意是捞种子，象征向祖先祈求赐予后代延续香火之意。

（一）沅陵辰州傩戏

辰州傩源于原始宗教，而后逐步形成宗教和艺术的结合物，经历从人的神化到神化的人，从娱神到娱人的历史过程。现存于湖南沅陵县七甲坪镇的辰州傩，分为"上河教"和"河南教"两大教派，共有61坛（其中上河教42坛），目前主要传人仅17人，辰州傩源于荆楚，辐射于巴蜀吴越秦等地，曾一度影响中原。辰州傩行傩时分为三个部分：傩祭（即做法事）、演傩戏（又称傩堂戏）、演傩技。

傩祭：辰州傩的法事，上河教有37场，河南教有38场。"还傩愿"，即辰州傩中的傩祭，旨在敬奉傩神送子发财，保佑一家平安，六畜兴旺。行傩有两大类：一类是"单傩愿"（即一天一晚），诸如"大保护""小保护""做解结"等，程式简单，两至三人可以完成；另一类是"夹傩愿"（三天三夜），这里有"寿傩愿"和"喜傩愿"两种，程序较多，要十二三人才能完成。

辰州傩戏：又称土家傩堂戏，是由湖南五溪文化区域巫师冲傩还愿的歌舞发展而成（娱神→娱人）的祭祀性仪式戏剧。是一种介于的古老的湘西原始戏剧（以毛古斯为代表）与现代戏曲之间的原始戏剧形态，是戏剧进

化时期遗存下来的"活化石"。是当地许多地方戏剧种（如辰河戏、祁剧、阳戏、花鼓戏等等）的老祖宗。目前仅存于湖南省西北地区沅陵县的七甲坪镇及周边地区。

辰州傩戏表演时，演员戴木面具，多用反复的、大幅度的程式动作表现请神驱邪、祈福及简单的战斗故事。辰州巫师冲傩还愿时，必唱傩戏。演唱的傩戏剧目可分正戏、小戏和本戏：正戏是傩仪的一部分，有《搬先锋》《搬师娘》《梁山土地》《三妈土地》《搬八郎》《仙姬送子》等；小戏存在于傩仪之中，内容却与傩仪无多关联，如《晒衣》《姜女下池》《观花教子》等；本戏与傩仪无关联，为娱神而演唱，有《孟姜女》《龙王女》《七仙女》《鲍三娘》等。辰州傩戏音乐情调古朴，地方特色浓郁，曲牌有［先锋调］［师娘调］［八郎调］［土地调］［姜女调］［范郎调］［下池调］等20余支。演唱傩戏的巫师班，一般都兼能表演"开红山""过火槽""上刀梯""踩犁头""滚刺丛"等傩技。

傩技：为绝技杂技表演，主要有上刀梯、过火槽、踩犁头等。辰州傩发生了从娱神到娱人的转变，形成了娱人娱神的双重特性。

（二）侗族傩戏

"咚咚推"流行于湖南省新晃侗族自治县贡溪乡四路村天井寨，因演出时在"咚咚"（鼓声）、"推"（一种中间有凸出的小锣声）的锣鼓声中跳跃进行而得名。"咚咚推"起源难以查考，天井寨最早的居民为龙姓侗族人，明永乐十七年（1419年）从本省靖州迁来。

"咚咚推"的表演在舞蹈中进行，演员的双脚一直是合着"锣鼓点"，踩着三角形，不停地跳动。老艺人介绍，这种踩三角形的舞蹈，是根据牛的身体而来，牛的头和两只前脚是一个三角形，牛的尾巴和两只后脚又是一个三角形。是侗族的农耕文化孕育了"咚咚推"。侗族人祭祀时必演"咚咚推"，每逢天灾或瘟疫时，也要演唱"咚咚推"。"咚咚推"有简单情节的舞蹈，一部分是具有戏剧雏形的傩戏。所有的演唱全部用侗语。

它的剧目有反映本民族生活的《跳土地》《癫子偷牛》《老汉推车》等，也有《关公捉貂蝉》《古城会》等以关公为主角的三国戏。"咚咚推"的音乐多由当地山歌、民歌发展而成，常用的曲调有［溜溜腔］［石垠腔］［吟诵腔］［垒歌］等。"咚咚推"演唱时所有角色全戴面具。常用的面具称为"交目"，共有36个。

1949年，"咚咚推"所有的面具失散。此后，演唱时或以临时做的纸面具，或以涂面化妆代替。1992年，当地群众重做面具，恢复了"咚咚推"

的本来面目。

（三）梅山傩戏

梅山傩戏是湖南省冷水江市民间举行祈福、求子、驱邪等傩事活动时扮演的娱神和自娱戏剧，现存《搬开山》《扎六娘》《搬架桥》等10余个剧目，没有规范的演出脚本，主要角色由傩艺师扮演，根据剧情需要临场邀请观众参与演出。唱腔为民间小调，现存表演傩面有开山、郎君、判官、土地公、土地婆、歪嘴和尚等9种（类），道具除傩艺师自带各种法器根据剧情需要变换外，傩事事主家的各种生产生活器具及观众都能成为傩戏表演的道具。伴奏用锣、鼓、牛角号等简单的傩事乐器，供奉的神祇有东山圣公、南山小妹（亦称南山圣母）、韩王、梅山神等。

（四）鹤峰傩戏

湖北鹤峰傩坛自开启至今已有300多年的历史。它从祭民族神开始，主要是以戏娱人、娱神，使原始宗教祭祀仪式通过歌、舞、戏去完成。

程式化的传统表演、一唱众和为主的歌唱形式，锣鼓伴奏过渡、乐队坐于舞台正中、演员角色随时与乐队对话的艺术形式，保留着表演艺术由祭祀、歌舞、说唱向戏曲演变过渡的原始风貌。舞蹈有单人、双人、三人及多人等表演形式，戏剧人物中的开山王、白旗仙娘、土地公土地婆、法师等特定人物的表演均有浓郁的生活气息，与当地的生活环境有着千丝万缕的联系。土地神的风趣幽默，白旗仙的潇洒飘逸，开山王的粗犷豪放，塑造出一个个生动的人物形象。土地公公与土地婆婆的调侃，金童与玉女所打的花鼓儿，孟姜女在傩愿戏中的独特地位等等，无一不是当地风俗民情的显现。

一堂傩愿戏要经过三个阶段，即许愿、显愿、还愿。鹤峰傩愿戏有一套完整的祭仪，称"二十四戏"，亦称二十四堂法事，一套简约的祭仪也要八出，称为"正八出"。傩愿戏在人物塑造上借助面具来烘托，即木雕面具和兽皮面具。鹤峰的兽皮傩面，是古时巴人长期狩猎经济的产物。脸谱造型注重人物性格刻画，根据不同的人物选用不同的兽皮。在祭仪之间，一般在"邀罡"之后开始插演"正戏"，正戏多为大型剧目，内容自成一套，与傩仪联系紧密，内容为天、地、水、阳"四大团圆"戏。

鹤峰傩愿戏音乐用锣鼓间奏，称打锣板。打锣板分为法师腔、祭戏腔、正戏腔三个部分。其剧目丰富，唱词多为七字韵文，语言质朴率真，接近群众口语，好听易懂。

由于现代文明的冲击，生活方式的改变，乡民对本土文化缺乏认识，以至对传统艺术的继承兴趣不高，鹤峰傩愿戏的继承者寥寥无几。老一辈艺人

相继谢世，使傩愿戏演出机会越来越少。鹤峰傩愿戏面临着前所未有的危机。

（五）恩施傩戏

恩施傩戏是湖北民间戏剧种类之一，在 140 多年前，一个叫曹仁山的湖南人，将傩愿戏带到恩施石灰窑。经过百余年的繁衍发展，恩施傩戏已经形成了自己独特的风格。其演出范围已覆盖恩施、鹤峰、宣恩、建始等市县。

恩施傩戏表演形式丰富多彩。行当有生、旦、净、丑四行，剧目分正邪八出。正八出为发工曹、迎神、修造、开山、立镖、勾愿、送神、打案等；邪八出分别为《鲍家庄》《反五关》《清家庄》等。演出时，正八出是要演完的，邪八出不一定演完，可视时间而定。已失传的剧目还有阴傩 12 出，阳傩 24 出，大傩 36 出。傩戏唱腔音乐也丰富多彩，喜怒哀乐表现得淋漓尽致。

恩施傩戏的表演难度很高，要求表演者表演功力要相当深厚。傩戏有难度较大的武戏场面，没有一定功夫是无法胜任的。老一辈艺人舞动刀枪时可泼水不沾衣。

（六）仡佬族傩戏

贵州务川仡佬族傩戏也叫脸壳戏，又叫冲傩，也叫杠神。生招满日，或添人进口，请人冲傩，向鬼神祈祷，向活人庆贺。家有灾，人有难，请人杠神，求神驱鬼，消灾灭祸。冲傩、杠神还包括各种许愿、还愿。

傩戏头戴脸壳，脸壳只有一个固定的形象，或凶狠或慈祥，一成不变。演出时，动作简单，古老而粗犷。唱腔的旋律起伏不大，似唱又似念。

傩戏分为两部分：开坛（属于祭祀部分）和开洞（属于戏剧部分）。开坛分为四个内容：发通帖文、立楼诗、搭桥和酿星布斗。开洞就是唱出傩戏，实际上并没有"戏"，多数是一个演员，头戴脸壳，身着古装，根据民间传说或唱本改编的故事，伴着锣鼓、牛角念唱一遍，故事念唱完，"戏"就完了。傩戏实际就是唱故事。

傩戏有二十四戏，有十二戏戴脸壳，又称前十二戏，有十二戏不戴脸壳，又称后十二戏。前十二戏有：唐氏太婆与土地、迎宾土地、和尚、先锋、汉朝将军、灵官镇坛、活闪娘娘、出秦头和炳灵、统兵圣母（这出戏是六个演员六具脸壳：备马童子、土地、上原将军、下原将军、统兵圣母、梁山土地）等。

傩戏短则可唱一天，长则可唱十天半月，由掌坛师在案子前游一阵，转一阵，唱一阵，念一阵。念的时候，微闭双眼，口中念念有词，谁也听不清掌坛师念的内容。念的时间可长可短，也可任意重复。

傩戏的道具分为四类：神坛、案子、脸壳和小道具。

仡佬族傩戏已成为当地农民闲暇季节喜爱的娱乐形式，除保留祭神驱鬼逐邪外，还充满了对平安丰收的祈祷，象征勇敢和胜利。现已被纳入旅游娱乐活动。

三、阳戏（张家界阳戏）

张家界土家族阳戏主要流传在湖南张家界市及周边地区。张家界过去是湘鄂川黔古道枢纽，西汉以来移民屯军，多种文化在此并存交融。千百年来，澧水两岸的巫风楚声繁衍交融，蔚为大观。阳戏受此熏染孕育，至清中叶臻于成熟，至今已有三百多年。土家族阳戏这一地方戏曲瑰宝，现已成为全省、全国的稀有剧种，成为张家界民族文化的代表作。根据阳戏老艺人的回忆，大约200年前已经有了成型的阳戏。阳戏的得名，有两种说法，一是认为是种田人、种阳春人演的戏，艺人大多是农村农民，并且长期在农村演出，所以称之为"阳戏"。另一种说法是因为傩戏与阳戏同班演出，傩戏是为娱乐鬼神而演，故称"阴戏"，阳戏显然也有还傩愿的酬神演出，但在庭前扎台唱阳戏，主要是娱人，故称之为"阳戏"。

阳戏原称"三小戏"（小生、小旦、小丑），剧情俚俗，曲牌单调，仅一把大筒（胡琴）伴奏。后经杜从善、度松侠等几代艺人吸收汉戏打击乐器，融合花灯调子、民歌调子及荆河戏的表演程式，脸谱化装、服装已形成独具风采的土家族剧种。

傩堂戏经常与阳戏同台演出，二者在艺术上也是互相影响。阳戏移植傩戏剧目，吸收傩戏唱腔；傩戏借鉴阳戏脸谱化妆，去掉脸子壳；一些阳戏老艺人会演傩戏的《打求财》《扛扬公》等剧目，傩堂戏的"三女戏"《孟姜女》《龙王女》《庞氏女》，也为各地的阳戏剧团搬演至今。

阳戏表演重做工少武打，多演文戏、家庭戏、悲剧，生活气息浓。旦角在阳戏中居各行之首。阳戏唱腔由正调和小调两部分组成，共17个曲牌。张家界阳戏的舞台方言以张家界方言为基础，它的特点是平仄音分明，儿化韵较多，阴平、阳平、上、去、入五声具备。

"金线吊葫芦"是张家界阳戏区别于其他的地方阳戏的关键所在，这是土家人把大山号子融进于戏剧的最为独特的唱法。它的唱法必须用真假嗓相结合，唱词用真嗓，拖腔用假嗓翻高八度。这种唱法是从土家人的民歌风味衍化而来，土家人山歌唱完，必须用小嗓打一声吆喝，这吆喝声吼得悠扬婉转，激越高亢，而且男女不分腔。

四、花灯戏（思南花灯戏）

思南花灯戏，是贵州省思南县土家民间歌舞艺术。思南土家花灯，根据老艺人的追根溯源和唱词中表现的历史特点看，大致起源于唐宋之间，风行于明清。思南土家花灯到清朝末年，因受外来戏剧文化的影响，已发展成为花灯戏—高台戏，这是花灯史上的一个大的飞跃。在思南，跳花灯被认为是唐朝留下360盏灯中的两盏，即茶灯和扇子灯。

思南土家花灯内容丰富，程式庞杂，有传统的正灯，如"盘灯""开财""万事兴""说春""说十二花园妹妹""上香""打梁山""拜闹子"等20多种。内容多反映土家人喜庆吉祥、欢度新春、借古喻今、劝人洁身自好、勤劳致富、吟花咏草、寄物抒情托志等。

花灯戏的行当，生、旦、净、丑俱有。生角分老生、正生、黄生（扮皇帝的）、小生、娃娃生，前三类又统称须生；旦行分老旦、正旦、摇旦、小旦；净分大花脸、二花脸；丑称三花脸。这些班底，大都不过二十来人，其中主角不过几个，所以演员经常是一人兼几行。

传统剧目分本头戏、花戏两类。本头戏多根据历史故事、民间唱本改编，或由其他剧种移植而来，多为连台大戏，主要有《红灯记》《蟒蛇记》《穆贵英大战洪州》以及唐传戏、岳传戏等。花戏多取材于民间传说、神话，以及劳动、爱情等社会现实生活，并多系小戏，主要剧目如《南山耕田》《槐荫别》《杀狗劝夫》《秋胡戏妻》《兰桥汲水》《白光指路》《张哨子打鱼》《巧英晒鞋》《假斯文算账》等。

花灯戏的传统唱腔较为简单，基本唱腔即花灯歌舞中的男女出台调。其音乐艺术是"大筒筒""小筒筒"两种形式的组合体。在声腔上，"大筒筒"是在当地花灯、小调、说唱的基础上，借鉴了傩堂戏的唱腔和辰河戏中的高腔而形成的；而"小筒筒"是在当地花灯基础上融进了辰河戏的弹腔。在唱腔上两者都模仿辰河戏中的板、弦、韵味，再结合本地民歌、曲艺而逐渐形成了独树一帜的音乐艺术形式。

花灯戏的表演动作，使用的是耙子路、四方步、龙摆、米花筛、凤点头、颤颤步、三步半等，讲究"丁不丁，八不八，钩子紧紧夹；正旦夹蛋不丢，摇旦夹钱不要角"。服饰、道具根据剧目内容要求设置。

思南"花灯音乐"大多采用民间调式，徵调、羽调较多，商调式很少，音程大多作二度、三度、五度、七度、八度跳跃，如"5－6、2－5、3－6、6－5、6－6"。其唱腔朴素，语言通俗易懂，在花灯戏的音乐处理上初具板腔雏形，有"路调"（出场腔）"散板""五更调"等，而"采茶调""临安调"大多用于花灯歌舞音乐中。大多数曲调都很欢快、喜庆，生活表现力强。

思南花灯唱词押韵，句式整齐，但平仄不严，有五言、七言和长短句，其曲体形态灵活多变，常见的是一些对应结构，如二句体和四句体，或在二句体和四句体的基础上有所变异的曲体。歌舞体实际上是一种歌伴舞的形式，它常常是随歌舞的需要而变化，因而打破了一般灯调的曲体模式，它既不是二句式也不是四句式，而是一种比较自由的结构，是在二句体的基础上不断反复，不断变化而形成的。

思南花灯的伴奏乐器主要有打击乐器、弦乐器和弹拨乐器。打击乐器主要有：鼓、大锣、小锣、头钹、二钹、磬、木梆等；常用的打击乐曲牌有长路印、灯尾巴、豹子头、课课子等；弦乐器主要有二胡、京胡等；弹拨乐器主要有月琴、三弦等。

思南花灯的舞蹈风格和特点：一是载歌载舞，舞蹈的矮桩步比较多，摇摆度和拐度比较大；二是女角为中心，以二人台为典型形式，女角的舞姿秀丽、乖巧、端庄，男角的动作诙谐、风趣，多半为半蹲体态；三是注重运行扇帕道具，扇子去哪里，眼睛就盯到哪里。

思南花灯舞蹈表演讲究表情，要求女角笑不露齿、作不当面、行不摇头、含情而不妖冶、风流而不轻薄；要求男角动作刚健沉稳，风趣而不庸俗、活泼而不轻浮，男女表情均要求优雅风趣。

传统花灯只在农历春节至元宵期间演出，经常从正月初九开始，叫做"出灯"，正月十五结束，叫做"烧灯"。平时如遇瘟疫、虫蝗灾害、红白喜事也组织演唱，时间少则七八天，多则半个月。到清代后期，部分灯班已经初步形成雏形的矮台灯班，后来发展成为花灯戏的职业戏班。

五、南剧

南剧，又称南戏，是流行于鄂西土家族地区的一个具有民族特色与地方特色的颇有影响的古老剧种。是湖北省四大地方剧种之一，居恩施州五种地方剧之首。

南剧剧目多是传奇戏和历史故事戏，传统剧目有近千个。南剧连本戏有《封神演义》《吴越春秋》《楚汉相争》、《三国演义》《隋唐演义》等二十多部，整本戏共有南北及上路声腔剧目30多个。南剧剧本唱词常杂有鄂西方言土语，通俗易懂，生活气息浓郁。特别是一些生活小戏，唱词与道白更具特色，鲜明生动，充满泥土气息。容美土司的戏剧活动对南戏的发展产生很大影响。容美土司雄踞一隅，明代以后，交流汉学，习读儒书，人才颇盛，热衷结交中原人士，诗文作者不断出现。同时培养家庭戏班，至清康熙年间田氏十九代峒主田舜年时，曾演出孔尚任的大型昆曲《桃花扇》，成为土家族与汉族文化交流史上的佳话。容美土司的专业戏班，有一批教戏师傅，培育了不少扮唱俱佳的艺人。当容美末代土司田旻如在改土归流前自杀后，艺人们风流云散，部分人留在鹤峰城，大多数则流向施南府，以及湘西桑植、石门等地，继续传播南剧艺术。

南剧音乐主要由"南路"（似"二黄"）、"北路"（似"西皮"）"上路"（梆子腔）三大声腔组成。南路声腔源于楚调，与湖南荆河汉戏有渊源关系；北路声腔由"秦腔"的"梆子腔"衍变而成，上路系弹戏，川梆子。此外还吸收有昆曲、高腔、民间小曲和宗教祭祀音乐的精华，形成一种有地方特色的杂腔。南剧表演着重做工，"以唱工尤重"，表演总体是"大手大脚"。南剧在化装和人物造型方面，"首重扮装，所谓扮贫像贫，扮富像富"，在化装、造型方面具有鲜明的土家族民族特色。南剧伴奏音乐由弦乐、击乐两部分组成。弦乐是伴奏音乐之一，乐器有京胡、二胡、月琴、三弦、唢呐和盖板子。南北路戏以京胡为主奏乐器，上路以盖板子为主奏乐器。击乐是南剧音乐重要组成部分，它既有伴奏的作用，又有塑造人物、渲染气氛的作用。打击乐器有大鼓、大锣、大钹、冲子钹、马锣、钩锣、可子、边鼓、尺板。

南剧从产生一直发展至今，大致经历了300多年的历史。南剧在恩施州始终保持着旺盛的生命力，是因为南剧具有其特有的社会价值。南剧具有独特的地域性，它是在鄂西地区多元文化交融过程中逐步形成的一种具有地方民族特色的戏剧，是土家文化、巴文化和汉文化交流融合的历史产物。南剧具有内涵的丰富性，其剧目繁多，经挖掘整理的南剧剧本上千个。其内容从封神、列国、三国，到水浒、杨家将、说岳传等历史演义无所不包，深受老百姓的喜爱。南剧具有外延的可塑性。咸丰南剧在继承传统衣钵的基础上，不断进行改良和创新，不仅移植了大量其他剧种，而且在乐器伴奏上，还加入了扬琴、琵琶、笙甚至西洋乐器。南剧具有较强的社会功能性。南剧表演的内容大都积极健康，爱憎分明，教化人们弃恶扬善，在一定程度上引导着人们的是非判断，影响着人们的世界观。

六、高腔（辰河高腔）

辰河高腔是辰河戏的主要声腔。因流行于沅水中、上游（俗称"辰河"）一带，故名。公元1820年以前，辰河戏以高腔为其主要声腔，兼有昆腔和低腔，清末，弹腔方才进入，形成多声腔剧种。辰河高腔在数百年的发展中，形成戏味浓烈，声腔高亢激昂，音域宽广，粗放时裂金碎玉，响彻云霄；柔和时则细若游丝，婉转动人的湖南湘西地方特色。

辰河高腔的曲腔幽雅，表演朴实，富有乡土特色，为人们所喜闻乐见。初步考证，辰河高腔发源地是泸溪浦市镇，形成时期系在清代道光至咸丰年间，是从弋阳而来，属戏曲"四大声腔"弋阳腔范围。广泛流传于湖南怀化市、湘西土家族苗族自治州，以及与这些地区毗邻的贵州桐仁、松桃、印江、思南、玉屏、镇远和四川省酉阳、秀山、黔江、彭水等县（市）。

辰河高腔的演出按不同情况分为四种：一是愿戏，二是堂会戏，三是神会戏，四是卖戏。辰河高腔的剧目是相当丰富的，在20世纪三四十年代前，大愿戏盛行时，所必唱的有《香山》《金牌》《封神》，统称"四十八本目连戏"。"硬本子"戏中整本戏有苏（《黄金印》）、刘（《大红袍》）、潘（《一品忠》）、伯（《琵琶记》）四大本看家戏，另有"三山"（《九里山》《楚荆山》《烂柯山》），"六袍"（《老绿袍》《少绿袍》《大红袍》《青袍缘》《碎龙袍》《白袍记》），"四亭"（《百花亭》《拜月亭》《清风亭》《风波亭》），"四阁"（《红梅阁》《麒麟阁》《天禄阁》《玉皇阁》）以及《天开榜》《古玉杯》《坐衙朝笑》《金盒捞月》《三大香》《三孝堂》《三元记》《三闯》《档复》《上天梯》《大江东》《报笔记》《荆钗记》《彩楼》《吊白扇》《菜花井》《木金钗》《双盒记》《秋江别》《王桂记》《青冢记》《来迟》《鹦鹉记》《合襟记》等。

高腔的曲调，是以三眼板为节奏口传授教的。其特点是：第一，"向无曲谱，只沿土俗，借用乡语，改调歌之"。在演唱中有很大的灵活性，富有地方特色。第二，声音高亢、嘹亮，风格粗犷、豪放，感情朴实、真挚，音域较宽，可在高、中、低音区回旋。粗放时，响彻云霄；柔和时，则细若游丝，婉转别致，幽雅动人。第三，腔调可塑性大，曲牌宫调严谨，一支曲牌，各种行当的人物都可以用，可塑造各种人物的形象，表达各种不同的感情。第四，一人启口，唢呐帮腔，其末节以鼓，不托管弦。

辰河高腔真正走向民间始自清咸丰年间的"大红班"。由于堂会组织只是给士绅等有钱人家演唱，远不能满足平民百姓看戏的需求，因此在咸丰年间，老艺人杜风林组建大湘西最早的辰河高腔戏班"大红班"，到各地巡回演出，开始走向民间，此后辰河高腔得到广泛流传。辰河高腔艺术在新中国成立后得到迅速发展。湘西的辰溪、沅陵、泸溪等地相继成立高腔剧团，1956年辰河高腔剧目《破窑记》《李慧娘》等参加湖南省第二届戏剧观摩汇演引起轰动，次年进京献艺得到周恩来、刘少奇、贺龙等党和国家领导人的高度评价。

七、灯戏（恩施灯戏）

恩施灯戏俗称"唱灯（儿）"，是起源较早的一个民间地方剧种，系在花灯歌舞的基础上发展形成，于清乾嘉年间由重庆梁平一带传入湖北恩施。据《中国戏曲曲艺词典》中关于川剧形成概况的记载，恩施灯戏源起四川灯戏，四川灯戏是川剧的"祖宗戏"，广泛流行于农村。恩施与四川山水相连，文化习俗相近或相似，语言也相互沟通，因此，"灯戏"一经流入恩施，并与本地文化习俗、语言等相融合，逐步形成了具有本土特色的地方剧种——恩施灯戏。从其流入、演变的历史进程来讲，恩施灯戏从流入至本土化、定型化，当有近200年的历史。恩施灯戏主要流行于恩施州所属的恩施市、利川市、宣恩县、咸丰县、来凤县及建始县广大农村。

恩施灯戏在恩施本土落地生根后，其演唱的语言也自然多使用逐渐文学化的恩施方言。唱词一般为七言对偶式，句式为二二三，也有十字句。其特点有四：一是服装道具简单，一件官衣、一顶纱帽、三副口条、一把剑足矣，没有舞台装置和布景；二是人物少，生、旦、丑三行，没有净和末，但在极少戏里有近似末的老生，出台常为一男一女，最多不超过4人；三是器乐不多，文场只需1人用"大筒子"伴奏，武场增加鼓、锣、钱；四是不择演出场所，院坝、广场皆可。灯戏因演出意义不同而名称各异。新春元宵，欢度佳节，称"贺新灯"；清明祭祀，称"清明灯"；寿诞祝寿，称"寿灯"；男婚女嫁、抱子添孙，称"喜灯"；烧香还愿、酬神祭祀，称"公灯"。

恩施灯戏主要在恩施、利川、咸丰、宣恩及建始部分地方的广大农村中的年节、婚嫁、寿诞等民俗吉期中演出。灯戏旧时剧目多为男女艳情，故士绅人家不许子女观看，灯戏往往于午夜搭台演出。但灯戏中旧时也有不少反映下层人民生活的好剧目。恩施灯戏剧目主要由四个部分组成：一是灯戏固有剧目（或说传统剧目），共79出，如《吴豆拜年》等；二是与川剧、南剧合班演出剧目，即灯戏艺人称之为"风绞雪"类演出剧目，有17出，如《薛仁贵打摩天岭》等；三是从川剧、南剧移植、改编剧目，有6出，如《山伯访友》等；四是新中国成立后整理改编和创作的剧目，有10出。恩施灯戏剧目主要有《雪山放羊》《洞宾点单》《拦算》《庙会》《王麻子打样》《小说媒》《喀砸的个偷》《寡妇门前》《接干妈》等。

八、木偶戏（邵阳布袋戏）

邵阳布袋戏是我国现存唯一的原始布袋戏，当地人习称为"被袋戏"

"被窝戏"。自元末传入宝庆（今湖南邵阳）府，经明、清、民国，一直在宝庆南路演出，后濒临绝迹，今仅在邵阳县九公桥镇白竹村燕窝岭刘姓族人中传承。

布袋戏表演的大多是祁剧和邵阳花鼓的传统剧目。不过民间艺人在唱腔、道白、情节方面，创造性地赋予了更多诙谐的情调。这本是与群众天生喜乐幽默的性格一脉相通的。繁重的劳作之余，他们需要轻松，需要欢乐，布袋戏给了他们极大的满足。

邵阳布袋戏的发祥地白竹村燕窝岭位于邵阳县九公桥镇。据刘氏家谱记载：元末明初，为避战乱，刘姓祖宗胜公携家眷肩挑布袋戏逃难至燕窝岭定居，至今已有六百余年。布袋戏从胜公传至"永"字辈，共18代。

邵阳布袋戏系口传心授。其表演方式和表演技巧为：一个艺人一副戏担，不管大戏小戏、文戏武戏，生旦净末丑，吹打弹唱耍，全靠艺人一个人手、脚、口、舌并用，十指灵活调度。主要剧目有《封神榜》《三国演义》《西游记》《杨孝打虎》等，以武打戏、鬼怪戏、滑稽戏居多。音乐以祁剧唱腔为主，风格清新、古朴、纯真，自成流派。

邵阳布袋戏集木偶技巧、戏剧形式、表演技艺于一体，具有神秘、精致、新奇、简便等特征。六百余年来，始终保持初创时期的表演技巧、演出风格和演出形式，独具历史文化底蕴，有很高的审美情趣和价值取向。鼎盛时期，燕窝岭有110多副戏担子上云贵、下湖广、去浙江。

九、花鼓戏

湖南花鼓戏是湖南各地花鼓戏流派的总称。由于流行地区不同而有长沙花鼓戏、岳阳花鼓戏、衡阳花鼓戏、邵阳花鼓戏、常德花鼓戏、醴陵花鼓戏等六个流派之分，其都各具不同的艺术风格。各地花鼓戏的传统剧目约有四百多个，音乐曲调三百余支。音乐主要是以极具地方特色的湖南花鼓大筒，以及唢呐、琵琶、笛子、锣鼓等民族乐器作伴奏。曲调活泼轻快，旋律流畅明快。各地湖南花鼓戏传统剧目，总计约400多个，以反映民间生活为主，多以生产劳动、男女爱情或家庭矛盾为题材，语言生动，乡土气息浓厚。特别是唱遍大江南北，风靡海内外的湖南花鼓戏名剧《刘海砍樵》其脍炙人口的"比古调"唱段，深受全国各地的人民群众所喜爱。

邵阳花鼓戏旧称花鼓和花鼓戏，兴起于旧时邵阳县境，20世纪50年代开始称为邵阳花鼓戏。主要流行于现在的邵阳市和邵东、新邵、邵阳、隆回、洞口、新化等县市，以祁剧宝河派戏白结合邵阳地方语言为舞台语言。

邵阳花鼓戏是在当地民间歌舞"打对子""车马灯"的基础上发展而

来。现在的邵阳花鼓戏中仍有《打对子》一剧，与旧时的民间歌舞十分相似。据史料记载，作为一种成熟的戏曲形态，邵阳花鼓戏最迟形成于清代的道光、咸丰年间。邵阳花鼓戏的发展，经历了从"二小"（小丑，小旦）、"三小"（小丑、小旦、小生），到生、旦、净、丑四行俱备的三个阶段。"二小戏"是在对子花鼓基础上形成的。邵阳农村，逢年过节时，都有民间舞狮子、舞龙灯、车马灯等活动，都要演唱对子花鼓。这种对子花鼓，从内容到表现形式都很简单。在这种基础上，逐步形成了有情节有故事的小戏，也形成了小丑、小旦两个角色行当。到了同治年间，随着剧目内容的逐步丰富，剧中人物增多，才有了小生的出现，形成"三小"行当。民国初年，一方面上演剧目不断丰富发展，一方面与兄弟剧种的学习、交流不断增加，在"三小戏"的基础上增加了须生和花脸，形成了生、旦、净、丑四行。

从风格上来看，邵阳花鼓戏可以分为东、南、西三种风格流派。东路源于"车马灯"，以川调、锣鼓牌子为主要音乐材料，艺人都是男角，多为巫师出身，一边行巫，一边唱戏。南路源于"对子花鼓"，音乐以走场牌子、小调为主，艺人女性比较多，常与踩软索的杂技艺人合班演出，或者身兼两种技艺，白天踩软索，夜晚唱花鼓。西路与南路同源，音乐上主要是小调，艺人也多是巫师出身，边行巫，边唱戏，男角为主，间有女旦。西路和南路合流得比较早，所以风格上差异比较大的只是东路和南路。

邵阳花鼓戏的传统剧目比较多，据不完全统计，大约有230多个。其中属于走场牌子系统的有40多个，属川调系统的有76个，属各类数板系统的有60个，小调系统的有50多个，它们形成于不同的历史时期，大致可以分为"二小戏""三小戏"和多角色戏三种。"二小戏"主要的剧目有《打对子》《摸泥鳅》，"三小戏"代表剧目有《兄劝妹》《送表妹》，多角色剧目则有《洪基逼退》《卖花记》等。从风格流派来看，南路戏以"二小戏""三小戏"为主，《娘送女》《打鸟》《下南京》等为其代表剧目；东路则多演多角色剧目，并长于表现神道故事，《桃源洞》《雷打皮冬瓜》等为其代表剧目。

邵阳花鼓戏的音乐，孕育于当地的山歌和民间小调。又受到说唱音乐、宗教音乐、祁剧音乐的影响。共有560多首曲牌，分为川调、走场牌子、锣鼓牌子、小调4类。走场牌子、锣鼓牌子具有轻松活泼、热烈欢快的特色；川调则高亢激越；数板、垛子如说如诉；民间小调和丝弦小调丰富多彩、地方风格很浓。其过场音乐，可分为民间吹打乐和丝竹音乐两类。打击乐受祁剧影响较大，锣鼓点子基本上同于祁剧，但又有变化，演奏风格更加花哨和细腻。邵阳花鼓戏的表演艺术，具有生活气息浓郁、歌舞性强的特点。唱走场牌子和锣鼓牌子的戏，更是载歌载舞。邵阳花鼓戏的传统剧目，大都是表现农村生活题材，以"三小"戏为主，因此，其最有特点的表演主要体现在小丑、小旦、小生三个行当之中。有的表演程式则是从农村的劳动生活里直接吸收和提炼出来的，如打铁、推磨犁田、踏碓、摘棉花、摸泥鳅等，生活气息浓郁，喜剧色彩突出，载歌载舞，颇具特色。旦角的手巾技法丰富多彩，小生的扇子技法也很有特色。

　　早期的邵阳花鼓戏，多为"社火"性演出，逢节庆和游傩、庆娘娘之类的宗教活动的乡间盛会，即临时邀集，在禾场、草坪演出，都是些业余班社。清咸丰年间，出现了半职业性及职业的班社，成员多为手工业者、农民、巫师等。他们农忙务农，农闲从艺，有的则是边行巫边唱戏，演出也多在县郊及乡镇。有些职业班社，则终年奔波，行程远涉贵、黔、赣、鄂、滇、蜀境内部分城乡，人称"江湖班"。

　　中华人民共和国成立之后，党和政府非常重视邵阳花鼓戏艺术的发展，先后在邵东、新邵、洞口、绥宁等县建立了专业剧团，涌现出王佑生、李鸿钧、陈明生等一些在全省有影响的名老艺人，并培养了一批有一定艺术造诣的中青年演员，挖掘、整理出了《打鸟》《磨豆腐》《送表妹》《摸泥鳅》《金钏会》等有影响的传统剧目，新编了《装灶王》、改编了《对脚迹》等古装戏。20 世纪 70 年代末，邵阳市花鼓戏剧团演出的《装灶王》《摸泥鳅》《对脚迹》等剧目，由中央电视台录像。同年，《对脚迹》《摸泥鳅》由长春电影制片厂拍成彩色影片。现代戏的创作也取得了辉煌成果，《张谦参军》《韩梅梅》《炉火更旺》《青春的旋律》《乐朝天做媒》等一批剧目，参加湖

图 2.5　邵阳花鼓戏《磨豆腐》剧照

南省历届戏曲会演，均获得奖励和好评。

十、侗戏

侗戏，侗族的戏曲剧种。侗戏大约产生于清代嘉庆至道光年间，最早形成于贵州的黎平、榕江、从江一带，后流传到广西的三江和湖南的通道等侗族聚居地区。侗剧是在侗族民间说唱艺术"嘎锦"（叙事歌）和"嘎琵琶"（琵琶歌）基础上，接受汉族的戏曲影响而形成。"嘎锦"，演员自弹自唱，夹用说白来叙述故事，内容多半为侗族的传说故事。"嘎琵琶"，分短歌和长歌。短歌为抒情民歌，长歌为叙述故事的说唱。

侗戏的主要曲调有平板和哀腔等。平板或称普通调，用于叙事性唱词，前有引子、起板；哀腔，或称哭调、泪调。此外，在有些剧目中，花旦或丑角还常采用侗歌、汉族民间曲调等。侗戏的乐队包括管弦乐和打击乐两个部分。管弦乐器包括二胡、牛腿琴、侗琵琶、月琴、低胡和扬琴、竹笛、芦笙。打击乐器则有小鼓、小锣、小钹等，但一般不用于唱腔，只用于开台和人物的上下场。

侗戏流传的剧目较多，来源也比较广。侗族广为流传的琵琶歌、民间故事和汉族故事，都是改编为侗戏的素材。汉族戏曲剧目，也经常被改编和移植成侗戏。根据侗族民间传说故事改编的剧目有：《珠朗娘美》《刘美》《金俊与娘瑞》等；根据汉族故事改编的剧目有：《陈世美》《梁祝姻缘》等；历史故事剧有：《吴勉王》《李万当》等；移植汉族戏曲的剧目有：《生死牌》《十五贯》《白毛女》等；创作的现代剧目有：《团圆》《二十天》《一个南瓜》《杨娃》《好外孙》等。这些剧目故事情节与其他剧种的剧本大致相同，但基本的结构与格式却按侗戏的特点编写。侗戏剧本词句生动，韵律严格，讲究尾韵、腰韵、连环韵，一出戏，也就是一首叙事长诗。与其他剧种比较，侗戏在这方面别具一格。在剧本结构与表现手法方面，侗戏有着鲜明的特点。侗戏一般分场不分幕，剧中时空转换频繁，都依靠演员上下场来体现，场次分得细，一出戏通常有几十场。剧本一般是以剧中主要人物的名字来命名，如《珠朗娘美》《刘美》等。在改编汉族故事的时候，剧名也做这样的处理。如汉族戏曲《二度梅》，侗戏便改成《陈杏元》，《白兔记》则叫《刘志远》。侗戏剧中人物很多，剧本篇幅长，每出整本戏，几天才能演完。侗戏的剧本一般以二人对唱为主，道白很少。这是因为侗戏剧本多由侗族琵琶歌改编，而琵琶歌本身就具有故事长、人物多、情节不连贯的特点。因此侗戏中有明显的说唱艺术的痕迹。

侗戏的唱词在韵律方面有其独特的要求。每段唱词不仅要求尾韵统一，而且严格规定要押腰韵、连环韵。侗族人平时说话很讲音韵，侗话中的音又比汉话多。音多押韵比较容易，韵多则音乐性强，加上有趣的比喻，剧本显得流畅、生动活泼。这便形成了侗戏唱词音韵结构的特点。

侗族的村寨都建有鼓楼，戏班的组织是以鼓楼为单位，一个鼓楼有一个戏班，属业余性质。一个戏班一般为十几个人，有戏师傅、歌师傅、演员和伴奏人员，无女演员。戏班除在本寨演出外，也到外面去"走寨"演出。演出时间主要集中在春节、二月二、三月三以及秋后或本寨的会期。

十一、目连戏（辰河目连戏）

目连戏，被艺人称为中国"戏娘"，也是当今全国各剧中保存最完整古代宗教的剧目之一。据戏剧专家权威考证，湖南辰河目连戏堪称当今世界上罕见的古老宗教戏剧的"活化石"。因主要上演目连救母的故事而得名。

目连戏是中国现存为数不多的大型民间祭祀戏剧之一，它的演出配合盂兰盆会、罗天大醮、祠堂祭祖等宗教祭祀活动进行。辰河目连戏的主体剧目《目连传》，源于佛教的《盂兰盆经》，叙述印度僧人目连地狱救母的故事。《盂兰盆经》传入中国以后，唐代出现了僧人宣讲的《目连变文》，目连开始有了他的中国名字傅罗卜。宋代出现了乐人扮演的《目连救母》杂剧，并由北方传到南方。明代初叶，目连戏又作为南戏之一的弋阳腔的主要剧目，传到了五溪地域，成为具有辰河特色的《目连传》。

目连戏除了主体剧目《目连救母》以外，还有许多宗教内容或世俗内容的剧目，构成了一个庞大的剧目体系。其演出内容和演出形式，均保存着许多的早期的戏剧形态，故有中国戏曲"活化石"之称。目连戏在湖南的大戏剧种都有不同程度的遗存，辰河戏、祁剧的保存状态尤为完好。

辰河目连戏在五溪作"万人缘"演唱。"万人缘"是旧时辰河地域最盛大的群众性娱乐活动。活动由一个称为"首事班子"的群众组织负责筹集资金，延请僧、道和戏班子，进行酬神和演唱。目连戏的演唱，是活动的主体，在空坪旷野搭"草台"进行。届时，成千上万的山区群众云集戏场，一连数十天观看目连戏。在此期间，人们还走亲访友并进行各种贸易活动。

辰河目连戏演出的剧目，是历经数百年形成的一种古代文化现象，是戏曲艺术与宗教、民俗的复合载体。它将儒、释、道的宗教内容，以及盛行于辰河的巫傩之风，融汇到了戏曲艺术之中，将古代辰河人的生老病死，以及信仰、社会、生产诸方面的民俗画卷展示在人们的面前。目连戏的表演艺术和演出排场，凝聚了数百年间一代又一代辰河艺人的智慧，促进了辰河戏艺术的发展。

第五节　曲艺与传统体育、游艺、杂技类非物质文化遗产

一、曲艺类非物质文化遗产概述

曲艺是中华民族各种说唱艺术的统称，它是由民间口头文学和歌唱艺术经过长期发展演变形成的一种独特的艺术形式。曲艺按其审美特点和表现功能，分为"说书""唱曲"和"谐谑"三类。"说书"以说为主，语言是散文化的。包括苏州评话、扬州评话、北京评书和四川评书等"大书"，苏州弹词、陕北道情、湖北渔鼓、山东琴书等"小书"，以及山东快书、维吾尔达斯坦等"快书"三个小类；"唱曲"以唱为主，有腔有调，有韵有辙，有鼓板丝弦伴奏的，包括京韵大鼓、梅花大鼓等"鼓曲"，单弦牌子曲、大调曲子等"牌子曲"和二人转、四川清音等"杂曲"三个小类；"谐谑"包括相声、上海独角戏等"相声"，四川谐剧、陕西独角戏等"谐戏"和数来宝、陕西快板等"快板"三个小类。

武陵山片区曲艺类非物质文化遗产项目偏少，主要以唱曲类为主。拥有恩施扬琴、四川竹琴、三棒鼓、丝弦和南曲等5项国家级非物质文化遗产，利川小曲、围鼓等7项省（直辖市）级非物质文化遗产。

二、传统体育、游艺与杂技类非物质文化遗产概述

传统体育、游艺与杂技是指按一定组织形式、顺序与规则，在平等前提下，让人们参与的，以强身健体、提高身体素质与心理素质为目的的竞技娱乐活动。我国传统体育、游艺与杂技类遗产种类和项目繁多，但非物质文化遗产所遴选的主要是在历史上创造并以活态形式传承至今的各种绝活，如沧州武术、少林功夫、蒙古式摔跤、吴桥杂技等经典项目。

武陵山片区传统体育、游艺与杂技类非物质文化遗产项目主要以传统体育类为主。拥有龙舟赛和梅山武术等2项国家级非物质文化遗产，大成拳、张家界鬼谷神功和仡佬族高台舞狮等13项省（直辖市）级非物质文化遗产。

三、恩施扬琴

恩施扬琴，又名恩施丝弦，主要流行于湖北西部地区的恩施、宣恩、咸丰、来凤、利川等县。其形成时代缺乏记载，据艺人传说，清同治年间从四川传入或从扬州传入，以湘剧、南剧、楚调和民间小调、器乐曲牌经文人、乐师糅合而成。恩施扬琴长时期没有专业艺人，早期的习唱者多是文人和坐

贾行商，流传范围不广。1930 年左右，逐渐兴盛起来。各地的琴友成立琴社组织，如恩施的清江琴社，咸丰的伯牙会，宣恩的琴音聚会等，经常互相邀集演唱，并形成清江、伯牙两派，各具不同的行腔风格。恩施扬琴的音乐唱腔，属于板式变化体与曲牌联套体相结合的音乐体制。

按唱腔、曲牌的性能、结构与特点，可分为"宫调""月调""皮簧""小调"和没有唱词的器乐曲 5 大类。演唱者居中间，面前置扬琴，左边有三弦、琵琶、月琴，右边有京胡、二胡、鼓板伴奏。常演曲目有 60 多段，如《大宴》《修诏》《伯牙抚琴》《黛玉葬花》《琵琶记》《怒沉百宝箱》等。恩施扬琴历史上主要是文人雅士自娱自乐的雅乐说唱，无固定专业艺人和职业专班，故称恩施扬琴为"三不一友"的说唱，即不闹堂、不坐馆，不向公众公开演唱，只以琴会友，相互酬唱，有所谓作友不玩琴之说。

恩施扬琴音乐分板腔体曲牌、歌谣曲牌、民间小调、器乐曲牌等四种。整个表现形式是以唱为主，以说为辅，唱腔主要是"正宫"和"二六"，以后吸收了"楚调"和南戏中"西皮""二黄"部分唱腔，唱词也常由琴友中善文者自编，曲调婉转，抒情性强，表现力十分丰富，现多搬上舞台，直接面向观众演出。

恩施扬琴的曲目，文字精练严整，题材丰富多彩。曲目开头和结尾的诗句用第三人称。在人物对话和故事情节的描绘中，也夹有诗白。其基本结构是：词四句，点明主题；诗四句，介绍内容梗概；白，进入角色以叙事；唱词、对话，分角色行当展开故事情节；四句尾诗，结束交代，点出接唱曲目。

恩施扬琴唱词以七字句（二二三）与十字句（三三四或三四三）为其基本句式，如《水漫金山》为"七字句式"：

鸳鸯织就比翼飞，

云海天涯不分离。

刁人裁剪各东西，

何月聚头再相随。

又如《修诏》中的"十字句式"：

耳听得谯楼上初更鼓震，

叫一声伏梓童细听朕云：

快与王取白绫锦袍一领，

待寡人修血诏赐予董丞。

除"七字句式"与"十字句式"两种基本结构形式外，也有"五言"与"杂言"句式。"七言"与"十言"多存在于板腔体曲牌之中，五言与杂言体，则多见于歌谣体曲牌及民谣小调之中。

恩施扬琴的曲目题材广泛，内容丰富。属于历史题材的有：三国戏《修诏》《盛日佳宴》《貂蝉拜月》等；列国戏《伯牙抚琴》《伯牙碎琴》等；唐朝戏《醉写吓蛮书》等；宋代戏《东窗修本》《何立回话》等。属于民间传说的有《水漫金山》《盗灵芝》等。取材于其他小说、戏曲的有：《黛玉葬花》、《松林解带》《苍头说媒》《琵琶记》等。

恩施扬琴的演唱，不搭台、不化妆、无表演，多在夜阑人静之时，于深宅、古庙中演唱。演员自操乐器，围桌而坐。曲目按生、旦、净、末、丑、副、杂递唱，剧情进入高潮或煞尾时，众人合腔渲染气氛。"恩施扬琴"演唱形式为坐唱，演唱者各持乐器（也有不持乐器的），扬琴居首，称为"坐统子"，余者有碗琴、二胡、三弦、月琴、京胡、鼓（竹节做成）、尺，称其"八音"；演唱时，大家围长桌而坐，不化妆，不表演；传统曲目分生、旦、净、末、丑等角色行当，剧情进入高潮或煞尾时，常伴以众合"彩腔"。

四、三棒鼓

三棒鼓流行于湖北天门、沔阳等地，源于唐代的"三杖鼓"，曾经广为流行。以抛耍三根特制的鼓棒击鼓伴唱而得名。三棒鼓的棒法来自于生活，"闹春耕""收割打场""庆丰收""拜年节"四套棒法具有浓郁的生活气息。打三棒鼓技巧性强，表演时需高度集中精力，用力适当，贯通一气，并与演唱者默契配合。每年春节，艺人们都结伴走村串寨拜年，不论贫富，户户必到。遇见特别贫寒的渔家，表演者还会将别家赠送的礼品转送，意图希望人人过节都欢喜。

打三棒鼓通常由三至五人组成，师傅击鼓唱词，一人打锣，一人耍花棒、花刀。由一人表演，将鼓架摆在前面鼓架上，将锣挂在鼓架下面，用细绳系着锣棒套在脚板上，表演时，口唱词、手打鼓、脚踩锣，锣鼓节拍是按抛花棒、花刀速度的需要而定。通常情况下，艺人多是女子。一般是 3~5 个女子组成艺术班子，表演时一人击鼓唱词，一人锣鼓配乐，一人耍花棒。耍花棒者左右手各拿一根花棒，左右开弓，击打另一根抛在空中的花棒，使之不落地，但它的节奏必须和鼓点一致。也有以 5 把钢刀代棒的技艺，钢刀在空中左右穿梭，银光闪闪，令人眼花缭乱。三棒鼓的唱词是五言四句重复半句组成，即五字一句，四句为一节，每小节的第四句要重复半句。每一小节击响锣鼓四遍，前三句是每唱完击三响，最后一句唱完即每小节结束时击响十下。每拍的快慢取决于花棒下落的速度，任何一个花棒下落一次均为一拍。因此，如果花棒抛得低，下落的频率就快，每拍所占时间就短，反之，花棒抛得高，每拍占的时间就长。三棒鼓的第二句和第四句都要求押韵，一句和三句可压可不压。

丢打三棒鼓的技艺约二三十种，有"金线吊葫芦""姑娘纺棉纱""白蛇吐飞箭""麻雀钻竹林""乌龙搅水""跛簸箕""砍四门""单跨花""双跨花""单背花""双背花""织布""绞花"等。打三棒鼓的锣鼓曲牌不变，但唱词多种多样，除了固定的《十二月花》等唱词外，均为即兴编词随口而唱，唱三棒鼓歌的人，都是脑筋灵活、口才伶俐者。三棒鼓的传统曲目，大多反映旧社会人民的痛苦及对统治者的不满，如《逃水荒》《宣统皇帝坐金銮》《开门曲》《十恨》等。也有以描述古人和四时景色为题材的曲目，如《十绣》《唱八景》等。还有一部分曲目是采自民间的民歌小调，如《月望郎》《孟姜女》《叹五更》等。现代的曲目都是歌颂人们新生活，新风貌，如《我们湖乡新事多》《敲锣打鼓上北京》等。

五、丝弦

（一）常德丝弦

常德丝弦是湖南曲种湖南丝弦的重要分支，因在湖南丝弦中最为发达，影响最大，已然具有了独立曲种的地位。流传于湖南各地，演唱时用扬琴、琵琶、三弦、胡琴等丝弦乐器伴奏而称之为丝弦，还因用常德方言演唱，故称常德丝弦。常德丝弦源于明代江、浙一带流行的时调小曲。明清之际，携伎往来贸易的商贾将这些时调小曲传入常德，与常德方言融合，逐渐演变发展为常德丝弦。

常德丝弦传统演唱形式是坐唱，大都是演唱有故事、有人物的长段丝弦。演唱者一般为 6 人，分别扮演生、旦、净、丑等不同角色，并兼操乐器。乐器分别为板鼓、扬琴、琵琶、京胡、二胡、三弦，其中掌鼓者兼指挥，把握整个演唱的节奏。如果演唱曲目中的角色多于演唱者时，则每人除担任一个主要角色外，再分别兼任。现在，由于丝弦演唱艺术的不断改革、发展，演唱形式也多样化了，不仅有单人演唱、双人演唱、群唱，而且还作为丝弦戏搬上了舞台。同时有了专门的乐队，不再用演员兼任乐师。伴奏乐器也随之增多，除原有乐器外，又加上了高胡、长三弦、低音提琴等，给常德丝弦的伴奏增添了色彩。

常德丝弦既可演唱短小精悍的时调段子，亦可演唱有情节有故事的大型曲目。演唱丝弦段子时，演唱者往往是"一人多角""进进出出"，仅为一种单纯的曲艺形式；而演唱大型曲目时，则是一种戏剧结构（即丝弦戏），尤其与前种形式截然不同的是，演唱者自始至终都要进入角色，曲目有多少剧中人就要有多少人来扮演。另外，丝弦段子还可以分为两种不同的表现形式：一种是抒情小段。此种类型一般不注重故事情节，而只集中对一件事或物加以赞美和歌颂，演唱时通常为多段唱词均配同一首曲调，只是按字行腔，旋律稍有变化。另一种是叙事单段。此种类型主要以较为完整的故事情节和较为细致的人物描写来深化主题思想，并根据不同的内容、情绪、风格的需要，将若干不同的曲调珠联璧合形成套曲来演唱，在常德丝弦的演唱中运用比较普遍。

常德丝弦拥有 100 多个传统曲目，大部分取材于历史故事和民间传说。其中优秀传统曲目《宝玉哭灵》《鲁智深醉打山门》《双下山》《王婆骂鸡》《昭君出塞》等历来为广大群众所喜爱。新中国成立后，涌现出《新事多》《夸货郎》《风雪探亲人》等一批反映现实生活的新曲目，在全国广为传唱。20 世纪 80 年代以来，常德丝弦走向复兴。如《瓜中情》《待挂的金匾》《俏婆婆上大学》等曲目获国家级"群星奖"金奖，还有《芷兰雅韵》等曲目赴马来西亚演出，深受海外友人的喜爱。常德丝弦在国内外产生了广泛的社会影响，有很高的文化艺术价值和社会实用价值。

（二）武冈丝弦

武冈丝弦是一种民间曲艺，是湖南邵阳民间曲艺艺术的主要曲种，产生于明代，已有四百多年的演唱历史。是在元杂剧、南曲、小令、江南丝竹音乐的基础上，经朱王府的乐师、歌伎吸收武冈、邵阳一带的民歌、小调加工而成的。主要流传于以武冈为中心的邵阳、隆回、洞口、城步、新宁等地，是湖南曲艺的一个独具特色的重要组成部分。

武冈丝弦曲调柔腻、委婉，词藻雅致，抒情轻快。多数是表现封建时代女子哀怨情感，也有风趣、诙谐的内容。在武冈丝弦中，"独对孤灯""独坐绣楼""摘葡萄""越调""秋江""双下山"是很有代表性的。据《武冈州志》等史志记载，武冈丝弦形成于明代，经艺人们不断地总结加工，形成了独特的艺术风格，并广为传唱。从武冈丝弦演奏的主要乐器扬琴和琵琶来看，在唐代以前就流行于江浙一带，它不产生于武冈以及湘黔地区。与湘黔一带当今少数民族的粗犷豪放的山歌唱腔相比，武冈丝弦曲调优美，唱腔婉转，颇具江浙吴音软语的遗风，词的风格更具宫廷文学的特点，与湘黔一带粗犷豪放的山歌及唱腔大不相同。

新中国成立后，政府文化部门多次对武冈丝弦进行挖掘整理，先后编印了《武冈丝弦音乐》《武冈丝弦》《武冈民间丝弦音乐集》等资料。

六、南曲

南曲是湖北古老的地方曲种，词曲丰富，优美动听。主要流传于湖北宜昌、长阳、五峰一带，其中尤以长阳县的资丘流行最盛。1962 年被定名为长阳南曲。以长阳资丘为中心，北至乐园，西至枝柘坪、傅家堰，南至五峰，东至都镇湾，是南曲集中传唱区，素称"南曲之乡"。逢年过节、娶媳嫁女、诞子祝寿，以及劳动之余，冬夏之夕，人们相邀聚会，你弹我唱，拍板帮腔，自演自乐，世代相传。南曲的演唱几乎全部口传心记，间或有手抄唱词及工尺谱本留传民间。南曲无专业艺人，演唱南曲的有农民、手工艺人，也有商人、医生、教师和算命卜者巫师等，或独唱独乐，或群邀共欢，所谓"闲时简板邀明月，醉后渔翁唱夕阳"，真正是大众化民族化的群众文艺。

南曲有三个特点：唱词文雅，曲调优美，自弹自唱。主奏乐器是小三弦，云板击节，适当配以二胡、四胡、扬琴、月琴之类，无动作表演，极少道白。南曲艺人向被视为"高人雅士"。民间流传"南曲三不唱：夜不静不唱，有风声不唱，丧事不唱"。南曲唱词常采用主体抒情式，也多有铺叙人物故事的描述体。

七、赛龙舟

赛龙舟是端午节的习俗，也是汉族在端午节最重要的民俗活动之一，在中国南方很流行，在北方也有划旱龙舟的习惯。关于其起源，有多种说法，有祭曹娥，祭屈原，祭水神，祭始祖或龙神等等祭祀活动，其起源可追溯至原始社会末期。赛龙舟先后传入邻国日本、越南等甚而远及英国，是 2010 年广州亚运会正式比赛项目。2010 年 5 月 18 日，湖南省沅陵县，广东省东莞市万江区及贵州省铜仁市、镇远县联合申报的"赛龙舟"入选第三批国家级非物质文化遗产传统体育、游艺与杂技项目类别的名录推荐项目名单（新入选项目）。

汉族的赛龙舟多在每年"端午节"举行，船长一般为 20～30 米，每艘船上约 30 名水手。苗族是在每年 5 月 24 日至 27 日的"龙船节"举行，船长约 20 米，宽 1 米，由三根直而粗的杉树挖成槽形，捆绑而成，中间是母船，两边为子船，每艘船上有 38 名水手，有一长者任鼓头，一名男扮女装的小孩任鼓手。比赛时，炮声响处，各水手即按锣鼓节拍划桨前进。傣族的赛龙舟在每年傣历六七月（清明节后十日左右）"泼水节"举行，每船有多名水手，4 名舵手和 4 名引道手。比赛时，由一人敲锣指挥，水手按锣声节奏划桨前进。也有女子参与此项活动。

早在屈原之前，湖南沅陵就有了龙舟。沅陵龙舟发源于远古，祭祀的对象是五溪各族共同的始祖盘瓠。盘瓠曾落户沅陵半溪石穴，生六儿六女，儿女互婚配，繁衍成苗、瑶、侗、土、畲、黎六个民族。盘瓠死后，六族人宴巫请神，为其招魂。因沅陵山多水密，巫师不知他魂落何处，就让各族打造一只龙舟，逐溪逐河寻找呼喊，以至演变成后来的划船招魂的巫祭活动。沅陵龙舟起源于五千年前，比纪念屈原的说法要早三千多年。

沅陵传统龙舟赛主要特征是：赛船每只48人，其中前引水、后艄公、头旗、二旗、锣手、鼓手各一人。赛程以江面水涨水落自行而定，分上下水排阵，横江而竞。横水竞渡，赛船多，划手多，观众多，赛时长。将民间民俗与体育竞技传统赛事发展成为包括"偷料""关头""绕河""绕庙""赏红""抢红""冲滩"等独具风格，独具个性，独具品位的博大精深的龙船文化节。沅陵龙舟与周边各县的传统龙舟多元一体，既有各自的特点，又有共性。有的跪式划，有的坐式划，有的坐式立式共用；有的单槌擂鼓，有的双槌催船，有的单艄掌舵，有的双艄齐下，已经形成了多网络、多样式、多流派的以沅陵为核心的中国湖南传统龙舟赛。

第三章　武陵山片区非物质文化遗产项目（下）

第一节　传统美术类非物质文化遗产

一、传统美术类非物质文化遗产概述

中国传统美术是指中国人民群众创作的，以美化环境、丰富民间风俗活动为目的，在日常生活中应用、流传的美术。传统美术类非物质文化遗产范围非常广泛，主要包括传统画制作与绘制工艺、传统镂刻工艺、传统刺绣挑花工艺、传统彩扎工艺、传统雕刻工艺（石雕、砖雕、木雕、竹雕、玉雕、牙雕、角雕、骨雕）、传统雕塑工艺等。传统美术类和传统技艺类非物质文化遗产都是人类在历史上创造并以活态形式传承至今，具有丰富文化底蕴、审美情趣与艺术水平的传统手工技术与技能，但传统美术类强调其审美价值，传统技艺类偏重其实用价值。

武陵山片区传统美术类非物质文化遗产项目主要以传统画制作与绘制工艺、传统刺绣挑花工艺和传统雕刻工艺（石雕、木雕、竹雕）为主。拥有苗画、滩头木版年画、剪纸（踏虎凿花）、彩扎（凤凰纸扎）、挑花（花瑶挑花、苗族挑花）、竹刻（宝庆竹刻）和石雕（沅洲石雕）等7项国家级非物质文化遗产，木雕（湘西木雕、洞口木雕、傅氏木雕、苗族木雕）、湘西苗绣和民间绣活（土家族苗族绣花鞋垫）等12项省（直辖市）级非物质文化遗产。

二、苗画

苗画，起初只是作为苗族刺绣的花样稿，包括服饰、被面，床帘、门帘、堂帘、床檐、壁挂、佩饰等各个方面，其渊源与苗族绣花一样可追溯到苗族古老的文身习俗。20世纪初湖南保靖县的苗族人梁求瑞大胆创新，改锉苗绣花样稿为描画花样稿，受到了苗族妇女的普遍欢迎。后经过几代苗画师的不断开拓创新，将简单的苗画从刺绣绣稿发展成为现在的具有一定价值的艺术品。

湘西苗画所表现的主题就是反映一种喜庆吉祥、人寿年丰的气象。梁氏家族创作的苗画以龙、凤、花、草、鱼、虾、虫、鸟、竹、木等作为主要的表现内容，再配以氏族图腾崇拜图案，把反映古老先民的部族迁徙与自然界的山川、河流、云彩、日月、人物、建筑以及传说中的仙人善神等很好地结合起来。苗画取材非常广泛，但大多数都不是题材上原来的再现或者写生，而是赋予材料以象征比喻意义，将写生转化为写意，重点不在取貌而在于取神。采用写实与抽象，夸张与变形，自由与严谨相结合的表现手法，再融入自己内心世界和思想感情，使苗画既有古朴原始的风貌，又有热情奔放和浪漫的风格，达到了真善美的和谐统一，体现了古典艺术与现代艺术审美追求的结合，凸显出一种非常独特的审美价值，形成了独特的生存环境下的苗族独特的文化符号。

图 3.1　苗画二幅
（梁德颂　绘制）

苗画是记录苗族历史文化的重要组成部分。它所表现的象形的几何纹样，追记了苗族历史遭遇，文化崇尚的秘迹概貌，这种默默的追记和务美装饰相结合，形成了在严酷条件下的无字天书。它是苗族精神思想和智慧技能的载体。同时它也是沟通感情的桥梁，获取经济收入的来源。苗画还具有文化艺术价值，从文化人类学的角度来考察，它是一笔弥足珍贵的古老遗产；从宗教学的角度来考察，它保留下自然崇拜、图腾崇拜、祖宗崇拜甚至性崇拜等上古时期遗存的种种精神符号，是人们研究中华上古时期的宗教源流的珍贵的"活化石"；从民族学、民间工艺的角度来考察，它是一个庞大的载体，汇聚了丰富的工艺生产各个环节要素，为研究苗族工艺美学提供了第一手资料。

三、滩头木版年画

滩头镇，地处湖南省隆回县东南部。据《隆回县志》载，滩头木版年画有三百多年的历史。而据民间口传历史资料，滩头最初的木版年画作坊是明末清初绰号"王猴子"的王东元所办，曾印制过《秦叔宝》《尉迟恭》等十余种年画。道光年间，胡奇甫开办"和顺昌"年画作坊，增加了《桃园结义》等新品种。同治年间，滩头木版年画已行销全国。20世纪初，滩头木版年画生产达到全盛，有年画作坊108家，年产年画3 000多万份，销往江南各省及东南亚一带。1949年后，滩头木版年画被当作封建迷信用品加以禁止，1958年恢复生产，1966年后再次遭到摧毁，1979年重新恢复生产。1984年，滩头镇被文化部命名为"中国现代民间绘画之乡"。1994年，滩头木版年画被文化部授予"中国民间美术一绝银奖"。2003年，在中国首届文物仿制品暨民间工艺品大展中，滩头木版年画获中国传统工艺品金奖。

滩头木版年画制作工序独特，特别是粉纸的使用独具特色：在年画印制之前，先在当地加工的土纸表面刷一层白粉（取自本地峡山口、沙坪一带的白胶泥），刷过白粉后的土纸在上色后色彩鲜明饱和，又显稳重。在滩头木版年画的工艺中，蒸纸、托胶、刷粉等传统工序均为滩头所独有，"开脸"也是有别于他处年画的独特技艺。年画版采用当地的梨木刻制，印制采用木版套色和手绘结合的方法，人物面部常常是手绘，即"开脸"，面颊及嘴唇以红色渲染描绘，胡须以宽笔勾画，这种技法以神像画最为典型。"尉迟敬德"为典型的滩头门神形象，人物着戏曲舞台装束，形象威猛又有趣，身边常有麒麟状元郎之类相随，这一童子形象颇似利市仙官，双手执"四季兴隆"。这种门神不仅护佑平安，还有恭喜发财之愿。滩头木版年画的制版难度在于线板雕刻，在这方面"高福昌"年画作坊的"陡刀立线"技术很有名，其行刀角度一致，使用均匀的暗劲，转折、交叉处稳当不乱，完全靠感觉和技巧把握。

滩头年画色彩艳丽、润泽，造型古拙、夸张，富有个性，成品整体具有浮雕效果。年画内容分神像、吉祥图案和戏文故事三大类。它从造纸原料选择、纸张制造、刷底，到刻版、七次印刷、七次手绘，要经过二十多道工序。

四、剪纸（踏虎凿花）

踏虎凿花，是湖南省湘西土家族苗族自治州泸溪县特有的民间传统手工艺，因起源于该县踏虎村而得名。踏虎凿花源于苗族服饰的纹样蓝本，花样繁多、品种齐全。这种剪纸不是用剪刀铰出来的，是用刻刀凿制完成的。多用于绣花底样和庆典、祭祀活动中的装饰品，在湘西苗族服饰领域中起着举足轻重的作用，被称为"绣在衣服上的文明"。踏虎凿花以其独特的民族特色，鲜明的艺术个性，精湛的工艺技巧饮誉国内外，被列于中国第一批国家级非物质文化遗产扩展项目名录。

据《泸溪县志》记载，泸溪踏虎剪纸起源于清乾隆年间的泸溪踏虎乡（即合水镇踏虎村），并渐由剪纸向凿花演变。艺人们从民间凿"喜钱"（人们春节时贴在门楣上的祭祀用品）的工序中得到启发，由刀剪改为刀刻（即"凿"）。当踏虎剪纸在工艺流程上有了独特变化后，当地人便把它称作"凿花"或"扎花"。著名作家沈从文曾专门撰文介绍踏虎凿花工艺。其图案来源于苗族服饰刺绣的底样，在满足实用功能的前提下，通过几代凿花艺人的努力促进了其特有的装饰形式的发展。因为苗族人们爱美善绣的性格，曾一度让作为刺绣底样的凿花深得平民百姓的喜爱，如已故踏虎凿花大师黄靠天（1923—1997），就是当时最受欢迎的"花客"，而其真传弟子邓兴隆也在不断的凿花艺术探索过程中形成了自己独特的艺术特色。

踏虎凿花和北方的剪纸通称剪纸艺术，但踏虎凿花又有区别于北方剪纸的地方：从使用的工具上来说是南刻北剪，从表现手法上说南细北粗，从数量上说，南多北少，北方每次剪4~5层，南方可刻10~15层。其流程主要有：

（1）画稿。根据人们的愿望和情感，把所要表达的意图用"线"的形式表现出来。通过"线"的粗细变化，长短的组合，疏密处理，突出"阴线"与"阳线"的比较关系，使稿样的纹样达到和谐统一。

（2）固定稿样。稿样确定后，将宣纸裁成与设计的稿样一样大小规格，整齐叠放在一起。用铁针穿眼（打眼的部位应在刻去的地方），将纸钉（用生宣纸剪成三角形，捻搓成像铁钉形的）穿进针孔并拉紧，用剪刀剪去两头多余部分，用铁锤将每一个纸钉打紧，这样就算固定好了稿件。

（3）凿刻。固定稿件后，就可以在自制的蜡版上进行凿刻，工具有蜡版、刻刀、剪刀、美工刀、磨刀石、石膏袋、钉锤、铁针、订书机，凿放的规律一般是由里向外，从上至下，从繁到简，从左到右的程序进行，较大的空白处留在最后。在制作的过程中，可采用阴刻法、阳刻法、阴阳混合刻法，阴阳分刻法四种。

阳刻：刻去空间部分，保留物象线条，突出画面物象的轮廓。

阴刻：是将图样中物象的轮廓线刻去，刻去所表现的线条部分。

阴阳混合：一幅作品中既有阴刻，也有阳刻，使作品更加充实，丰富多种，画面和谐统一。

阴阳分刻：上阴下阳，左阴右阳或反之。

（4）装裱。凿花工艺品最后一个程序是装裱。装裱方法很多，有立轴式、镜片式、册页式、压塑式等。

踏虎凿花用于服装刺绣装饰和祭祀、婚丧喜礼的仪式装饰之中。踏虎凿花题材丰富，品种齐全。大致可分为服饰类、鞋帽类、床上用品类、生活用品类、婚嫁喜礼用品类、祭祀用品等六大类型。踏虎凿花纹样丰富。有蝴蝶纹样、狗头帽纹样、鸳鸯采莲纹样、傩神纹样、福寿纹样、龙凤纹样、喜庆纹样等。

图 3.2　踏虎凿花作品：鼓舞

在踏虎凿花的衣饰纹样中，以女服和童服的衣花最为丰富和典型。女服纹样和童服凿花一般制作精致讲究，因部位区别，有数十种不同的形状和图案，但具有典型性的花样主要有以下几种：围裙花、衣襟花、围脖花等。除此以外，湘西踏虎凿花中的帽花也别具一格。帽花一般根据对象性别、年龄和场合的不同，分为五莲凉帽、六合帽、狗头帽和鱼尾帽等。帽子的外形一般都选自大自然中的动植物形象，即所谓仿生造物。苗族服饰搭配中的帽花内容主要是体现苗人的信仰习俗，其上面的图案多是表达辟邪、消灾、祛病的意念。如五莲凉帽就是以五瓣莲花为外形造型基础，左右对称构图，里面的花样根据题材而变换内容。

五、彩扎（凤凰纸扎）

湖南湘西凤凰的纸扎工艺，有很高的艺术水平。一百多年以前，这一民间工艺就已经繁荣起来，据《凤凰县志》："清末至民国初期，县城有 10 多家纸扎铺子，散在大街、虹桥、东正街、十字街等处。纸扎工艺的主要材料是竹块、篾条、木棍等，扎成各种人物、动物、花草、虫鱼、用具等形象，糊以皮纸，施加彩绘，形象逼真，惟妙惟肖"。以前南门外的向哑子、标营的侯应龙能制作各种纸鸢、飞鹰、蝴蝶、虾、蟹、蟆蛤、美人、戏曲人物等，工艺精湛。正街的滕老叫、十字街的刘棒吾、聂方俊等都是纸扎的高手。

纸扎作为一门民间艺术，最初是与丧葬民俗联系在一起的。在奴隶社会以活人和实物殉葬，封建社会以实物和陶俑殉葬，而近百年（或者更久远一点），则以纸扎殉葬。根据相关史料记载，唐代纸扎传入湘西，清末民国初达到顶峰。

纸扎工序一共有14道：整平竹节骨；破竹；刮篾；蔑条作防腐处理；晾干；制作形状蔑；纸缠蔑；搓纸捻；扎制骨架；裱糊；彩绘；走金线条；装饰；组装。每道工序均存在前后的因果关系，按部就班，环环相扣。在纸扎诸多工序中，形状篾的制作和扎制骨架是工序中的关键和难点。

湘西纸扎具有浓厚的湘西地域特色，汇聚了浓郁的乡风民俗。它取材广泛、结构严谨、造型夸张、色彩鲜明，并与湘西土家族、苗族的神话传说、民间故事紧密关联，展现了湘西古老文明的历史进程，充分反映了湘西民间的审美情趣。它的科技含量、历史、文化、民族精神、对外文化交流及旅游价值不可低估。它是湘西一张精美的"名片"。

六、挑花（花瑶挑花、苗族挑花）

（一）花瑶挑花

花瑶是瑶族的一个支系，人口12 000余人，居住在雪峰山东北麓的湖南溆浦和隆回接壤处，海拔1 300米的崇山峻岭之中，因女子筒裙上装饰有艳丽的挑花而被人称为"花瑶"。

挑花是花瑶人世代相传的民间工艺。制作时，花瑶妇女以靛青色土布为载体，用挑花针通过数针法，将白色或彩色纱线挑入其中，制作而成。花瑶妇女们从小学习挑花，用以制作终身的服饰。花瑶挑花不用描绘设计，也不用模具做刺绣架，全凭挑花女灵巧的双手和娴熟的技巧，以自己心中的构图和对美的理解，循土布的经纬线进行徒手操作，在工艺上与机绣、湘绣截然不同。花瑶姑娘从小就在长辈的口传身授下学习挑花，需苦练多年才能掌握基本的挑花技艺。由于花瑶挑花工艺精细、构思奇妙、图案别致、神秘粗犷，且每一件作品都是独一无二的，因此具有珍贵的收藏价值，已被中国美术馆、民族博物馆列为珍品收藏，我国著名文学家沈从文先生更是称之为"世界第一流的挑花"。

花瑶挑花的图案，分彩色和黑白两类，多为连续图案和对称图案，题材有山区常见的飞禽走兽、树木花草，有日月星辰、山川河岳，也有瑶族的民族图腾、神话故事。想象丰富，构思奇巧，更有深刻的内涵。新娘出嫁时，要将挑花制作的嫁衣，放在一块竹篾编织的大晒簟上，由母亲、姑嫂为她着装。新娘头戴的橙红色大盘，象征太阳；大盘中间的头带象征月亮，周围的饰物象征星辰。

（二）苗族挑花

苗族挑花，俗称数纱，主要流行于湖南湘西土家族苗族自治州泸溪县境内，流传到古丈、吉首及沅陵等县市相邻地区。泸溪苗族挑花是湘西民族地区最为古老、最具民族特色的工艺美术品之一。苗族挑花历史具体源于何时尚无记载，但从其图腾崇拜、氏族崇拜、自然崇拜的如狗脑花、枫叶花、阳球花等纹样中，可以看出挑花的历史久远。从苗族挑花艺术奇特的造型，及充满原始色彩的纹样中不难发现它所产生的时代和演变的源头。

苗族妇女自己纺纱、织布，织的布叫"家织布"。因手工纺纱，不像现在机织布的纱那样细匀，家织布的纱较粗。因此纵横分明，经纬清晰。用家织布做头帕，长约丈余，宽1尺左右，头帕上有各种花的图案。

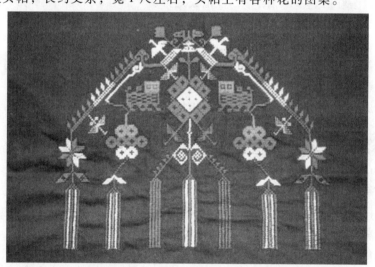

图3.3　湘西苗族妇女高腰围裙（百鸟朝凤条形纹样）
（赵春华摄）

挑花是在家织布头帕上，挑出各种不同的花样。挑花的工艺程序，完全不同于绣花。它是在一幅图案上，从图案（花样）的中心起一针，数三根纱，下一针；又数三根纱下一针……花样毕，最后一针，又回到中心。在一针一针的挑数过程中，不能数错一根纱，一根纱若数错，则以后的纱数皆错。因此，挑花是极细致而严格的手工工艺。

挑花图案常用的有60种之多，大致可分为四大类型：一为氏族崇拜纹样，如"枫叶花""蝴蝶花""蟾蜍花"等；二为图腾崇拜纹样，如"狗纹花""葫芦花";三为自然崇拜纹样,如"阳球花""葛藤花""珍珠花"
等;四为吉祥纹样,如"福寿花""年鱼花""龟寿花""龙凤花"等。挑
花用线全部是蓝线或青线,因此头帕上的花样,线条清晰,十分淡雅,没有
半点花里胡哨的色彩。

苗族挑花有较高的艺术价值,受到国内外民艺学家的重视。其具体与抽
象兼有的艺术形式、朴实而单纯的对比色彩,古老而神秘的几何图形,成为
研究、探讨的对象。挑花作品投入市场,有可观的前景。

七、竹刻(宝庆竹刻)

宝庆竹刻是从实用竹器工艺中脱胎出来的一种集观赏、实用于一体的民间
工艺、流传于湖南省邵阳市旧称宝庆府一带。宝庆属西高东低、半山区半丘陵地
貌,盛产楠竹,自古竹器制作业十分发达,是中国竹文化的主要发源地之一。

明代编修的《宝庆府志》,曾记载过万历年间宝庆竹刻名师潘一龙及其
竹艺作品的情况。清代康熙年间,宝庆竹刻艺人王尚智发明了翻簧工艺和翻
簧竹刻。以此法制作竹刻时,艺人将竹子去青去节,剥削出竹簧,经煮、
晒、碾等工序后,压平贴于木胎或竹胎之上,再抛光打磨,运用不同的手法
在上面雕刻人物、山水、花鸟。竹簧雕刻色泽犹如象牙,格调高雅,一经问
世,即成为达官贵人和文人雅士竞相收藏的珍品,并被宫廷定为贡品和外交
礼品。宝庆竹刻曾在"巴拿马太平洋万国博览会"上荣获金质奖章;1950
年,政务院特定8件宝庆翻簧竹刻工艺品,作为毛泽东主席出访苏联向斯大
林祝寿的礼物。

竹簧雕刻操作简便,便于平面和立体运刀,突破了传统竹刻工艺受圆竹
材质的限制,拓展了宝庆竹刻的表现题材。雕刻技艺种类齐全,手法别致,
仅刀法就多达二十余种。翻簧竹刻替代传统的竹青雕刻和竹兜雕刻,成为宝
庆竹刻的主要产品。

宝庆竹刻的历代大师们擅长于将自己高超的艺术表现技巧与文人的审美
情趣和中国古典书画的意境融会贯通,创造了无数精美的竹刻艺术作品,具
有极高的艺术价值和文化内涵。

第二节 传统技艺类非物质文化遗产

一、传统技艺类非物质文化遗产概述

传统技艺是指一门有着悠久文化历史背景,并必须经过一定的深入研究

学习才能掌握的技术、技能。每一门技艺都烙着民族的印记。我国手工技艺历史悠久，种类丰富。我国传统技艺类非物质文化遗产既包括传统印染工艺、传统陶瓷制作工艺、传统金属制作工艺、传统髹漆工艺、传统造纸工艺等工艺类项目，也包括传统服饰制作的知识与技能、传统饮食制作的知识与技能、传统建筑建造的知识与技能、传统交通工具制造的知识与技能、传统乐器制作知识与技能等知识与技能项目。

武陵山片区传统技艺类非物质文化遗产项目主要以传统印染工艺、传统金属制作工艺、传统服饰制作的知识与技能、传统饮食制作的知识与技能、传统建筑建造的知识与技能等为主。拥有蓝印花布印染技艺、土家族织锦技艺、侗锦织造技艺、苗族银饰锻制技艺、土家族吊脚楼营造技艺、黑茶制作技艺、玉屏箫笛制作技艺和绿茶制作技艺（恩施玉露制作技艺）等8项国家级非物质文化遗产，竹编技艺（中方斗笠、民间手工竹编技艺）、酒鬼酒酿制技艺和豆制品制作技艺（利川柏杨豆干制作技艺、巴东五香豆干制作技艺）等30项省（直辖市）级非物质文化遗产。

二、蓝印花布印染技艺

印染民间手工工艺在我国历史悠久，流传地区很广，是最为古老的传统民间手工技艺。特别是印染的蓝花布，古朴典雅、单纯素净，是民间手工艺术的珍品。蓝花布印染是印染中的精品，布上面显示的各种花纹图案，都是取自民间人民群众日常的生产生活习俗以及对生活的期盼和理想。如"凤穿牡丹""花好月圆""鸳鸯戏水""鹭鸶踩莲""喜鹊闹梅"等花纹图案。这些花纹图案不仅代表了人民群众的喜好与爱憎，同时也代表了人民群众的心愿和祝福，民俗文化底蕴十分深厚。

湖南凤凰沱江镇刘氏祖传蓝花布印染民间手工工艺，是延续至今的独家民间手工技术。印染这门民间手工工艺表现在工艺复杂、制作精湛、操作细腻小心、质地精良、古朴典雅，有着很高的艺术价值和文化研究价值。凤凰蓝印花布印染技艺，主要分布在沱江镇、阿拉营镇、吉信镇、木江坪镇、廖家桥镇、山江镇、腊尔山镇等一带，以沱江镇为代表。

蓝花布印染这一民间手工技艺历史悠久，源远流长。它是用天然的植物靛蓝、染坊、白布制作而成的，因此它离不开靛蓝。远在先秦时，我们的祖先已经懂得采集和种植蓝草作为染料。

蓝花布印染的工序复杂，环节繁多，主要分四部分进行，第一部分为制版，第二部分为印花，第三部分为浸染，第四部分为退浆漂洗。

制版分为裱版、描图、打版、上光油、上完油后放置于遮光处风干。

印花的料是由黄豆粉和精石灰拌调而成的，其比例为3：7，豆粉3石灰7，印花的前一天晚上必须备料。印花上料的力度必须适当，否则影响花色的精细度。印好的样品须放二十余分钟阴干，然后便是浸透工序，必须用清水完全浸透样品。

浸染的染料是一种叫做土靛的天然植物染料，放在染桶里的时间越久越好。染布的次数为六到八次左右，每染一次须放置于染桶上氧化一段时间，整个浸染过程需3~4个小时，最后一次浸染后放置于空气中氧化定色。

退浆漂洗：漂洗完成后，再晾干压平，一件成品就完成了。

凤凰的民间染业大约起于宋初，盛于明清两代，到民国末年至新中国成立初期逐渐衰落。刘氏家传染业已经传承了五代人，从刘大炮（即刘贡鑫）的曾祖起，大约在清代道光中期就开始从事染布行业，其祖父刘裕兴的染布坊十分兴隆，其父刘光成开始也兴盛一时。传到刘大炮的手中时，沱江镇地区染行基本倒闭，印染技艺也随之消失，唯有刘大炮因全面地继承了祖业，时至今日还在继续从事印染这门传统手工技艺，并且传授给自己的儿子刘建明、刘建新，使传统手工技艺得以继续流传下去。近年来，随着旅游业的兴起，沱江镇出现了数十家蓝印花布印染手工作坊，使得这一传统手工技艺得以复兴。

三、土家族织锦技艺

湘西酉水流域土家族织锦技艺主要分布于湖南省永顺、龙山、保靖、古丈四县的土家族聚居区。土家织锦，就是土家姑娘用一种古老的木腰机，以棉纱为经，以五彩丝线或棉线（当今也有用毛线）为纬，完全用手工织成的手工艺术品。

据《后汉书》《华阳国志》《溪蛮丛书》《太平御览》《永顺府志》《大明一统志》《永顺宣慰司志》《资治通鉴》《宋史》《龙山县志》等历史文献的记载，土家织锦历经商周、秦汉、两晋、唐宋元明清至当代社会，发展脉络清晰。可以肯定地说，土家织锦工艺起源于商周，初雏于秦汉，成型于两晋，成熟于唐宋，完善于明清，发展于当代。沿着土布、賨布、兰干细布、娘子布、苗锦、斑布、土锦、溪布、峒布、土绢的脉络，发展到今天的土家织锦。几千年来，土家织锦一直被历代蛮酋和土司作为上等贡品或土特产敬贡于当朝帝王。

西兰卡普（"西兰"是铺盖的意思，"卡普"是花的意思）在土家族人民生活中有着实用的、礼俗的和审美的三方面的意义。不仅以经久耐用著称，而且是土家族婚俗中的主要嫁妆，客观上是女家经济地位的标志和女儿有无教养的凭证，在受人观赏的嫁妆行列和任人品评的新房陈设中格外引人注目。因此，土家妹子出嫁时都有自己亲手编织的土花被面，新娘父母以精美的土花铺盖陪嫁为荣，娶媳之家也以此来推测新娘针线活的巧拙贤愚。

土家织锦俗称"打花""打土花"。西兰卡普多以丝、棉、麻为原料，一般以红、蓝、青三种颜色的丝、棉、麻线为经线，自由选择各色丝、棉、麻线为纬线，用古式织机、挑花刀（竹、牛骨制成）采取断纬反面挑织的方法手工挑织。传统织锦通过原始的手工操作，采用"通经断纬、断尾挖花"的方式，凭着口传心授的"模仿记忆"，在原始的斜织机上反面挑织而成。它的工艺流程包括纺线、染色、倒线、牵线、装筘、滚线、捡综、翻篙、捡花、捆杆上机、织布边、挑织十二程序，分"数纱花""对斜"平纹素色和"上下斜"斜纹彩色两大流派系列。其中"数纱花""对斜"平纹素色织锦是在普通平纹布面上，喂线挖花而成。"上下斜"斜纹织锦，是在"对斜"平纹素色的基础上发展而来。色彩以黑及重色为主，大胆使用补色，层层逐渐推移，具有强烈的节奏变化和鲜明的对比效果，又因恰到好处地运用了色彩秩序化的退晕手法使对比实现了和谐统一。传统织机为一种古老的纯木质腰式斜织机，由机头、滚板、综杆、竹筘、梭罗、踩棍、滚棒、篙筒、挑子、撑子、地桩、布鸽（鱼儿）组成，俗称大机头或小机头。

土家织锦以绚丽多彩著称，以设计浪漫见长。颜料取自天然原料，以野生的红花、乌莓、栀子、姜黄、蓝靛、土红、五倍子等天然染料为主，将丝线漂洗后上色，用醋或明矾固色，增其光泽。土家织锦以深靛色、黑色为底色，配以红、白、黄、绿、蓝、紫色为纬线，艳而不俗，清新明快、绚丽多

图 3.4　土家族织锦纹样

彩。纹样的题材内容，色彩运用的法则、纹样构图的形式灵活多变。其中纹样构图多以菱形、横式长方条形、斜式交叉的几何形图案为主，用抽象表现其神形兼备的神韵。图案纹样包括了自然物象图案、几何图案、文字图案各个大类，其共同的特点一是几何图案占着较大的比例；二是图案纹样富于变化；三是喜用吉利、喜庆的寓意和山区花草、鸟兽的母题。

四、侗锦织造技艺

侗锦是侗族人民的传统手工工艺品，湖南通道侗族自治县的传统侗锦技艺精绝，文化艺术蕴义博大精深，色彩艳丽，设色和谐，民族纹样，奇异变幻，自然天成，具有极高的艺术性。

侗锦在通道侗族自治县镜内主要分部在：牙屯堡镇、播阳镇、菁芜洲镇、独坡乡、双江镇、黄土乡、坪坦乡、陇城镇、坪阳乡、甘溪乡，以及县溪镇部分村寨。

侗锦有着悠久的历史。早期历史可以追溯到距今两千多年以前的汉代以至春秋战国。从诸多的文献记载中可看出两汉至唐宋时期，侗族先民的纺织技术和印染工艺已有了长足的发展，形成了自己的审美特点。明清时期，随着侗民族的形成及其传统文化发育的日趋成熟，侗锦也进入了发展繁荣的时期。新中国成立后，人民生活得到改善，侗锦的传承 更加生气勃勃。

传统的侗锦有"素锦"和"彩锦"之分。用黑白棉线织成的称为"素锦"。用黑白线和彩线交织成花工艺编织的称为"彩锦"。根据用途的不同，又可分为日用锦、寿锦、法锦等。其中，日用锦又分为12种类型，被面、垫毯、衣服料布、头帕、背带、盖布、绑腿等。寿锦专门用于老人去世后垫棺。法锦则专门用于祭祀时作为挂单和祭师披挂的法毯等。

侗锦以其独特的编织工艺、富有民族特色的图案、丰富深刻的文化内涵、亮丽和谐的色彩、高雅凝重的品质和鲜明的民族风格，成为我国著名的织锦之一。

五、苗族银饰锻制技艺

银饰是苗族最喜爱的传统饰物，主要用于妇女的装饰。品种多样，从头到脚，无处不饰，包括头饰、面饰、颈饰、肩饰、胸饰、腰饰、臂饰、脚饰、手饰等，彼此配合，体现出完美的整体装饰效果。

银凤冠和银花帽是头饰中的主要饰品，也是整套银饰系列之首，素有龙头凤尾之美称，其制作较为复杂，使用的小件饰品少则一百五十余件，多则达两百余件，价值昂贵。苗族银饰精致美观，以贵州省雷山县和湖南省凤凰县的制品为代表，其中雷山县的银匠主要集中在西江镇的控拜、麻料、乌高。

图 3.5　苗族银饰：银凤冠、银花帽

苗族银饰制作技艺历史悠久，先后经历了从原始装饰品到岩石贝壳装饰品、从植物花卉饰品到金银饰品的演进历程，传承延续下来，才有了模式和形态基本定型的银饰，其品种式样至今还在不断地翻新，由此形成的饰品链条成为苗族社会演进的象征之一。

苗族的银饰在各民族的首饰中首屈一指，妇女着盛装时必佩银饰，昂贵且繁多。苗族用银的观念一是审美，二是表示富有和避邪。每逢民族节日，苗族姑娘的头上、颈上、胸前、后背都戴满了银饰品，跳起芦笙，踩起铜鼓，银佩叮当，银光闪闪，饶有一番情趣。婚嫁之日，银饰更是新娘必不可少的装饰品。银饰是苗家人财富的象征，尤其是苗乡年节，或婚嫁迎娶，苗寨便成了银的世界，这是苗家独有的"银饰文化"。

银饰品都是苗族男工匠打制。其种类有银冠、银衣、银项圈、银手镯、银耳环等几类。论工艺，有粗件和细件之别：粗件主要是项圈、手镯，细件主要是银铃、银花、银雀、银蝴蝶、银针、银泡、银索、银链、耳坠等。当然这不是绝对的，如空心、泡花的项圈、手镯，也是精工制成的作品。苗族银饰的加工，全是以家庭作坊内的男工匠手工操作完成。银匠除了在锤砧劳作上是行家里手，在造型设计上苗族银匠也堪称高手。苗族银匠善于从妇女的刺绣及蜡染纹样中汲取创作灵感，他们根据本系的传统习惯、审美情趣，对细节或局部的刻画注重推陈出新。

苗族银饰锻制技艺主要流程：

第一步：铸炼。将银料放在"银窝"（坩埚）内，把坩埚放在风箱炉上，用木炭全部盖好，用风箱鼓风增高温度。银料全部溶化成液体后，把它倒在卡条状的钢槽内待其凝固。

第二步：锤打。先将凝固的热银锤打紧实，再捶打成四方形长条，最后将银条捶打成直径 3 毫米的圆柱状细条。

第三步：拉丝。将捶打好的细银条用烨子做好尖头，再用拉丝眼板拉

丝。拉丝眼板一般分 52 个直径不同的眼孔，若一根银条经过 52 次拉丝，那么其直径与一根人的发丝差不多。

第四步：搓丝。将拉好的细银丝放置在一起，用木质滚条将银丝线搓在一起。这种工艺让搓好的银丝具有独特的纹路和韧性。

第五步：掐丝。将搓好的银丝掐出不同的图案，嵌进事先做好的银丝框内。这个过程相当精细。银匠不需模具，全凭心中想象，一气呵成。

第六步：镶嵌加固。将事先手工打磨好的银珠摆放在需要镶嵌的位置，然后用焊枪整体加温。该过程需要严格控制温度，温度高则熔断银丝，温度低则镶嵌不牢固。

第七步：洗涤。银匠们最后将整件饰品放入特制的溶液中，先用高温煮沸，去除污渍，然后用清水将银饰品表面洗涤干净。

苗族银饰锻制技艺工序十分的复杂，苗族的银饰最大的特别就是全部都是纯手工做的，整个工序对技术的要求十分的严格。

苗族女性银饰，爱其洁白，珍其无瑕。因此，苗族银匠除了加工银饰，还要负责给银饰除污去垢，俗称"洗银"。他们给银饰涂上硼砂水，用木炭火烧去附着在银饰上的氧化层，然后放进紫铜锅里的明矾水中烧煮，经清水洗净，再用铜刷清理，银饰即光亮如新。

六、土家族吊脚楼营造技艺

吊脚楼为土家族人居住生活的场所，多依山就势而建，呈虎坐形，以"左青龙，右白虎，前朱雀，后玄武"为最佳屋场，后来讲究朝向，或坐西向东，或坐东向西。

土家族吊脚楼最基本的特点是正屋建在实地上，厢房除一边靠在实地和正房相连，其余三边皆悬空，靠柱子支撑。依山的吊脚楼，在平地上用木柱撑起分上下两层，上层通风、干燥、防潮，是居室；下层是猪牛栏圈或用来堆放杂物。吊脚楼有很多好处，高悬地面既通风干燥，又能防毒蛇、野兽，楼板下还可放杂物。

土家族爱群居，住吊脚楼。所建房屋多为木结构，小青瓦，花格窗，司檐悬空，木栏扶手，走马转角，古色古笆，院后有竹篁，青石板铺路，刨木板装屋，松明照亮，一家过着日出而作，日落而息的田园宁静生活。

吊脚楼的形式多种多样，主要有单吊式吊脚楼、双吊式吊脚楼、四合水式吊脚楼和冲天楼等。冲天楼是土家民居的集大成者，不仅包含了所有土家单体民居的建筑形式，同时也包含了转角楼、四水屋等土家合体民居的建筑形式。位于湖南龙山县苗儿滩镇树比村的土家冲天楼是目前唯一存留的冲天楼建筑范式。树比冲天楼至今传了十四代，如今这座建筑还是数十户王姓土家人休养生息的居所，是一座活的土家建筑和民俗的标本。

房屋规模结构一般人家为一栋4排扇3间屋或6排扇5间屋，中等人家5柱2骑、5柱4骑，大户人家则7柱4骑、四合天井大院。4排扇3间屋结构者，中间为堂屋，以祭祀祖先和迎宾客之用；左右两边称为饶间，作居住、做饭之用。饶间以中柱为界分为两半，前面作火炕，后面作卧室。吊脚楼上有绕楼的曲廊，曲廊还配有栏杆。

吊脚楼有着丰厚的文化内涵，除具有土家族民居建筑注重"龙脉"，依势而建和人神共处的神化现象外，还有着十分突出的空间宇宙化观念。这种容纳宇宙的空间观念在土家族上梁仪式歌中表现得十分明显："上一步，望宝梁，一轮太极在中央，一元行始呈瑞祥。上二步，喜洋洋，'乾坤'二字在两旁，日月成双永世享……"这里的"乾坤""日月"代表着宇宙。从某种意义上来说，土家族吊脚楼在其主观上与宇宙变得更接近，更亲密，从而使房屋、人与宇宙浑然一体，密不可分。

七、黑茶制作技艺

黑茶工艺发源、传承于湖南省益阳市安化县境内，有140年历史。该地集山区、库区于一体，特殊的地理环境，形成了优质的土壤和优良的气候，适宜于茶树生长。安化素有"中国茶乡"之称。

黑茶，分散茶、紧压茶两大类。散茶类中有引茶、天尖、贡尖、生尖等多种；紧压茶类中有花卷、花砖、茯砖、黑砖茶等。

见于文献记载的《明会典·茶课》说："弘治三年（1490年），令今后进贡番僧该尝食茶……不许于湖广等处收买私茶，违者尽数入官。"番僧，指西藏喇嘛，他们常组成上百人的朝拜团至京师礼服朝贡。回藏时，绕道湖广收买私茶。这种私茶就是黑茶，而湖广黑茶又主产于安化一带。安化黑茶滋味浓厚醇和，而且产量多，价格又便宜，在吸引西藏僧人绕道来收购的同时，还吸引了陕西、山西等地的茶商争来安化收购，以至引起了朝廷的注意，形成弛禁之争。

明万历二十三年（1595年），御史李楠以湖南茶叶行销西北妨碍茶法马政为由，请朝廷禁运。另一御史徐侨则提出相反的意见说："汉川（汉中和四川）茶少而值高，湖南茶多而值下。湖茶之行销，无妨汉中。汉茶味甘而薄，湖茶味苦，于酥酪为宜。"认为安化黑茶对西北游牧民族有利，不宜禁止。万历皇帝采纳了这个建议，批准颁布《黑茶章程》，安化黑茶正式定为销往西北的官茶。道光元年（1821），当地茶商为了便于运输，把收来的黑茶踩捆成小圆柱形，每支定为100两（16两老秤），故称"百两茶"。同治二年（1867年），江南镇边江村的几家茶农在百两茶的基础上，独创出千两花卷茶，重量为老秤1 000两。当时，千两茶工艺传内不传外，三四十年后才收徒授术。

千两茶的功能性成分是茶复合多糖类化合物、儿茶素和氧化产物黄烷醇类氧化基合物，能促进血液循环、控制动脉硬化、帮助消化、防治糖尿病、平衡血脂血栓。

安化千两茶制作属手工操作，实行土法生产。使用的工具有锯子、剖刀、刮刀、茶杈、湿布、灶炉、筛子、风车、蔑篓、抽屉、木棒、压杠、扎蔑等。其制作分两个阶段：首先制作黑毛茶，经过杀青、揉捻、渥堆、复揉、烘焙等5道工序，然后进行千两茶精深加工，黑毛茶经过筛分、拼配，再采用软化、装篓、踩压、扎箍、锁口、冷却、干燥等工序，日晒夜露55天，遂成成品。

安化千两茶的主要特征是手工技艺精深，选茶准、烘茶干、装茶满、踩茶紧……这些流程一环紧扣一环，一丝不苟，精益求精，以质优取胜。其重要价值在于科技含量很高，从而获得相应的社会效益和经济效益。目前，安化千两茶是中国最正宗的黑茶品种，享有"世界茶王"的盛誉，堪称我国茶文化的"活化石"。

八、玉屏箫笛制作技艺

玉屏箫笛用贵州玉屏侗族自治县出产的竹子制成，遂因此而得名。玉屏箫笛也称"平箫玉笛"，因箫笛上多有雕刻精美的龙凤图案，又称"龙箫凤笛"。据记载，其中的平箫系由明朝万历年间（1573—1619年）的郑维藩所创，玉笛则始创于清代雍正五年（1727年）。平箫玉笛往往被人们当作礼品赠送或收藏，与茅台酒等一道被列为"贵州三宝"。

玉屏箫笛制作工艺历史悠久，是传统手工箫笛的典型代表，至今已有400多年历史。它以生长在玉屏县境内的一种特有的水竹为原料，经过取材、制坯、雕刻、成品4个工艺流程，制作工序繁多复杂，且均采用手工制作。从伐竹到制成，箫制作有24道工序，调音笛有38道工序。最后在箫笛表面刻以诗画，管身的古铜色彩刻上各种图案、诗词更显得古朴典雅。玉屏箫笛中尤以"龙凤屏箫"最受欢迎，它是雌雄成对的箫管。雄的略粗，雌的稍细。吹奏起来雄箫音色浑厚洪亮；雌箫音色圆润含蓄而隽永。雌雄合奏，好似一对情侣在合唱，是那样的协调和谐，娓娓动听。

第三节 传统医药类非物质文化遗产

一、传统医药类非物质文化遗产概述

传统医药是与古代社会文化密切相联的医学实践，在现代医学应用之前就存在了。传统医药的实践因不同国家的传统文化继承性的差别而显示出多样化。传统医药文化是中华民族几千年来认识生命、维护健康、防治疾病的思想和方法体系，是我国优秀传统文化的重要组成部分，具有丰富的文化价值和科学价值。在我国，传统医药主要包括中医药和多种民族中医药。作为非物质文化遗产保护的内容，传统医药的保护重点应该放在中医学知识和体系、民族医学、传统医技和制药工艺。

武陵山片区传统技艺类非物质文化遗产项目主要以民族中医药为主。拥有苗医药和中医正骨疗法（新邵孙氏正骨术）等2项国家级非物质文化遗产，小儿提风疗法和严氏眼科中医疗法等2项省（直辖市）级非物质文化遗产。

二、苗医药

世界范围内，苗族是分布于东南亚的一个庞大民族，在我国境内主要分布在贵州、湖南和云南等地；聚居地区药物资源十分丰富，适宜开发植物资源作为药物。苗医主要分为湘西（张氏和花垣）苗医和黔东南苗医，苗药主要分布于苗族聚居的苗岭山脉、乌蒙山脉等广大地区。近年来，在我国苗族聚居的广大地区建立了不少的药材种植生产基地，大力开发常用的药材。现在丰富的苗药资源正在逐步得到开发，有的已被制成保健品投放到市场。

苗医起源很早，早期的医药活动近似"巫医合一"。现在随着苗族文化知识的提高，"巫医一家"的状况已逐步解体。苗医均是个人设诊，采取民间行医的方式。医护一体，无专门的护理。

苗医理论："两病两纲"理论，即将一切疾病归纳为冷病和热病并辅以"冷病热治、热病冷治"两大治则。对病因的认识较为朴素，认为是季节气候和外来毒素（如风毒、水毒、气毒、寒毒）等所致。

诊断方法：望、号、问、触。

特色治疗：糖药针疗法和滚蛋疗法都是苗医特有的治疗方法，前者发源于苗族古代狩猎活动，后者则起源于巫术。

苗药的采集：植物药宜在其有效成分含量高时采集。如根类药宜在植株茂盛期至翌年抽苗前，茎叶宜在生长旺期，花类宜在待放时，果类宜在初熟间，芽以娇嫩鲜美为好，皮类以浆汁富足最佳；鱼、虾、虫、兽要辨别真假，肉质腐败者不可入药；矿物、金属宜剔净杂质。讲究品味等次，择优取用。

药物制作包括一般加工、炮制、提炼、合成以及剂型改革等，各有工艺要求和流程，但其目的只有三点：一是纯洁各薄港搜，二是改善玛汝务翠，三是优化搜媚若。总之，是在药物的物质、结构、能量三方面予以人为的改进。

苗医用药配方有两个法则。第一个是配单不配双，就是只用1、3、5、7、9、11…之类成单的药物种数配制药方，而不用2、4、6、8、10、12…之类成双的药物种数配方。不少老苗医师都认为"配单"比"配双"疗效好。第二个是三位一体，就是各碑嘎（苗语，即最重要的领头药）、各薄嘎（苗语，即铺底药）、各管嘎（苗语，即监护药）三类药物共组成方。各碑嘎（领头药），是针对病情起主要作用的药；各薄嘎（铺底药），是对领头药有相资作用或对身体有补益作用的药；各管嘎（监护药），是缓解领头药、铺底药的劣性和毒副作用，督促共达病所的药。这三类功用药与别的药物共配成方，形成三位一体，就能发挥药物的良好疗效。

苗医整病学的重要内容有三大原则，十六大法，四十九套方术。

三大原则：调整搜媚若，补充各薄港搜，改善玛汝务翠，这是苗医整病的三大原则。整病的原则，就是处理疾病问题的准绳，是不可违背的规律，如果违背了，就要犯医疗错误。如心力不足，则属于搜媚若亏损，治疗应当用补心的方法以调整搜媚若，假若使用退火的药物去治疗，使心力更亏，就会出现血压下降、循环衰竭、脑架失养、本命无依、生灵能废止等危急病征，甚或导致死亡。又如失水的病人，属于各薄港搜缺乏，就必须补液；肠梗阻属于玛汝务翠破坏，治疗当用赶毒法而不能用止塞法等。

十六大法：赶毒法、败毒法、攻毒法、止痛法、冷疗法、热疗法、提火法、退火法、止泻法、健胃法、帮交环法、补体法、表毒法、退气法、止塞法、解危法。苗医整病学的十六大法，是针对十六种病候而立。赶毒法治疗积毒病候，败毒法治疗雄毒病候，攻毒法治疗恶毒病候，止痛法治疗疼痛病候，冷疗法治疗急热病候，热疗法治疗急冷病候，提火法治疗内冷病候，退火法治疗火毒病候，止泻法治疗泻肚病候，健胃法治疗胃弱病候，帮交环法治疗交环不和病候，补体法治疗亏损病候，表毒法治疗风冷气水毒病候，退气法治疗气壅病候，止塞法治疗外漏病候，解危法治疗危急病候。

四十九套方术：生药术、煎汤术、药酒术、吸药术、丸散术、吹药术、灌药术、涂药术、擦药术、敷贴术、药洗术、挂药术、睡药术、薰烟术、蒸疗术、导气术、推抹术、刮痧术、吮吸术、拔罐术、放血术、麻醉术、开刀术、缝合术、包扎术、正骨术、灌气术、烫熨术、烘烤术、滚蛋术、灰碗术、火燎术、灯火术、烧烫术、火针术、发泡术、打针术、挑纱术、点堂术、冷浸术、光照术、冷浴术、热浴术、操练术、戢毒术、化水毒、冲喜术、治神术、食疗术。

三、中医正骨疗法（新邵孙氏正骨术）

孙氏正骨术是少林骨伤经验和传统中医骨伤学及湖湘民间传统医学相结合的结晶，具有浓厚的传统特色和地域特色。孙氏正骨术在学术上倡导"筋骨并医""正骨先理筋""形神并重""期位辨治""整体调治"，临床强调"一保肢体、二恢复形体结构、三恢复功能"，具有"简、便、廉、验"的特色优势。

孙氏正骨术经孙孝焜、孙广生、廖怀章、孙燕等学术传人的发扬，目前已形成了以邵阳正骨医院为传承基地的传承体系，流传广泛。学术传人千余名，主要分布在湖南省邵阳市、娄底市等地区，散布于湖南怀化、株洲、郴州以及广东、广西、香港等地区，成为湖湘传统骨伤医学中主要的医学流派，在湖湘传统骨伤学的发展史上具有重要的学术地位和深远的影响。

孙氏正骨术在传承与发展过程中，始终坚持在继承的基础上进行创新，充分利用现代化科技手段进行科学研究，取得了多项科技成果，开发出了保留传统特色的固定器材多种以及五种中药特色制剂。

四、小儿提风疗法

小儿提风疗法是土家族独具特色的治疗小儿痏疾方法，效果显著，对保护小儿精气神具有神奇的疗效，是湖南省永顺县石堤镇名老土家医生周大成的祖传秘方。

史料上多有此类疗法和医师的记载。如《永顺县志》记载："土民患病崇神鬼，多赖延巫驱邪，兼以草医治疗。"又载："诸如外科中医彭廉家，民国8年就位县红十字中医馆，医技精通。"《中国土家族历史人物》记载："外科名医彭廉泉（1868—1952）是永顺县石堤镇水塔村人。"《土司王朝》载："周氏家族明朝时就为土司王医官。"

小儿提风疗法是外敷药法，将小儿的体风排出体外，主治出生100天～7岁的小孩。主治病例：腹泻、腹痛、腹胀、夜惊、夜啼、走胎等。药物有鱼大路连黄、鲜小路边黄、鲜蛇莓草、土鸡蛋、熟幽子、桐油。使用方法，将鸡蛋剥去2/5外壳，将药物搅烂放入鸡蛋内，折成纸筒一个，放适量桐

油，点燃纸筒，将蘸燃的桐油滴入药内。将药蛋固定在小儿肚脐，以温小儿中元，提取风邪。

第四节　民俗类非物质文化遗产

一、民俗类非物质文化遗产概述

民俗，即民间风俗，指一个国家或民族中广大民众所创造、享用和传承的生活文化。它起源于人类社会群体生活的需要，在特定的民族、时代和地域中不断形成、扩大和演变，为民众的日常生活服务。民俗类非遗项目主要涉及各种传统节庆、礼仪活动和文化空间等内容。

武陵山片区民俗类非物质文化遗产项目主要以传统节庆为主，有土家年、苗族四月八、苗族四月八姑娘节、仡佬毛龙节、秀山花灯、苗族服饰、茶俗（仡佬族三幺台）和端午节（屈原故里端午习俗）等8项国家级非物质文化遗产，土家族舍巴日、盘王节（盘瓠祭、八峒瑶族跳鼓坛）、大戊梁歌会和张家界泼水龙习俗等38项省（直辖市）级非物质文化遗产。

二、土家年

湖南湘西民间俗称年节为过年。过年，起源于远古时期腊祭，"五谷皆熟，为有年也"。

湖南湘西土家族的一些地方，每年要过三次年：腊月二十九（或二十八）"过赶年"；农历六月二十五过"六月年"；十月初一过"十月年"。汉族及其他一些民族过大年都在腊月三十。土家族人提前一天赶着过年，故称"过赶年"，此习俗已有几百年的历史。史载明朝初年，倭寇大举侵犯我国东南沿海一带，烧杀抢掠无恶不作。明朝官军已无力征剿。明宪宗御批湘西土家兵火速前往东南沿海抗倭，土家族子弟兵提前一天过年（即过赶年），过了年再去打仗。后来，在前线奋勇杀敌立了大功，明宪宗亲赐"东南第一功"御匾以示褒奖。土家族人为了纪念自己的子弟兵的英勇战功，从此永远保留了过赶年的习俗。

湘西土家人过年，一定要打糍粑、制作腊肉等。

土家人在过年时普遍有贴门神、年画、对联和剪纸图案的习俗。土家人在这重要的节日将秦琼、尉迟恭、关羽、张飞或钟馗、程咬金作为镇宅驱邪的保护神张贴于大门之上，表现了他们希望过上安宁生活的愿望。

吃年夜饭前要在神龛前祭祀。大多用猪头、猪尾祭祀，祭祀时将猪尾衔在猪嘴里，以示整猪相祭，有头有尾。祭祀时焚香化纸，燃放鞭炮。祭完祖后便是祭门神、土地神、财神等。

"寒露霜降水推沙，鱼奔深潭客奔家"。在这喜庆之日吃团年饭，城乡都鸣放鞭炮。土家族的年夜饭所吃食品特别讲究，要有鸡、鸭、鱼、猪脚、蒸肉、扣肉等等，象征吉祥的意蕴丰富。

湘西土家地区俗称除夕为"年三十夜"。在这"一夜连双岁，五更分二年"的时候，各地都有辞旧迎新、守岁聚欢的习俗。守岁要烧旺火，越旺越好。俗语云："年三十夜的火，元宵夜的灯。"守岁时长辈给小孩压岁钱。

土家族地区民间有抢年习俗。"抢年"即在限定的时间里抢先放鞭炮，土家人认为，谁家抢到年，就意味着抢了幸福，丰收和吉祥。

正月初一，湘西土家地区称为大年初一。鸡叫头遍，大人小孩便高兴地燃放鞭炮。之后敬拜祖宗，接着晚辈依次向长辈拜年恭贺新禧。到初三、初四时，土家各地一般是兴"拜年"，通常是先到亲戚家去拜年，再去朋友家拜年。

湘西土家地区都有到至亲好友家"出行"的习俗。所谓"出行"，即是新年第一次外出行走。大多"出行"要选吉日，"出行"一出门，若碰上当面人，认为兆头好；若碰上男性兆头更好。湘西土家地区民间普遍重视"出行"，认为"出行"了，这一年的路就"走破"了，禁忌解了，以后碰到不吉利的事也不要紧。

土家人虽然在欢欢喜喜中过节，但在"慎始""求吉"观念支配下，其心态仍然是虔诚、严肃而警觉的，生怕做错了事讲错了话而犯禁忌，影响全家人的学业、财运和家境的祥和富裕。普遍流传忌穷、背时等不吉字眼；忌恶语伤人和打骂小孩；忌打针吃药；忌借钱讨债；忌哭泣怄气；忌动土运粪倒垃圾，等等。

土家族地区民间春节的文艺民俗活动，古老隆重，异彩纷呈，增添了节日的欢乐气氛。每年农历正月初一至十五期间，有些地方举行调年会，会期3~7天，节日开始时，先祭祀祖、宗神录；会毕，表演龙灯、狮子、彩船、蚌壳灯、跳摆手舞，包括"闯驾进堂""纪念八部""兄妹成婚""民族迁徙"等历史歌舞及原始的舞蹈"毛古斯"等；晚上巫师头戴凤冠，身穿罗裙，手舞铜铃宝刀，在台上念咒；念毕，点燃篝火，男女青年盛装同歌"摆手"。

三、苗族四月八

苗族四月八是苗族人的传统节日，又称"亚努节"。每逢这天，附近的苗族都要聚集到喷水池举行各种活动，纪念古代英雄亚努。人们在一起吹笙、跳舞、唱山歌、荡秋千、上刀梯、玩龙灯、耍狮子等，人山人海，场面极为壮观。

传说古代有一个名叫"亚努"的苗族首领，领导苗民向统治者进行斗争。他曾组织各寨苗族头人在"喝血坳"喝鸡血，发誓共同联合，战斗到底，并约定四月八日在某山聚众起义。起义后，义军连连获胜，一直打到了四川、贵州。第二年的四月八日，亚努不幸战死在贵阳市的喷水池附近。苗族人民为了纪念这位民族英雄，便于每年的四月八这一天举行纪念活动，追思亚努的业绩，为战死者扫墓。清代乾嘉苗民起义后，统治者禁止湘西苗族人民举行这一活动，致使苗族人民失去了一个极其有意义的传统节日。新中国成立后经国家民委批准，将"四月八"定为苗族统一的节日。

每逢阴历四月初八这一天，苗族人民披戴银饰，穿戴新衣，从山顶、山腰、平坝向四月八节日活动场地聚集，这一天要举行傩戏、上刀梯、下火海、狮子舞、打花鼓、赛歌、吹唢呐、吹木叶、打秋千、请求接求、武术、茶灯等优秀的民族民间文艺表演。苗族同胞还要蒸制花糍米饭，聚集到固定的地方吹笙、跳舞或对唱情歌。苗族青年称"赶歌场"，又叫"跳花跳月"，当今有人称是苗族的情人节。苗歌演唱几乎贯穿了节日活动的全过程。苗歌分为高腔、平腔两大声腔，内容涉及苗族社会生产生活、历史事件、历史人物、风情习俗等各个方面，充分显示了苗族以歌传情、以歌叙事、以歌取乐的文化特点。

四、苗族四月八姑娘节

湖南绥宁苗族四月八姑娘节，又称"黑饭节""乌饭节"，是苗族群众除春节外一年一度最隆重的民间节庆活动。主要流传于以黄桑坪古苗王国为中心的湖南绥宁县及周边的广大苗族地区。

每年的农历四月初八"姑娘节"，相传是为了纪念古代飞山峒蛮女英雄杨黎娘的重要节日。黎娘的哥哥因为反抗官府被抓进大牢，经常吃不饱饭。黎娘心生一计，到山上采摘黑饭叶榨汁，拌在糯米饭里，在农历四月初八这天给哥哥送过去。狱卒看到黑米饭，不敢抢食。哥哥吃了果然力大无比，立刻挣断了铁锁链，兄妹俩一起杀出了牢门。从此，每年的这一天，苗族杨姓人要把出嫁了的姑娘接到家里吃黑米饭过节。苗族同胞聚集在一起，举行庄重的祭拜祖先仪式，喝烧米酒，吃黑米饭，载歌载舞，庆祝自己的节日。虽然历代封建统治者曾多次借口"苗蛮聚众谋反"和"有伤风化"对绥宁苗族四月八姑娘节横加禁绝，但在广大苗民地区，此节日却屡禁不止，长盛不衰。现在，湖南绥宁县由政府出面，每年举行一届全县性的"绥宁四·八姑娘节"，使四月八姑娘节内容更丰富，气氛更浓烈。

五、仡佬毛龙节

仡佬毛龙节是贵州石阡仡佬族世代流传下来的民间崇尚"龙神"的表现形式，主要流传于贵州省石阡县龙井、汤山等乡镇的宴明、龙凤等仡佬族村寨，辐射至全县各地的侗、苗、土家各民族。仡佬毛龙节主要活跃在元宵节期间。

历史上，世居大西南的仡佬人并未得到统治阶级和封建文人的重视，关于"仡佬毛龙"的起源及源流无明确历史记载。有学者从"仡佬毛龙"的主要制作材料——竹，以及其"求子"的表演功能等推测，毛龙应源起于古代仡佬的"竹王"崇拜和生殖崇拜。

石阡的仡佬毛龙节是以仡佬族民间"龙神"信仰为主的一种信仰民俗活动，活动时段为每年大年三十夜至正月十五、正月十六。龙崇拜是仡佬毛龙的核心，其基本要素包括：①"龙"信仰，包括传统故事、敬龙仪式、敬龙场合和用品及敬龙神颂词；②附属图腾信仰，包括"竹王"崇拜、盘瓠崇拜、民间佛道崇拜和原始崇拜等；③扎艺，包括选材（竹篾、彩纸）和工艺等；④玩技，包括"二龙抢宝""懒龙翻身""单龙戏珠""天鹅抱蛋""倒挂金钩""犀牛望月"和"螺丝旋顶"等；⑤念诵，包括"开光""请水""烧龙"等仪式的念诵及"开财门"和"敬财神"等表演时的诵唱。

六、秀山花灯

重庆秀山花灯为歌舞艺术，是集宗教、民俗、歌舞、杂技、纸扎艺术为一体的民间文化现象和民间表演艺术，起源于唐朝，兴盛于宋朝，发展于明代土司制度确立时期，元代以后叫跳团团。明代初便逐步传至周边县，并从黔北一带进入川南，最后到达云南。秀山建县后，清乾隆年间，吸收了外来音乐，后改称"花灯"，清末民国初正式命名为"秀山花灯"。在民间，逐步形成以重庆秀山龙凤（含峻岭）、溶溪、梅江（含兰桥）、洪安、龙池（含涌洞、石堤、海洋）等5个不同风格的流派。这些流派各自都有民间艺人代代相传。兰桥一带已发展为单边戏，并搭花台以表演有故事情节的小调类戏曲。

民间花灯的演出时间，一般在每年农历正月初二起至正月十五元宵夜结束。出灯前，在灯头人家的堂屋设灯堂，安放花灯神位，启灯请神。花灯有金花小姐、银花二娘、蜡光仙人等六个神位。启灯时，要把正调演完一遍，

然后开始出灯。演出队伍执掌着象征两个花神的两盏花灯，走村串寨地进行
演出活动。演出过程中，花灯队遇到祠庙，要参神祭灯；与龙灯在同一户相
遇，要表演会灯，即表演龙缠灯。每到一家，要先耍狮子，使围观群众让出
一个表演场地，叫狮子扫堂，然后先唱《开财门》，再唱《贺喜》《拜年》。
遇到主人家有丧事，要唱《二十四孝》，立新房唱《闹华堂》，祝寿唱《送
寿月》。离开主人家时，要唱《谢主调》，包括郎谢礼、谢烟、谢饭、谢菜
等。到正月十五日夜，要在河边举行烧灯仪式，叫辞神，便结束一年一度的
演出活动。

　　传统的秀山花灯，要敬重和奉祭作为两盏主要花灯神的"金花小姐"、
"银花二娘"，且只在春节期间才跳灯，具有祈求光明、保佑平安与五谷丰
登的宗教色彩。

　　演出队伍称"花灯班子"，演出人员称"花灯客"。早期花灯唱词里唱
有"两个三花脸，四个穿裙襟，四个打锣钹，两个拉丝弦，将将逗逗十二
人"。后来加上掌调师、下帖子各1人，执花灯的2人，共有16人。加上其
他执事人员，整个花灯班子可达20余人。

　　《中国民歌选集》已将重庆秀山花灯歌曲《一把菜籽》《黄杨扁担》《黄
花草》等作为重庆民歌收入，发行全国。上海交响乐团将《一把菜籽》编
成轻音乐，把《黄杨扁担》谱成交响音乐在电视台播放。《黄杨扁担》经全
国著名歌唱家朱宝勇、李双江、马玉琴、蒋大为等演唱后，已成为全国流行
歌曲。

图 3.6　秀山花灯

（唐磊　摄）

七、苗族服饰

苗族服饰式样繁多，色彩艳丽。《后汉书·南蛮传》中就有五溪（五溪：今湘西及贵州、重庆、湖北交界处，因此地有五条溪流而得名）苗族"好五色衣裳"的记载；唐代大诗人杜甫也有"五溪衣裳共云天"的著名诗句。苗族妇女的服装有百多种样式，堪称中国民族服装之最。苗族服饰是一种原始苗族人民的符号和象征，是一种规则和历史的存根，一种无字的历史书，一种无声的语言和标志。

苗族服饰由于性别、年龄、婚否等情况而不同，并且有地区差别，但都保持一种从古至今的传统款式。苗族妇女上身一般穿窄袖、大领、对襟短衣，下身穿百褶裙。衣裙或长可抵足，飘逸多姿，或短不及膝，婀娜动人。便装时则多在头上包头帕，上身大襟短衣，下身长裤，镶绣花边，系一幅绣花围腰，再加少许精致银饰衬托。苗族百褶裙，图案花纹色彩斑斓，多刺绣、织锦、蜡染、挑花装饰。衣裙颜色以红、蓝、黄、白、黑为主，保持了苗族先民"好五色衣服"的传统。服饰用料则以居住地出产的原料为主，多以棉、麻、毛等经过家庭手工作坊精编细织而成。苗族男子的装束则比较简单，上装多为对襟短衣或右衽长衫，肩披织有几何图案的羊毛毡，头缠青色包头，小腿上缠裹绑腿。

我们所说的苗族服装的款式多样，主要是指苗族女性的节日盛装或者叫礼服。苗族服装按地域可分为五种型制：黔东南型、黔中南型、渝黔滇型、湘西型和海南型五种。苗族有上百个分支，服饰及服饰上的刺绣是支系辨别的重要标志。

黔东南苗族服饰：流行于贵州黔东南苗族侗族自治州的16个县市和都匀、荔波、三都、兴仁、安顺及广西融水、三江等区域。上衣有大领对襟或右衽半身。百褶裙长短不一，佩戴各式围腰和绑腿。发髻也有较大差异。黔东南苗族服饰大约有30多种款式。黔东南地区的苗族服饰不但色彩艳丽，质感厚重，其原生态感更强，就贵州来说苗族的支系就多大几十种，其服饰也各有特色，女孩子身上的银饰工艺精妙绝伦，其重量达几十斤重，衣服上的纯手工刺绣都是其外婆、母亲的爱心和技艺的见证。

黔中南苗族服饰：主要流行于贵州的贵阳、龙里、贵定、惠水、平坝、安顺、平塘、罗甸，云南的丘北、文山、麻栗和广西隆林等地。其特点是以黑、白、蓝色线绣衣裙或蜡染。大领对襟开，百褶裙，包头帕或头巾，髻发。黔中南苗族服饰有5种款式。

渝黔滇苗族服饰：主要流行在渝南、黔西、黔西北和滇东北、桂西北以及云南昭通、威信、楚雄、金沙等地。衣料主要是麻布，服饰色彩较浅，蜡染工艺普遍。服饰和发型多种多样。

海南苗族服饰：由于海南苗族受当地黎族服饰的影响，苗女穿右偏襟长及膝部的长衫，仅一扣，无领，蜡染短裙，以黑、红色为主，花纹较少，束发，包一绣图案花纹的头巾，外面再盖一条绣有花边的尖角头帕，套上一条红带子垂在背后，较其他地区的苗族服饰颇为不同。

湘西型服饰：主要流行在湘西方言区，包括湖南省的湘西土家族苗族自治州，贵州省的松桃、晴隆，重庆的秀山、酉阳，湖北省的鄂西土家族苗族自治州等地。古代苗族男女皆椎髻斑衣。自清代雍正年间"改土归流"，政府指令"服饰宜分男女"之后，湘西苗族服饰逐渐发生了变化。随着苗族地区社会经济的发展和民族文化的交流，苗族服饰明显地吸收了汉族的特点，妇女由穿裙改为穿裤，上衣圆领，衣襟、袖口、下摆及裤脚均镶绣宽幅、多层花边。湘西苗族妇女擅绣，刺绣以平绣为主，喜用折枝花鸟图案，形象逼真。绣花多用于装饰衣服的襟沿、袖口、裤脚、围裙以及背裙、帐檐、门帘等。其绣品平滑光亮，色彩和谐。湘西苗族服饰既有共同特点，又各具特色。

花垣、吉首、保靖等地苗族妇女上穿圆领大襟衣，习于卷袖，露白色挑花袖套。下着宽脚裤，腰系绣花或挑花围裙。包黑色头帕，帕子折叠平整，盘绕整齐，未挽一道，恰齐额眉。此种装束人数较多。

图 3.7 保靖苗族青年妇女夏装

凤凰大部地区和松桃等地苗族妇女服饰与花垣、吉首等地有所不同，上衣饰花盘肩，衣襟花饰较少。戴胸围兜。头缠花格布帕，帕长十余米，层层环绕呈圆筒形，以高大为美。天寒时，加包短帕，由额前包至脑后，掩住两耳。过去妇女着盛装时，佩戴银披肩或云肩，现在已不多见。

泸溪、古丈南部和吉首东部地区妇女穿海蓝色立领大襟窄袖短衣，无花饰，戴挑花胸围兜。男女均围白色帕，帕角绣青色花蝶，朴素美观，独具风韵。妇女发式：梳单辫，喜缠白色长头帕，发辫由后往前缠于帕外。婚后挽髻于顶，高约三寸，呈圆锥形。罩以青帕，帕两端垂于脑后。

苗族花带历史悠久。花带已成为湘西苗族妇女最喜爱的装饰品和必需品，常用来做围裙带、背裙带、袜带、裤带等。青年男女相爱，花带又是女方送给男方的信物。

湘西银饰种类繁多，除耳环、项圈、手镯、戒指外，还有牙签、银披肩、银冠、针筒等。以牙签、银披肩最富特色。常见的图样有寓意爱情的"鸾凤交颈""双凤朝阳"，有表现吉祥的"鲤鱼跳龙门"等。

虽然苗族没有本民族的文字，但仅凭强烈的认同感，靠世代口传身授，将流传千年的故事、先民居住的城池、迁徙漂泊的路线等点滴无遗地融进服饰文化当中，一针一线绣进衣冠服饰，也世代"穿"承，永不忘怀。因而，苗族服饰被誉为"无字史书"和穿在身上的"史书"。

第四章　武陵山片区非物质文化遗产保护

第一节　武陵山片区非物质文化遗产保护意义

一、保护武陵山片区人们的精神信仰

不同于传统的那些人类精英创造的主流文化，也不同于当下的各种流行文化，非物质文化遗产所代表的文化是人类有史以来为最大多数人所创造并拥有的一种民间文化，很少能够"登堂入室"并获得足够尊重。在武陵山片区，非物质文化遗产大多数来自于民间，且存活于民间，主要在乡村。相当大一部分非物质文化遗产与民间信仰的信仰观念、禁忌、巫术仪式、神话传说等水乳交融在一起，具有浓郁的信仰色彩。这种来自于民间的为绝大多数人所创造并拥有的无形文化遗产，是当地人们之间相互理解沟通甚至达成共识的重要工具。虽然武陵山片区一直处于不发达状态，但这里的人们对于生活的需求，从未仅仅停留在物质的层面，他们把对精神层面上的追求寄托在很多非物质文化遗产形式中，表达出人与自然、人与神、人与人，包括人与物之间和谐共生的情境与状态。所以，对非物质文化遗产的认识、保护与传承，是对武陵山片区文化根脉的维护，是对当地居民精神信仰的一种保护。

二、维护武陵山片区文化多样性

文化多样性于人类来说，就像生物多样性对于维持生态系统平衡那样必不可少。2001年，联合国教科文组织通过了《全球文化多样性宣言》，2003年又通过了《保护非物质文化遗产的国际公约》，主要是为解决在全球经济一体化进程中可能会导致文化同源的问题寻求保护措施，同时也为世界各国对文化多样和非物质文化遗产的保护构建了一个平台。非物质文化遗产是人类文化遗产的重要组成部分，也是整个人类文化多样性的根基、源泉和生态场。只有文化得到了传承，人类的创造力才能得到保护，文化的多样性才能被体现。

在中国，由于少数民族地区受到现代化冲击的时间较汉族地区为晚，其文化原生性保存相对较为完整；但是进入 21 世纪后，这些色彩鲜明的地域文化，其所遭遇的存亡危机，更甚于汉族地区。因此，在很多时候，保护文化多样性的舆论，都直接指向那些文化生态脆弱的少数民族地区。武陵山片区在漫长的历史发展过程中，形成了以土家族、苗族、侗族、白族、瑶族、仡佬族等历史文化为特色的多民族地域文化，民族风情非常浓郁，非物质文化遗产十分丰富。现代经济发展对武陵山片区的民族文化冲击越来越大，只有保护这一区域的非物质文化遗产，才能有效保留这种多民族的文化多样性。

三、实现武陵山片区文化和科技创新

人类社会要想发展就必须以创新为前提。而创新的渠道不外乎有二：一是向域外文明学习，从域外文明中汲取营养；一是向传统学习，从本土文化中汲取精华。保护非物质文化遗产的目的之一是为了促进人类社会的文化创新。我们要掌握当代文化发展的主导权。在当代中国，发展先进文化，就是要发展面向现代化、面向世界、面向未来的，民族的科学的大众的社会主义文化。党的十八大明确提出，要"扶持对重要文化遗产和优秀民间艺术的保护工作"。我国的文化遗产是中华民族优秀文化的重要体现，也是我们时代进行文化创新的重要前提。我们对传统文化和非物质文化遗产的保护实质上是一种创造性的转化。具体地说，就是用中国特色社会主义文化所具有的价值取向、思维方式、道德观念和行为方式来改造、更新传统文化，使之符合现代化的要求，使之在自我超越中获得新的生命力。因此，为了武陵山片区的发展，为了在未来多元文化格局中保持武陵山片区地域的竞争力，为了文化创新和发展先进文化，我们必须重视对武陵山片区非物质文化遗产的保护和创造性转化。保护的目的是为了创新，创新是为了更好地保护。

作为一种宝贵的文化资源，非物质文化遗产在文化创新、艺术创新和科学创新的过程中所发挥的作用是常常是非常惊人的。在我国文学艺术发展史上，利用传统文化与传统艺术形式进行文化创新的例子不胜枚举。如我国乐坛上的著名曲目《茉莉花》《梁祝》，电视剧《宰相刘罗锅》，电影《天仙配》《白蛇传》，都是根据民间传说、故事、民乐、小戏等素材创作出来的。没了民间素材，新文学、新艺术的创造也必将成为无源之水，无本之木。张家界著名的旅游演艺《天门狐仙——新刘海砍樵》和《魅力湘西》就是对武陵山片区丰厚的非物质文化遗产资源进行艺术的再加工创造而成。

除文化创新、艺术创新外，文化遗产在科学创新的过程中，也发挥着重要作用。历史上传承下来的科学技术，是当今人类社会科技创新的重要源泉，可以为当代科技进步提供重要的技术支持。可以说，从祖先创造中汲取灵感，是今天科技创新的重要手段。但是，这方面我们所做的工作尚远远不够。以中医药为例，包括武陵山片区的苗医药等国家级非物质文化遗产项目在内，我们掌握有大量中医药学经典和各类传统秘方，但我国真正的中药出口，只能占到全球总经营额的 6%，而我们这个中医药大国的学生——日本和韩国，其经营额却已经占到了全球总经营额的 90% 以上。这确实需要我们认真反思！

历史经验告诉我们，科技的进步并不是简单的取代，新科学、新技术的发展也未必一定要以消灭传统科技为前提。今天的我们，应该像植物学家保护动植物基因一样，保护好武陵山片区那些已经所剩不多的传统文化资源、艺术资源和科技资源，为武陵山片区新文学、新艺术、新科学、新技术的创新，留下更多宝贵的原生态基因，提供更多的方式方法与思路。

四、发挥武陵山片区文化事业的扶贫作用

发展民族文化事业，推进民族共同繁荣发展和社会和谐是武陵山片区扶贫攻坚试点的重要任务。保护武陵山片区非物质文化遗产，重视少数民族特别是世居少数民族的传统习惯、语言文字等民俗民风，可以促进民族间文化沟通交流，大力发挥民族文化在扶贫开发中的引领作用。加强对片区少数民族文化遗产的挖掘与保护，抢救、整理、展示少数民族非物质文化遗产，丰富武陵山片区民族文化的精神实质，为扶贫攻坚提供有力的文化支持。通过发展遗产旅游、实施民族文化精品工程、发展民族工艺产业、加强民族文化设施建设等手段，充分利用独特的民族文化资源，搭建武陵山民族文化舞台，创建武陵山民族文化品牌，推进武陵山片区核心文化的形成。

五、推动民族文化认同和传统价值观传承

保护非物质文化遗产在促进文化认同也具有重要的作用。2005 年 3 月国务院办公厅发布的《关于加强我国非物质文化遗产保护工作的意见》强调，要充分发挥非物质文化遗产对广大未成年人进行传统文化教育的重要作用，广泛开展非物质文化遗产的宣传展示和普及教育活动。从国家战略的现实需要出发，《意见》充分表明了我们党和政府对保护中华民族非物质文化遗产的高度重视。保护武陵山片区的非物质文化遗产，必将有力地促进年轻一代对武陵山片区文化的认同，极大地推动年轻一代对武陵山片区非物质文化遗产的了解、保护和传承。

从武陵山片区非物质文化遗产保护工作的实际情况看，人们关注更多的还是各种传统工艺技术的表现手法、传统工艺、传统技术等表层文化现象，以及能转化成经济效益的传统音乐、舞蹈等项目。这固然重要，但是，这项工作更为重要的一环，还是要通过各种传统文化的保护，而使得武陵山片区世世代代传承下来的优秀的传统价值观、道德观与民族精神得到更好的继承和弘扬。当我们看到一幅幅剪纸、一张张年画、一尊尊木雕时，我们要时时刻刻想到，我们需要保护的不应该仅仅是创造这些艺术的传统工艺技术，同时，还要保护隐含在这些民间艺术背后的民族精神、民族气节和优秀的传统道德。因为历史上正是这些传统文化，使我们在愉悦的过程当中，学到了善良、正直，学到了仁爱、忠厚，学到了中和、诚信，学到了宽恕、谦恭、礼让，学到了助人为乐、舍己救人。在物欲横流的今天，我们同样应该从这里获得传统价值观的滋养，从这里汲取传统价值观的力量，并自觉传承这些优秀的传统价值观。

六、促进武陵山片区文化与世界文化的交流

文化不仅是一个国家和民族历史成就的标志，也是不同民族、群体、社区的基本识别标志；同时文化又具有普遍性，它是不同文明之间增进理解、促进交流的重要基础，尊重文化多样性和在不同文化间开展对话是世界和平与发展的重要保证之一。建立在文化普遍性认识和国际文化合作基础上的非物质文化遗产保护事业，将有利于增进不同文化之间的真正对话，增强国际团结与合作，维护世界和平。武陵山片区非物质文化遗产是我国非物质文化遗产的有机组成部分，因此，我们保护武陵山片区非物质文化遗产，是武陵山片区国际文化战略中的重要组成部分，也必将推动和促进武陵山片区文化与世界文化的交流。

保护非物质文化遗产有利于人类社会应对各种现代性危机以及严重的社会问题。全球化和现代化在给我们的世界带来巨大变化和进步的同时，也带来了许多问题和危机。我们必须寻找和利用各方面的智慧及资源，尤其是发掘传统文化所蕴涵的丰富的思想资源，来解决经济全球化带来的一系列新的问题。

第二节　武陵山片区非物质文化遗产保护原则

关于非物质文化遗产的保护原则，国内有很多学者专家对此有过专门的

研究。贺学君（2006）认为非遗的保护要注重生命、创新、整体、人本、主体协调和教育六大原则。刘永明（2006）从国际社会对非物质文化遗产保护工作性质及其理论基础的认识出发，认为权利原则和发展原则是非物质文化遗产保护的基本原则。苑利、顾军（2006）提出非物质文化遗产保护的十项基本原则：非物质文化遗产保护的"物质化"原则；以人为本原则；整体保护原则；活态保护原则；民间事民间办与多方参与原则；原真性保护原则；多样性保护原则；精品保护原则；濒危遗产优先保护原则；保护与利用并举原则。李昕（2007）提出保护非物质文化遗产应当遵循真实原则、生态原则、人本原则和发展原则四个原则。高小康（2009）则认为非遗保护不可缺少文化生态平衡意识，尽量减少重视城市忽视边远乡村的状况。武陵山片区非物质文化遗产主要集中在片区内的少数民族文化中，区域经济发展落后，非物质文化遗产在旅游业中的应用相对普遍，根据这一实际情况，武陵山片区非物质文化遗产的保护应遵循以下几个原则。

一、以人为本原则

有学者在谈到历史名城保护时认为，历史保护是一个过程，在这个过程中，要把地方居民的主体性建立起来。这个认识对于我们对待非物质文化遗产的保护是很有启发的。非物质文化遗产的创造和传承主体是人，人的存在是非物质文化遗产能够活性存续的最根本条件，是文化资源的能动载体。历史的具体的人的消失，就意味着非物质文化遗产的消失，这是非物质文化遗产的特征决定的。因此，无论是从维护文化多样性，确立民族的文化认同、保护文化生态平衡上说，还是从民族历史文化资源的永续利用上看，我们在非物质文化遗产的保护与利用中必须坚持"以人为本"的原则。

具体说来，这个原则体现在两个方面：一方面，要重点保护非物质文化遗产的文化主体——传承人，尤其对于一些濒危的非物质文化遗产还必须及时对这种文化主体进行抢救性保护，培植非物质文化遗产的本土文化传人。《中华人民共和国非物质文化遗产法》规定：国务院文化主管部门和省、自治区、直辖市人民政府文化主管部门对本级人民政府批准公布的非物质文化遗产代表性项目，可以认定代表性传承人。并赋予了代表性传承人法定的权利和义务。国家每年给非遗传承人补助1万元的经费支持，省（直辖市、自治区）、市（州、盟）各级政府也给各级非遗传承人一定的经费支持。武陵山片区所在的湖北、贵州、重庆和湖南颁布了相应的"非物质文化遗产保护条例"或"非物质文化遗产项目代表性传承人认定与管理办法"，在"条例"和"办法"中明确了非遗传承人的评审标准以及其权利和义务。只要保护好文化遗产传承人，非遗就不会消失。只要激励非遗传承人，他们就会不断进取，产品也会精益求精。只要鼓励非遗传承人继续招徒授业，非遗才会后继有人，绵延不绝。

另一方面，在非物质文化遗产的保护中，要依靠本土文化主体，坚持文化持有者是保护的第一主体的原则，立足于武陵山片区本土文化主体的发展，培养文化持有者的文化遗产的保护能力。坚持利益共享，有利于促进文化持有者的发展。保护的根本目的是为了促进人的发展，而只有充分依靠当地人，才能进行真正的保护。同时要注重对武陵山片区非物质文化遗产"群众"的培育。没有群众，非遗就失去了基础。没有群众，非遗就失去了依托。

二、整体保护原则

非物质文化遗产是一个有机整合的文化整体，是一个系统生成的文化形态，其内涵是一个相互联系、相互依存的层次结构。武陵山片区各少数民族（社群）所创造的非物质文化，是多种多样、丰富多彩的，虽然在具体内涵、形式、功能上有所不同，但它们都是该民族精神情感的衍生物，具有内在的统一性，是同源共生、声气相通的文化共同体。我们所要保护的，正是这样一个文化整体。我们认识非物质文化遗产，就应当看到它是一个有机的整体，在保护中贯彻整体原则，具有整体保护的视野和方法。在保护中要维护文化存续环境、保护文化仪式载体、研究和宣传民族文化精神。我国当前试行的"文化生态保护实验区"建设就是一个基于"整体保护原则"的有益尝试和实践。

对非物质文化遗产进行整体保护，首先是保护其自身的完整性。任何一种非物质文化遗产，都是由多种技艺、技能，以及相关的物质载体共同构成的，只保护其中的技艺、技能，是不能将其完整地传承下来的；没有了这些物质载体，非物质文化遗产也难以体现。必须对其技艺技能、全部程序以及相关物质载体实施全方位的保护。要注意收集和整理与非物质文化遗产有关的各种道具、器物。如代表了传统村落的文化特征、艺术风格、生活方式、历史遗迹的传统民居、桥梁、祠堂等建筑物；代表了不同民族文化特征的各种服饰；还有举行各种民俗活动及节日庆典表演时的各种道具、各种民间雕刻、民间工艺品等。另外，还有大量的能体现各种生产技能的劳动工具、运输工具等；大量的能体现传统生活方式的各种家用器具，包括家具、炊具、茶具、酒具、烟具等。具体来说，如保护辰州傩戏，就需对傩戏文本、道具、场所、传承人等全面保护；保护蓝印花布印染技艺等传统技艺，需要对其所有工艺、工艺流程等实施全方位保护。

其次，我国的非物质文化遗产与特定的文化生态环境紧密相依，保护非物质文化遗产，就要保护其生态环境。譬如，要保护民歌演唱传统，使之流传下去，只是整理歌词、录音、录像是不够的，必须设法保护民歌演唱活动最基本的生态环境，只有坚持活态保护，才能使之继续活在民间。又如，民族传统技艺这种非物质文化遗产的保护也是同样的道理。苗族的剪纸艺术，是苗族非物质文化遗产中的艺术瑰宝，是苗族群众在其历史生存环境中基于特定的心理诉求而产生的生活实践活动中结出并传承的艺术成果和文化遗产。对于它的保护，我们应当从苗族群众的历史与现实的生存方式中去理解和实践，从存续环境、传存载体和精神特质的整体理解和维系上去思考和践行。唯有如此，这种剪纸艺术才能得到真正的保护。否则，在民族遗产、传承载体和精神生活有机整体中有任何一个层面的缺失，作为苗族非物质文化遗产的剪纸艺术便不能得到有效保护，即使作为一种艺术形式保护了下来，也不是真正意义上的苗族剪纸艺术了。

所以，在对武陵山片区的非物质文化遗产保护过程中，应当完整地理解该区域非物质文化遗产的存在和传承，把非物质文化遗产看成一个有机的文化整体，用美的眼光和方法去看待和处理非物质文化遗产的保护问题，这是我们应当坚持的一个基本原则。

三、民间事民间办原则

关于政府、学者、民众这三方在非遗保护工作中的各自位置和相互关系，学界已经有了很多探讨。在一些非遗展演现场，这三方的代表常常同时在场。其中，政府官员是非遗项目所在社区的不同级别的行政管理者，学者是来自社区之外的相关专业科研人员，民众是非遗项目的传承人和当地社区的普通百姓。要保护非遗的本真性，实现非遗的可持续保护和传承，实践证明，武陵山片区众多非遗项目应该遵循"民间事，民间办"的原则。

非物质文化遗产是老百姓集体创造、约定俗成并传承延续的，体现着他们的生活理想和价值追求。保护和传承非物质文化遗产，理应依靠当地民众自身。非遗展演现场活动主要由民间人士组织、按民间习惯举办，政府部门只在幕后起组织、联络、支持、保障的作用，学者作为观察者和访谈者散布在民众之中。这种非遗展演的本真性能得到很好的保持。

2012年10月，中国人类学民族学研究会民族文化遗产专业委员会与厦门理工学院合办了"海峡两岸文化遗产学术研讨会"，会议代表有学者、非遗项目的传承人，还有较高级别的官员。会后安排考察福建省长泰县江都村排猪祭三公仪式，会议的发起人直接与江都村村委会联系，商定了简单的接待方案。代表们吃农家饭、住农家院，以旁观者的身份进行考察研究。该村排猪祭三公的节日为每年农历的九月初七至初九，所祭三公是南宋精忠爱国的三位英雄：文天祥、张世杰、陆秀夫。猪是祭祀仪式的主要祭品，赛大猪是该节日最具特色的活动。从初七傍晚开始，参加赛猪的人家陆续把猪宰杀洗净，为整猪披红挂彩，架在手推车上，过了晚上 11 点，陆续把猪送到当地的三忠庙前架好，赛猪的数量多达百余头，场面十分壮观。祭祀仪式从凌晨 3 点正式开始至 5 点结束。据介绍，该节日的整体活动由"甲头"负责组织，甲头是村民推选出来的人，不一定是村干部。在此过程中，村委会给予了政策上的支持和鼓励，并负责联络、接待外界来访者的考察活动，只是不直接干预节庆活动，让赛猪祭祀仪式完全按民间传统进行。

在非遗展演舞台上唱主角的应该是社区民众或非遗传承人，展演活动如何进行，当地民众自有祖先传下来的规则和方式，即便在现代社会有所调整和创新也应由民众自己在保持传统的基础上加以调适和改变，政府和学者都应遵循"民间事民间办"的原则，对民间传统给予充分的尊重，如此才能确保非遗展演的本真性。

中国历史上神事活动"民间事民间办"的传统值得借鉴。中国传统农业社会中，有两套组织系统：一套以村长、保长为代表的行政管理系统，负责派劳役、催公粮、缴杂税等行政管理。一套以社长或社首为代表的村落神事管理系统，负责祭神、娱神、迎神、赛会等村落神事活动。两套系统各行其是，又彼此配合，但从不互相干预。

四、原真性保护原则

"原真性"是英文"Authenticity"的译名。它的英文本意是表示真实的，而非虚假的；原本的，而非复制的；忠实的，而非虚伪的，神圣的；而非亵渎的等含义。20 世纪 60 年代"原真性"被引入遗产保护领域，并逐渐在世界范围内达成理解和共识。1964 年的《威尼斯宪章》奠定了本真性对文化遗产保护的意义，提出"将文化遗产真实地、完整地传下去是我们的责任"。1994 年 12 月在日本通过的关于本真性的《奈良文件》肯定了原真性是定义、评估、保护和监控文化遗产的一项基本原则。世界遗产委员会明确规定原真性是检验世界文化遗产的一条重要原则，并要求真实、全面地保存并延续文化遗产的历史信息及全部价值，明确提出被登录的遗产不能是按照今人臆想过去历史情况重建恢复的东西。这就是说，原真性是要保护原生的、本来的、真实的历史原物，保护它所遗存的全部历史文化信息。一项文化遗产的本真性是来自原初的可以留传的一切之整体，从物质形态上的持续、文化环境的"本体真实"到它的历史见证性。坚持原真性原则，有助于提高对文化遗产价值的认识，坚持正确的保护理念和实践，有效地防止"伪民俗"和"伪遗产"占用宝贵的保护资源和财富。原真性原则既适用于物质文化遗产，也应该是非物质文化遗产保护坚持的基本原则。

根据文化所呈现出的某些生存形态，可分为"原生态文化"和"次生态文化"。原生态文化指在历史上创造并以活态的形式传承至今、未经任何刻意干预、修改过的传统文化；次生态文化指那些原生状态已经破坏，或是在原生文化基础上创造出的新型文化。非遗要保护的是原生态文化，因为原生态文化保留有大量的历史信息与文化信息，即文化基因。从本质上说，"原生态文化"与"次生态文化"并没有高下之分，优劣之别。我们之所以强调"原生态文化"，特别是"原生态文化"中的精品——文化遗产的重要性，是因为随着时光的流逝，这种千百年来传承下来的原型文化越来越少，而这种被称之为"原生态文化"的经历千百年历练并存活下来的传统文化，特别是其中的文化精华，就像是发面时使用的碱，酿酒时使用的曲一样，在创建新文化的过程中发挥着十分重要的作用。中华文化要想长盛不衰，就必须保护好这些古朴的原生文化，否则，新文化的创造就会成为无源之水，无本之木，国家文化安全就会失去起码的保障。

在非物质文化遗产保护工作中，坚决反对那种混淆真伪，在所谓遗产保护背后隐藏的种种非保护动机。尤其是反对把文化遗产的价值简单等同于旅游经济效益而由此造成的急功近利行为和对文化遗产的过度开发。我们还反对非物质文化遗产的制假活动，如有些人把民间口头故事的简洁和单纯美，误认为是单调枯燥，随意地添加些情节或内容，人为地把故事拉长，使一些民间文学作品面目全非，搞得真伪难辨，可谓"假作真时真亦假"，真正的非物质文化遗产反而得不到保护和传承。事实证明，原真性是定义、评估、保护和监控非物质文化遗产的一项基本原则。

五、就地保护原则

任何一种非物质文化事项，其创生与传承都与特定的环境休戚相关：因环境而生，因环境而传，因环境而变，因环境而衰。非物质文化遗产的环境，实际是民众生活中的一个点。这个点，以一定民族、社区的民众为主体，集自然与人文、现实与历史、经济与文化、传统与现代于一体，形成自足互动的生态系统，构成非物质文化赖以立足的生命家园。如果把非物质文化比为鱼的话，那么特定的生态环境就是它的生命之水。水之不存，鱼将不再，二者是无法分割的。因此在武陵山片区非物质文化遗产保护中要坚持就地保护的原则。就地保护就是要在非物质文化遗产项目的原生地、活动聚居区进行保护，既保护非物质文化遗产本身，也保护其赖以生存的人文环境和自然环境。2008年5月30日举行的四川地震灾区羌族文化抢救和保护座谈会上，专家建议应尽快制定重建规划，在灾区重建中，要坚持就地安置、集中安置的原则，充分保护羌族文化（包括非物质文化遗产）特有的存在环境。

当然，就地保护并不意味着非物质文化遗产不能推广到其他地区。非物质文化遗产可以推广，也可正常流动。湖北恩施傩戏在140多年前，是由一个叫曹仁山的湖南人，将傩愿戏带到恩施石灰窑，经过百余年的繁衍发展，恩施傩戏已经形成了自己独特的风格。其演出范围已覆盖湖北恩施、鹤峰、宣恩、建始等市县。

六、濒危遗产优先保护原则

作为一个历史悠久、幅员辽阔、民族众多的文明古国，中国拥有世界上最丰富多彩的非物质文化遗产。然而，依据我们现有的国力、财力、人力，不可能将所有的非物质文化遗产一并对待并全部保护起来。在这种情况下，就要区分轻重缓急，集中力量将那些处于濒危状态的优秀非物质文化遗产及时有效地实施抢救与保护，避免发生"人亡艺绝"的事件和"人间国宝"的消失。随着现代化的迅猛发展，农耕文明正在迅速瓦解，传统的民间文化逐渐丧失了赖以生存的环境。人类经济的全球化，西方强势文化畅通无阻地扩散，人们生活方式的改变和商业行为的侵蚀等，都对非物质文化遗产的传承和发展构成了严重的威胁。如根据已出版的一些音乐辞典、乐器志等资料的记载，我国的民族乐器至少在500种以上，但目前人们经常使用的各种民族乐器（包括打击乐器）却不过几十种，这意味着大部分古老的民族乐器正在被人们所遗忘。1982年我国有文字记载和演出活动的剧种尚有394种，但目前能演出的仅剩267种，有些剧种只有一个专业剧团在支撑着。民间剪纸、年画、皮影、傩戏等民间艺术随着它们生存环境的改变而日渐式微。与此同时，过去搜集整理的图文资料、音像资料也面临着"再度抢救"。因为，有些图文资料已开始霉变、虫蛀，多数录音、录像带开始脱磁、变质。为了使祖先留给我们的文化遗产得到有效的保护，为了减少因抢救与保护不及时而造成的遗憾与损失，我们要坚持濒危遗产优先保护原则。

与物质类文化遗产一样，许多非物质文化遗产也会因传承人的病危或是周边环境的改变而成为濒危遗产。譬如我们所熟知的《二泉映月》等由著名民间艺人阿炳演奏的民乐，就是在其病重的情况下，由我国著名音乐家杨荫浏等学者抢救下来的。1950 年，著名音乐家杨荫浏先生知道阿炳其人后，利用暑假到无锡拜访阿炳，并为他录下了《二泉映月》等六首曲子。可这时录音带用完了，他们约好寒假再来录。但遗憾的是不到寒假，阿炳就病故了，他所能演奏的 200 多首曲子也因此失传，成为中国民乐的永久遗憾。到 2013 年，湖南有 76 位国家级传承人。而滩头年画的钟海仙和李咸陆、宝庆竹刻的曾剑潭、土家族打溜子的罗仕碧、土家族茅古斯舞的彭英威、侗族傩戏的龙子明、辰州傩戏的李福国、踏虎凿花的邓兴隆等 8 位非遗传承人，已先后离世。据湖南省非遗中心的统计，全省的国家级传承人，平均年龄约 65 岁，最大的 80 多岁，最小的 40 多岁。传承人的岁数偏大使得很多非物质文化遗产面临濒危的境地。

作为非物质文化遗产保护制度建设的重要一环，濒危性遗产保护必须以制度建设为前提。在武陵山片区非物质文化遗产保护领域，"临时性指定制度"不失为一种可行的好办法。当然，"临时性指定制度"必须以学者的科学论证为前提。苑利（2009）提出"临时性制定制度"的实施至少应具备以下条件：

第一，因传承人病危而可能导致非物质文化遗产失传时。传承人是非物质文化遗产传承的活态载体，而这些传承载体又多由年事已高的耄耋老人构成。因此，附着于这些传承人身上的文化遗产本身便具有非常强烈的濒危色彩。由于观念、制度、体制等多方面原因，加之文化遗产保护工程刚刚启动，这些才艺卓绝的耄耋老人很难进入有关政府部门的视野。如果我们按部就班地通过层层申报使这些耄耋老人成为非物质文化遗产传承人，才对其技能或技艺实施抢救性整理，许多文化遗产都会随着这些老艺人们的离世而成为永久遗憾。如果通过科学论证，确认他们所传承的非物质文化遗产确有价值，我们完全可以作为"特例"，通过临时指定的方式，将这些濒危老人及其作品同时指定为临时性非物质文化遗产，并通过录音录像等方式，将这些老艺人传承下来的非物质文化遗产完整地记录下来，传承下去。

第二，因文化遗产传承环境的改变而可能导致非物质文化遗产失传时。任何一种非物质文化遗产都是具体人文环境与自然环境的产物，如果因自然或人文环境发生改变而影响到非物质文化遗产传承时，我们便可通过"临时性指定制度"的实施将那些传承于具体环境中的非物质文化遗产抢救并保护下来。否则，这些非物质文化遗产就会随着社会转型、自然环境发生重大改变等客观原因而彻底消失。

第三节 武陵山片区非物质文化遗产保护方法

一、开展区域性非物质文化遗产大普查

普查工作是非物质文化遗产保护的一项基础性工作。非物质文化遗产普查主要是通过普查确定一个地区的非物质文化遗产的主要类别和形态、蕴藏情况、流布地域、传承范围、传承脉络、衍变情况以及采集历史；发现承载非物质文化遗产数量较多而又独具天才的讲述者、传承者、表演者，从他们的讲述或表演中记录、采集有代表性的非物质文化遗产作品；记录或录制流传了千百年、与民众生活有密切关系，甚至影响着民众生活和群体社会的各类民间作品和民间技艺，以及岁时节日、庆典仪式、风俗习惯、民间信仰等民俗事项。

2005年6月，文化部部署了全国非物质文化遗产普查工作，目的是通过普查，全面了解和掌握各地各民族非物质文化遗产的种类、数量、分布状况、生存环境、保护现状和存在的问题。据不完全统计，参与首次全国普查（2009年11月）的有76万人次，走访民间艺人86万人次，投入经费3.7亿元，收集珍贵实物和资料29万多件，普查的文字记录量达20亿字，录音记录7.2万小时，录像记录13万小时，拍摄图片477万张，汇编普查资料8万册，非物质文化遗产资源总量近87万项。通过普查，抢救保护了一批珍贵、濒危的非物质文化遗产。普查工作结束后，各地文化部门建立了非物质文化遗产资源档案，积极开展对普查成果的整理、研究、出版和利用，将普查成果资源数字化，建立了非物质文化遗产数据库。

武陵山片区范围内的各县、区、市对所属的非物质文化遗产项目相继开展了普查工作，掌握了较为全面的非遗信息。当前和今后主要的工作是搭建非物质文化遗产合作平台，以片区为单位，建立非物质文化遗产项目资料库和数据库，为合作申报更高级别的非物质文化遗产项目，以及合作保护与利用非遗资源打下基础。

二、合作申报高等级非物质文化遗产项目

根据联合国教科文组织《保护非物质文化遗产公约》的精神以及操作指南的相关规定，缔约国有权利，也有义务和责任向联合国教科文组织申报本国领土上的非物质文化遗产项目，通过评审列入联合国教科文组织非物质文化遗产代表作名录。对于两个遗产国家共同拥有的同源共享的非物质文化遗产项目，每一个国家均可以单独申报，即使列入代表作名录之后，也不妨碍

其他的国家再次单独申报。联合国教科文组织在 2003 年 11 月 7 日公布的第二批非物质文化遗产代表作名录中，就有阿塞拜疆申报的"阿塞拜疆木卡姆"、伊拉克申报的"伊拉克木卡姆"以及乌兹别克斯坦、塔吉克斯坦共同申报的"沙士木卡姆音乐"，都分别入选。联合国教科文组织 2005 年 11 月 25 日公布的第三批代表作名录中，中国也申报了"新疆维吾尔木卡姆艺术"，也列入了代表作名录。"这说明共同拥有的项目，在一个国家申报之后，其他国家还可以单独申报"。2005 年中国与蒙古国成功联合申报了"蒙古族长调民歌"。申报成功后，两国建立了"联合保护长调协调指导委员会"，以指导和促进两国开展对该项目的联合保护工作，成为中国与周边国家联合申报的成功范例。

《中华人民共和国非物质文化遗产法》第二十一条规定：相同的非物质文化遗产项目，其形式和内涵在两个以上地区均保持完整的，可以同时列入国家级非物质文化遗产代表性项目名录。武陵山片区地域相近，历史文化同源，族群相似，片区内非物质文化遗产众多项目相同，在申报国家级，甚至世界级非物质文化遗产项目时，可联合申报、联合保护。秉承的原则应该是，合作保护比申报竞争重要。

三、建立传统文化生态保护实验区

（一）生态博物馆

生态博物馆起源于 20 世纪 70 年代的法国，之后迅速在欧洲、拉丁美洲和北美洲广泛传播，并产生巨大的影响。它是欧洲后工业文明背景下，人们生态意识、环境意识觉醒在博物馆学领域的一种反应，是整个社会生态行动的一部分。生态博物馆借用"生态"的概念，强调"文化遗产""社区""社区的居民""文化记忆""公共知识"等。生态博物馆在政治层面上具有人权及人道主义的色彩，在文化层面上倡导文化多元主义特别是对弱势文化社区的关注，在技术操作层面上注重当代新发展的多种学科与人类遗产的保护、研究和交流的有机结合。

生态博物馆作为一种的新型的博物馆形式，它与传统博物馆最大的不同是将文化就地保护，而不是异地收藏于一栋建筑物中。生态博物馆的先驱，法国专家雨果·戴瓦兰认为，生态博物馆是和社会强烈变革，殖民地国家独立后迫切希望彰显民族的文化特性、文化平等的一种诉求。

现在，欧洲、拉美相继建立起 300 座生态博物馆。生态博物馆发展至今，国际上仍然没有一个对其的标准定义，而生态博物馆的思想在实践发展过程中，内涵及内容逐渐明朗化，各国都对生态博物馆有着自己的定义。

1981 年法国政府对生态博物馆颁布了官方定义：它是一个文化机构，这个机构以一种永久的方式，在一块特定的土地上，伴随着人们的参与、保护研究、保护和陈列的功能，强调自然和文化遗产的整体，以展现其有代表性的某个领域及继承下来的生活方式。1985 年国际博物馆协会自然历史博物馆委员会的定义为：生态博物馆是这样一个机构，通过科学的、教育的或者一般来说的文化的方式来管理、研究和开发一个特定社区的包括整个的自然环境和文化环境的整个传统。中国国家文物局对生态博物馆的定义是：生态（社区）博物馆是一种通过村落、街区建筑格局、整体风貌、生产生活等传统文化和生态环境综合保护和展示，整体再现人类文明发展轨迹的新型博物馆。

从 20 世纪 90 年代至今，中国先后建立了贵州生态博物馆群、广西“1＋10”民族生态博物馆群、内蒙古达茂旗敖伦苏木生态博物馆、云南西双版纳布朗族生态博物馆等。这些生态博物馆建设大多选择了民族文化丰厚，但居民生活却相对贫困的不发达地区，它们的建设往往承担着社区发展和文化遗产保护两重重任。这些生态博物馆的构成主要是一个信息资料中心，以及开放性的社区活体保存和展示中心，并通过旅游开发提高社区居民的生活水平。

中国第一个生态博物馆是贵州梭嘎苗族生态博物馆。梭嘎是乌蒙山腹地的一个苗族村寨，地处贵州省六枝特区境内。社区内生活着一个苗族的分支，共有 4 000 多人，至今仍延续着一种古老的、以长角头饰为象征的独特的苗族文化。这种文化非常古朴，有原始的平等、民主风尚，有丰富的婚恋、丧葬和祭祀礼仪，有别具风格的音乐舞蹈和十分精美的刺绣艺术，仍过着男耕女织的农耕生活。为了保护和延续这支独特的苗族文化，1995 年，经中国和挪威文博专家考察后，撰写了《在贵州省梭嘎乡建立中国第一座生态博物馆的可行性研究报告》，并获得国家文物局和贵州省政府的批准，正式列入了中挪文化交流项目（第一阶段）。1997 年 10 月 23 日，中国国家主席江泽民和挪威国王哈拉尔五世、王后宋雅在北京人民大会堂出席了中国博物馆学会与挪威开发合作署《关于中国贵州省梭嘎生态博物馆的协议》签字仪式，决定在中国建立第一座生态博物馆。根据协议，按照国际生态博物馆的概念要求，1997 年，梭嘎生态博物馆资料信息中心建设工程破土动工，挪威政府为此项工程提供无偿援助 88 万挪威克郎（折合人民币 80 万元），用于场馆建设和征集实物。

梭嘎苗族社区是一个完整的生态博物馆。它的资料信息中心则是博物馆的一个信息库，它记录和储存着本社区的文化信息，如通过录音记录下口碑历史，存放相关的文字资料、具有特殊意义的实物、文化遗产登记清单和其他本社区内的遗产等。通过陈列展览向观众介绍即将参观的文化的基本情况，并对观众提出行为要求，这些都通过视听媒介的综合介绍来完成。1998年10月31日，梭嘎生态博物馆正式开馆，并对外开放。

生态博物馆建设的最终目的就是保护文化多样性。而文化生态保护实验区建设是在不同地区、不同自然环境中的文化保护模式，它是生态博物馆这个先进理念在中国本土化的结果。

（二）文化生态保护实验区

随着经济全球化趋势的增强和现代化进程的加快，我国的文化生态环境正发生急剧变化。设立文化生态保护区，以非物质文化遗产为核心加强文化生态保护，对于推动非物质文化遗产的整体性保护和传承发展，维护文化生态系统的平衡和完整；对于提高文化自觉，建设中华民族共有精神家园，增进民族团结，增强民族自信心和凝聚力；对于促进经济社会全面协调和可持续发展，具有重要的意义。

文化生态保护区主要是指一个特定的区域中，通过有效的保护措施，修复一个非物质文化遗产和与之相关的物质文化遗产（不可移动文物、可移动文物、历史文化街区和村镇等），互相依存，与人们的生活生产密切相关，并与自然环境、经济环境、社会环境和谐相处的生态环境。

在文化生态保护区的建设工作中，应坚持以保护非物质文化遗产为核心的原则，坚持人文环境与自然环境协调、维护文化生态平衡的整体性保护原则，坚持尊重人民群众的文化主体地位的原则，坚持以人为本、活态传承的原则，坚持文化与经济社会协调发展的原则，坚持保护优先、开发服从保护的原则，坚持政府主导、社会参与的原则。

截至2014年9月，文化部已先后在全国设立了15个国家级文化生态保护实验区。具体如下：

· 闽南文化生态保护实验区（福建省，2007年6月）

· 徽州文化生态保护实验区（安徽省、江西省，2008年1月）

· 热贡文化生态保护实验区（青海省，2008年8月）

· 羌族文化生态保护实验区（四川省、陕西省，2008年11月）

· 客家文化（梅州）生态保护实验区（广东省，2010年5月）

· 武陵山区（湘西）土家族苗族文化生态保护实验区（湖南省，2010年5月）

· 海洋渔文化（象山）生态保护实验区（浙江省，2010年6月）

·晋中文化生态保护实验区（山西省，2010 年 6 月）
·潍水文化生态保护实验区（山东省，2010 年 11 月）
·迪庆民族文化生态保护实验区（云南省，2010 年）
·大理文化生态保护实验区（云南省，2011 年 1 月）
·陕北文化生态保护实验区（陕西省，2012 年 5 月）
·客家文化（赣南）生态保护实验区（江西省，2013 年 1 月）
·黔东南民族文化生态保护实验区（贵州省，2012 年 12 月）
·铜鼓文化（河池）生态保护实验区（广西壮族自治区，2012 年 12 月）

武陵山区（湘西）土家族苗族文化生态保护实验区 2010 年 11 月授牌。湘西土家族苗族自治州地处武陵山区，为土家族、苗族聚集地区。在长期历史发展过程中，当地土家族、苗族人民创造了丰富多彩的民族传统文化，包括世代相传的非物质文化遗产，如神话、传说、歌谣、鼓舞、织锦、刺绣、印染等，与当地自然环境、古村镇、古建筑相依相存，形成了较为完整的文化生态区域。

该保护试验区范围涉及湘西地区 47 个乡镇，其中包括 351 处各级文物保护单位和国家历史文化名城凤凰古城、国家级历史文化名镇里耶古镇、1056 项非物质文化遗产、10 位国家级传承人以及总面积达 434.92 万亩的各级各类保护区等，都是重点保护对象。

2014 年湖南向文化部呈报的《武陵山区（湘西）土家族，这些苗族文化生态保护区总体规划》获得批准，正式进入项目建设全面实施阶段。

四、收录与展示非物质文化遗产成果

（一）借助传统博物馆形式保护非物质文化遗产

作为保护、研究和展示历史文化遗产和人类环境物证的文化教育、传播机构，博物馆应该是抢救保护非物质文化遗产、传承弘扬民族优秀传统文化的主力军。在这方面，它具有自己特有的优势，还可以根据非物质文化遗产的特点在实践中探索出一条用"静止状态保护"的最佳方法和路子，即把处于动态的非物质文化遗产转变为静止状态来保护。

博物馆对非物质文化遗产的抢救和保护从整体上是可以沿袭物质文化遗产保护的管理制度和程序的，但由于非物质文化遗产的特殊性，也会使得它的内在涵义、概念和一些具体的操作方法有所不同。在征集上，要把具有一定的历史价值、科学价值、艺术价值可作为人类环境物证的符合征集条件的非物质文化遗产静止化、有形化、物化，即借助录音、录像、摄影、摄像、文字、图绘等现代电子技术手段，真实、全面、完整地把它记录下来，凝固起来，把它从运动的非物质的状态转变成静止的有形的状态，让所要征集的文化对象有所依托，有一个盛装的载体，成为一件随时可以拿放取用的物。在概念上，博物馆的文物藏品是具备文物三个价值条件并征集进馆收藏保管的物质文化遗产。它本身蕴含着文物价值，具有物的属性，是有形文物。征集进馆的非物质文化遗产则不同，它多是精神的东西，不具有物的属性，虽然以物的形式进入了博物馆，但物体本身只是一个外壳，一个载体，不具有文物价值，具有文物价值的是载体里盛装的内容。在分类上，由于非物质文化遗产是借助载体而进入博物馆的，这些载体一般为录音带、录像带、摄像带、数码相片、传统相片、文稿资料、书籍画集，品种较为单一，质地较为纯粹，不像有形的文物藏品常会出现一件物品几种质地的情况，如一件苗族服饰其质地有棉、缎、丝、银，一件犁桦质地有木、铁，一个木鼓质地有木、牛皮等，因此分类应考虑按载体兼质地来分为原始声像带、光碟、文稿资料、书籍画集。在以上所列的载体下，再按文化对象的类别来分，分为：语言及口述表达、音乐曲艺、舞蹈体育、传统手工艺、风俗礼仪、宗教仪式，这样既利于根据载体的性质分库保管，又有利于对所需内容的查找、提用。在陈列宣传上，非物质文化遗产自身不能直接显现价值，要靠媒体间接显现。因此陈列展览时，在有同一内容、主题的藏品陈列时，它可以用来补充、丰富和诠释文物藏品的内容、信息，使文物藏品价值得到淋漓尽致的体现。在没有文物藏品的情况下，它又能客观反映文化对象，再现一段历史或文化。

通过博物馆或非遗保护中心等形式还可以将非遗中的艺术精品、制作工具等实物搜集并展示出来。据不完全统计，全国各地有非物质文化遗产专题博物馆20个，展示中心96个。

（二）利用多媒体技术建立非物质文化遗产数据库

文化遗产的数字化保护需求已被广泛认知。早在20世纪70年代人们就开始利用摄影、摄像等技术记录文化遗迹的信息，但是这些资料难以长久保存，如录像带的老化、图像复制会产生失真等。高精度高逼真的数字化遗产保护技术采用人工智能、虚拟现实、多媒体、宽带网络与数据库等先进信息技术，开发基于计算机与网络环境的新型实用化辅助系统或手段，克服种种困难，为文化遗产的可持续发展服务。将通过文化遗产相关的文字、图像、声音、视频及三维数据信息提供数字化保存、组织、存储与查询检索等手段，并进一步建立数字化文化遗产博物馆、展览馆，为文化遗产的保护、开发与利用服务。目前世界发达国家正在大规模地把文化遗产转换成数字文化形态。1992 年，为了便于永久性地保存和最大限度地为公众公平地享有文化遗产，联合国教科文组织（UNESCO）开始推动"世界的记忆"（"Memory of the World"）项目，在世界范围内推动文化遗产数字化。1999 年，在芬兰倡议下，欧盟国家开始启动一项多国框架性合作项目"内容创作启动计划"，在该计划中文化遗产数字化被确定为基础性内容。我国 1996 年启动的国家数字图书馆工程，开始了文化资源的数字化进程，也开展了一些实质性质的数字化保护项目，比如浙江大学 CAD & CG 国家重点实验室的"民间表演艺术的数字化抢救保护与开发的关键技术研究"，浙江大学计算机学院现代工业设计研究所的"楚文化编钟乐舞数字化技术研究""云南斑铜工艺品数字化辅助设计系统"等项目的研究工作。2010 年 10 月由文化部启动的"中国非物质文化遗产数字化保护工程"，目前完成了一期工程，为非物质文化遗产的数字化保护建立了一系列规范标准。

所谓数字化保护，就是将数字信息技术应用于民族民间非物质文化遗产的抢救与保护，借助数字摄影、三维信息获取、虚拟现实、多媒体与宽带网络技术等技术，建立一个以计算机网络为基础的综合型数字系统，实现对文化遗产的保护、传承与发扬。主要包括以下几个方面：一是利用数字技术对文化遗产进行学术分类、信息化存储，建立全面汇总各种记录媒体提供的相关信息的资料数据库；二是利用多媒体虚拟场景建模、多媒体虚拟场景协调展示等数字虚拟现实技术，对非物质文化遗产特别是传统手工艺的生产方式、使用方式、消费方式、流通方式、传播传承方式等进行真实再现，建立包括文字、声音、图像、视频、虚拟现实在内的多媒体的数字博物馆；三是开发计算机辅助设计系统，通过不断创新以及产业化使民间美术、民间工艺等非物质文化遗产得到更好保护。数字技术所兼具的记录、保存、阅览、检索、共享等功能，将文化遗产保护推向一个新水平，开辟了文化遗产保护、开发与利用的新天地。在保存上，数字媒介、三维信息获取、多媒体等由于高精度高逼真而在文化遗产的记录保护上具有超过传统媒介的明显优势，使记录保存的非物质文化遗产的相关信息达到了无可比拟的丰富性和前所未有的深度；在展示上，基于数字媒介统一平台而建立的数字博物馆，将多种媒介形式的非物质文化遗产信息整合在一起，借助多媒体集成、数字摄影、虚拟现实等技术，在不动用文化遗产的情况下，通过四通八达的网络环境，使文化遗产的展示、传播与利用极为便利和充分，打破了特定时间、场所的限制，最大限度地实现了文化资源的利用和共享。

目前数字信息技术在大型的物质文化遗产领域的研究已经进入了一个良

性的轨道，但在非物质文化遗产等领域的应用才刚刚起步。2011 年 3 月 18 日，"感动苗情 蝶影共生——苗族非物质文化遗产佳能数字化保护成果展"在北京举办。成为我国第一套苗族非遗影像数据库。在原始数据采集过程中，项目组用 7 个月时间，深入贵州黔东南地区 16 个县市，穿行 1 万多公里，全面、深入、系统、科学地记录了苗族银饰锻制技艺、苗绣、芦笙制作、芦笙舞、鼓藏节等苗族国家级非物质文化遗产名录中最具代表性的项目。如何利用数字技术丰富非物质文化遗产的保护，这是科学工作者和非物质文化遗产保护专家们所面临的新的课题。对于非物质文化遗产，我们不仅要保护和保存它们，还要通过新的方法与手段对它们加以重新阐释，赋予它们新的含义，这样才能使它们与我们现实的生活永远息息相关。

五、开展"生产性保护"

从 2006 年王文章同志主编的《非物质文化遗产概论》中首次提出"生产性保护"理念，到 2008 年中国艺术研究院举办"国际唐卡艺术及非物质文化遗产保护青海论坛"以"生产性方式保护"作为论坛议题；从 2009 年元宵节文化部等部门举办"中国非物质文化遗产传统技艺大展"及召开"生产性保护"座谈会，到 2010 年文化部在苏州召开"非物质文化遗产生产性保护座谈会"，非物质文化遗产生产性保护的理念和实践越来越被人们认识和了解。2011 年 10 月，文化部评选公布了第一批 41 个国家级非物质文化遗产生产性保护示范基地，树立了一批非物质文化遗产生产性保护的成功典型。2012 年元宵节前后，文化部等部门举办了"中国非物质文化遗产生产性保护成果大展"，展示了近年来非物质文化遗产生产性保护实践取得的丰硕成果。为了进一步加强对非物质文化遗产生产性保护的规范和指导，2012 年 2 月，文化部制定印发了《关于加强非物质文化遗产生产性保护的指导意见》。

非物质文化遗产生产性保护是指在具有生产性质的实践过程中，以保持非物质文化遗产的真实性、整体性和传承性为核心，以有效传承非物质文化遗产技艺为前提，借助生产、流通、销售等手段，将非物质文化遗产及其资源转化为文化产品的保护方式。目前，这一保护方式主要是在传统技艺、传统美术和传统医药药物炮制类非物质文化遗产领域实施。

在有效保护和传承的前提下，加强传统技艺、传统美术和传统医药药物炮制类非物质文化遗产代表性项目的生产性保护，符合非物质文化遗产传承发展的特定规律，有利于增强非物质文化遗产自身活力，推动非物质文化遗产保护更紧密地融入人们的生产生活；有利于提高非物质文化遗产传承人的传承积极性，培养更多后继人才，为非物质文化遗产保护奠定持久、深厚的基础；有利于继承弘扬优秀传统文化，推动优秀传统文化繁荣发展，满足人民群众的精神文化需求；有利于促进文化消费、扩大就业，促进非物质文化遗产保护与改善民生相结合，推动区域经济、社会全面协调可持续发展。

非物质文化遗产生产性保护要按照《中华人民共和国非物质文化遗产法》的规定，认真贯彻"保护为主、抢救第一、合理利用、传承发展"的方针。在非物质文化遗产生产性保护工作中，坚持以人为本、活态传承原则，坚持保护传统工艺流程的整体性和核心技艺的真实性原则，坚持保护优先、开发服从保护原则，坚持把社会效益放在首位，社会效益和经济效益有机统一原则，坚持依法保护、科学保护原则。

做好生产性保护，第一，要研究非物质文化遗产生产性保护的特点，建立健全符合非物质文化遗产自身规律的传承机制。制定非物质文化遗产生产性保护传承人培养计划，建立传承人培养激励机制，增强代表性传承人履行传承义务的责任感和荣誉感；为代表性传承人开展生产、授徒传艺、展示交流等活动创造条件，提供服务；对年老体弱的代表性传承人，抓紧开展抢救性记录工作，详实记录代表性传承人掌握的精湛技艺和工艺流程；对传承工作有突出贡献的代表性传承人给予表彰、奖励；对学艺者采取助学、奖学等措施，鼓励其学习、掌握传统技艺；遵循非物质文化遗产项目生产方式的个性和特征，鼓励和支持代表性传承人设立个人工作室等。

第二，要统筹规划，加强天然原材料、珍稀原材料的保护，处理好天然原材料、珍稀原材料保护与利用的关系，依照相关法规制度为传承人使用天然原材料、珍稀原材料提供帮助和支持；鼓励和支持传承人在传承传统技艺、坚守传统工艺流程和核心技艺的基础上对技艺有所创新和发展；鼓励和支持传承人在制作传统题材作品的同时创作适应当代社会需求的作品，推动传统产品功能转型和审美价值提升；支持和帮助代表性传承人开展产品宣传，利用报刊、电视、网络等媒体宣传非物质文化遗产代表性项目及其产品的文化内涵和审美价值；积极为代表性传承人提供技艺展示、产品销售的渠道和平台。

第三，对适合生产性保护但处于濒危状态、传承困难的代表性项目，要优先抢救与扶持，记录、保存相关资料，尽快扶持恢复生产，传承技艺，督促开展相关工作；对有市场潜力的代表性项目，鼓励采取"项目＋传承人＋基地""传承人＋协会""公司＋农户"等模式，结合发展文化旅游、民俗节庆活动等开展生产性保护，促进其良性发展；对开展生产性保护效益较好的代表性项目，要引导传承人坚持用天然原材料生产，保持传统工艺流程的整体性和核心技艺的真实性，促进该项遗产的有序传承。

2011 年 10 月 31 日、2014 年 5 月 16 日，文化部先后公布了两批国家级非物质文化遗产生产性保护示范基地名单，名单共涉及 79 项国家级非遗名录项目，100 个项目企业或单位。在项目类别上，名单共涉及传统技艺、传统美术、传统医药三大类。其中，传统技艺类包含国家级名录项目 50 项，传统美术类包含 25 项，传统医药类包含 4 项。

表 4.1　第一批国家级非物质文化遗产生产性保护示范基地（2011 年）

省份	对象名称	项目类别	国家级名录项目名称
北京	北京市珐琅厂有限责任公司	传统技艺	景泰蓝制作技艺
北京	北京市内联升鞋业有限公司	传统技艺	内联升千层底布鞋制作技艺
北京	北京市荣宝斋	传统技艺	木版水印技艺、装裱修复技艺
河北	河北省衡水习三内画艺术有限公司	传统美术	衡水内画
河北	河北省曲阳宏州石业集团有限公司	传统美术	曲阳石雕
山西	山西老陈醋集团有限公司	传统技艺	老陈醋酿制技艺（美和居老陈醋酿制技艺）
江苏	江苏省扬州玉器厂	传统美术	扬州玉雕
江苏	江苏省宜兴紫砂工艺厂	传统技艺	宜兴紫砂陶制作技艺
江苏	江苏省南京云锦研究所有限公司	传统技艺	南京云锦木机妆花手工织造技艺
浙江	浙江省东阳市陆光正创作室	传统美术	东阳木雕
浙江	浙江省青田县二轻工业总公司	传统美术	青田石雕
安徽	安徽省绩溪胡开文墨业有限公司	传统技艺	徽墨制作技艺
安徽	中国宣纸集团	传统技艺	宣纸制作技艺
福建	福建海峡寿山石文化研究院	传统美术	寿山石雕
江西	江西省景德镇佳洋陶瓷有限公司	传统技艺	景德镇手工制瓷技艺
江西	江西省景德镇古窑瓷厂	传统技艺	景德镇手工制瓷技艺
江西	江西省含珠实业有限公司	传统技艺	铅山连四纸制作技艺
山东	山东省东阿阿胶股份有限公司	传统医药	中医传统制剂方法（东阿阿胶制作技艺）

续表 4.1

省份	对象名称	项目类别	国家级名录项目名称
河南	河南省禹州市杨志钧窑有限公司	传统技艺	钧瓷烧制技艺
河南	河南省禹州市星航钧窑有限公司	传统技艺	钧瓷烧制技艺
湖南	龙山县苗儿滩镇捞车河村土家织锦技艺传习所	传统技艺	土家族织锦技艺
湖南	怀化市通道侗族自治县呀耶侗锦织艺发展有限公司	传统技艺	侗锦织造技艺
广东	广东省潮州市艺蓓木雕厂	传统美术	潮州木雕
广东	广东省佛山市新石湾美术陶瓷厂有限公司	传统技艺	石湾陶塑技艺
广西	广西壮族自治区靖西县壮锦厂	传统技艺	壮族织锦技艺
四川	四川省成都蜀锦织绣有限责任公司	传统技艺	蜀锦织造技艺
四川	四川省绵竹年画社	传统美术	绵竹木版年画
四川	四川省雅安市友谊茶业有限公司	传统技艺	黑茶制作技艺（南路边茶制作技艺）
贵州	丹寨县石桥黔山古法造纸专业合作社	传统技艺	皮纸制作技艺
云南	云南省红河哈尼族彝族自治州建水县贝山陶庄文化产业有限公司	传统技艺	陶器烧制技艺（建水紫陶烧制技艺）
云南	云南省普洱市宁洱县困鹿山贡技茶场	传统技艺	普洱茶制作技艺（贡茶制作技艺）
西藏	西藏自治区江孜地毯厂	传统技艺	藏族卡垫织造技艺
西藏	西藏自治区藏药厂	传统医药	藏医药（藏药七十味珍珠丸配伍技艺）
陕西	陕西省凤翔新明民俗文化传承有限公司	传统美术	泥塑（凤翔泥塑）
陕西	陕西省西安大唐西市文化发展有限公司	传统美术	民间绣活（西秦刺绣）
甘肃	甘肃省环县道情皮影保护中心（皮影雕刻）	传统美术	皮影戏（环县道情皮影戏）

续表 4.1

省份	对象名称	项目类别	国家级名录项目名称
甘肃	甘肃省庆阳祁黄文化传播有限公司	传统美术	庆阳香包绣制
青海	青海黄南州热贡画院	传统美术	热贡艺术
青海	青海省互助土族文化传播有限公司	传统美术	土族盘绣
青海	青海省海湖藏毯有限公司	传统技艺	加牙藏族织毯技艺
新疆	新疆维吾尔自治区疏附县吾库萨克乡热合曼·阿布都拉传习所	传统技艺	民族乐器制作技艺（维吾尔族乐器制作技艺）

表 4.2　第二批国家级非物质文化遗产生产性保护示范基地（2014 年）

省份	对象名称	项目类别	国家级名录项目名称
北京	中国北京同仁堂（集团）有限责任公司	传统医药	同仁堂中医药文化（传统中药材炮制技艺）
天津	天津杨柳青画社	传统美术	杨柳青木版年画
河北	峰峰矿区大家陶艺有限责任公司	传统技艺	磁州窑烧制技艺
河北	一壶斋工艺品有限公司	传统美术	衡水内画
河北	良盛达花丝镶嵌特艺有限公司	传统技艺	花丝镶嵌制作技艺
山西	山西广誉远国药有限公司	传统医药	中医传统制剂方法（龟龄集传统制作技艺、定坤丹制作技艺）
山西	赵氏四味坊传统面点传习中心	传统技艺	传统面食制作技艺（稷山传统面点制作技艺）
内蒙古	阿拉善左旗恒瑞翔地毯有限责任公司	传统技艺	地毯织造技艺（阿拉善地毯织造技艺）
辽宁	阜新市细河区珏艺轩玛瑙素活制品厂	传统美术	阜新玛瑙雕
吉林	延吉市民族乐器研究所	传统技艺	民族乐器制作技艺（朝鲜族民族乐器制作技艺）
黑龙江	哈尔滨市群力新区文化产业发展中心	传统美术	剪纸（方正剪纸）

续表 4.2

省份	对象名称	项目类别	国家级名录项目名称
上海	上海周虎臣曹素功笔墨有限公司	传统技艺	毛笔制作技艺（周虎臣毛笔制作技艺）、徽墨制作技艺（曹素功墨锭制作技艺）
上海	朵云轩艺术发展有限公司	传统技艺	木版水印技艺
江苏	苏州镇湖刺绣艺术馆有限公司	传统美术	苏绣
江苏	广陵古籍刻印社	传统技艺	雕版印刷技艺
浙江	杭州王星记扇业有限公司	传统技艺	制扇技艺（王星记扇）
浙江	善琏湖笔厂	传统技艺	湖笔制作技艺
浙江	金星铜集团有限公司	传统技艺	铜雕技艺
安徽	黄山徽州竹艺轩雕刻有限公司	传统美术	徽州三雕
福建	福建省德化县宏益陶瓷雕塑研究所	传统技艺	德化瓷烧制技艺
福建	惟艺漆线雕艺术有限公司	传统技艺	厦门漆线雕技艺
福建	善艺李氏工艺有限公司	传统美术	木雕（莆田木雕）
江西	江西婺源朱子实业有限公司	传统技艺	歙砚制作技艺
山东	鄄城县鲁锦工艺品有限责任公司	传统技艺	鲁锦织造技艺
山东	杨家埠民俗艺术有限公司	传统技艺、传统美术	风筝制作技艺（潍坊风筝）、杨家埠木版年画
河南	洛阳九朝文物复制品有限公司	传统技艺	唐三彩烧制技艺
河南	素花宋绣工艺有限公司	传统美术	汴绣
河南	朱文立汝瓷艺术有限公司	传统技艺	汝瓷烧制技艺

目前，武陵山片区有国家级非物质文化遗产 77 项，省级非物质文化遗产 204 项。其中 45 项少数民族国家级非物质文化遗产项目，但仅有国家级非物质文化遗产生产性保护示范基地 2 家，分别是：湖南龙山苗儿滩镇捞车河村土家织锦技艺传习所的土家族织锦技艺和湖南省怀化市通道侗族自治县啰耶侗锦织艺发展有限公司的侗锦织造技艺。经过多年的探索与实践，生产性保护已经被证明是符合非物质文化遗产自身特点及规律的重要保护方式。因此，应加强武陵山片区民族传统美术、民族传统技艺、民族传统医药类非物质文化遗产的生产性保护，将少数民族非物质文化遗产的资源优势转化为经济优势。

第五章　武陵山片区非物质文化遗产的现状、旅游化生存与价值评价

第一节　武陵山片区非物质文化遗产生存现状

一、武陵山片区非物质文化遗产生存困境

（一）文化生态环境变化

1955 年美国学者 J．H．斯图尔德发表了他的《文化变迁理论》，阐述了文化生态学的基本理念。指出文化与其生态环境不可分离，它们之间相互相互影响，相互作用，互为因果。20 世纪 80 年代以后，文化生态环境内涵被拓宽，突破了以往仅重视自然生态环境的文化生态观，把人文环境作为文化生态环境。任何一种非物质文化遗产事项，其诞生与传承都与其特定的生态环境息息相关，因环境而创生，因环境而衰亡；因环境而传承，因环境而变异。所谓文化生态环境，实际是民众生产生活的组成部分，它以一定民族、特定社区的民众为主体，集自然环境与人文环境、社会经济与历史文化、传统习俗与现代生活于一体，形成自足互动的文化生态系统，构成非物质文化遗产赖以生存和传承的文化土壤。

"非遗"是产生于农耕社会的文化形态，在进入现代社会之后，它们赖以生存的农耕社会环境、自然环境、经济环境和价值观等发生了很大变化。武陵山片区的现代化进程在促进工业化和城市化发展的同时，也导致了传统意义上的非物质文化遗产所赖以生存的农耕时代走向衰亡。武陵山片区非物质文化遗产所包含的物质内容、文化习俗、精神方式和哲学信仰，无不折射出该区域农业文明的生存方式、生存想象和审美追求。在现代化的进程中，原生的农耕文明架构下的许多文化形态和方式都在迅速瓦解与消亡。不仅于此，现代化也导致该区域人们生活趣味和生活方式的改变，从而改变人们对传统的非物质文化遗产的态度。由于生活节奏的加快以及各种生存竞争的加剧，人们衡量舒适和方便的标准与以往有很大的不同，传统的费时费力的手

工技艺已经不能满足人们的物质需求，人们需要的是适应现代化进程的方便、快捷的生活方式。随着社会的发展、科学技术的进步，一部分非物质文化遗产、特别是非物质文化遗产赖以生长的土壤环境已不复存在，武陵山片区非物质文化遗产的保护和传承面临困境。

比如，随着汉民族经济文化影响的日趋扩大，汉语言已逐渐在湖南湘西土家族苗族地区成为通用的语言，而土家语和苗语却日益成为濒危语言。许多需要依靠土家语、苗语口传心授的方式加以传承的土家族苗族非物质文化遗产正在飞速消解。如土家族梯玛祭祀仪式、梯玛神歌、摆手歌、毛古斯舞中的对白、哭嫁歌等都是用土家语说唱；苗族古老话、苗族民歌同样全是用苗语说唱，随着土家语、苗语的日渐濒危，这些珍贵的民族民间非物质文化遗产也面临生存的现实困境。

（二）乡村"空心化"

关于农村空心化的含义，许多学者的认识是指农村中的有文化的青壮年劳动力流向城市工作，造成农村人口在年龄结构上的极不合理分布；同时由于城乡二元体制和户籍制度的限制，以及村庄建设规划的不合理，导致村庄外延的异常膨胀和村庄内部的急剧荒芜，形成了村庄空间形态上空心分布状况。这主要是因为农村劳动力大规模向城市转移的结果。

20世纪90年代初以来，武陵山片区农村劳动力的跨地区流动日趋活跃，并逐渐成为农村劳动力转移的主要形式。民俗学者陈廷亮在被誉为"中国土家第一村"的湖南省永顺县大坝乡双凤村实地调查时就发现，该村总人口原有321人，如今已减少到268人，53人已搬下山到县城居住，每年外出务工有近100人，在村里调查的时候全村只有160多人留守在家，且大部分都是老人和儿童。工业文明使得大量的农民离开他们世世代代赖以生存的土地，进城务工，他们的生活方式也随之改变了，原先那片土地上诞生、传承的非物质文化遗产也就被遗忘在原地，而没有也不可能被带入新的生活。武陵山片区农村"空心化"也使非物质文化遗产失去了广泛的"群众基础"，对该区域非物质文化遗产的保护与传承产生了很大的影响。

（三）外来文化及主流文化的冲击

广义的文化既包括物质文化，也包括精神文化。工业文明的机器化生产对非物质文化遗产形成强烈冲击。在过去，传统的手工技艺都是人们在生产生活中总结经验、发展创新，一脉相承流传下来的，并从中造就了许许多多的能工巧匠、名师大家。到现在，有的技艺都已经传承到了几十代甚至上百代，这些传承人遵循着老祖宗遗留下来的技巧技法、制作规矩，把各项技艺推向极致。而如今，他们却面临了强大的对手——机器流水线。就拿民间技艺皮影人制作来说，皮影人制品作为皮影戏的一种演具的同时，又具有高度的审美价值和欣赏价值，是我国民间工艺美术与戏曲巧妙结合而成的独特艺术品种。我国的皮影制作技艺据史料记载，距今已有 1 000 多年的历史，分南北两大派系，从中因为文化差异，地方特点不同，又分为无数个小派系，各地各派的皮影都有自己的特点。但是皮影的制作程序大多相同，通常要经过选皮、制皮、画稿、过稿、镂刻、敷彩、发汗烫平、缀结合成八道工序，制作一个 50 公分高的皮影人物需要手工雕刻 3 000 多刀，为时一个星期左右。相比之下，机器制作就简单多了，只需要在电脑程序里输入好程序，然后连通雕刻机开始镂刻，一个同样大小的皮影人，需要时间大约半小时，然后进行上色、缀结，全部完成也就需要三四个小时的时间。制作完的影人工整划一，线条流畅，没有刀误，可以大批量生产，如果是工人流水线作业，效率就又可大幅提高。相比之下，机器生产的成本是手工制作的几十分之一。如果只作为工艺品出售的话，一个机器制作的 50 公分的影人在网店上可以卖到百元左右，在实体店或旅游商店则标价要高上几倍，而手工制作的影人，艺人们在向商场供货的时候，也就二三百元左右。与皮影人制作技艺面临相似处境的还有剪纸、刺绣、泥塑等许多非物质文化遗产。

中国民间文艺家协会主席冯骥才认为："风靡全球的商业性强势流行文化，正在猛烈地冲击世界各民族，也包括我们民族的文化。在这种全球化的飓风中，首当其冲处于消解过程的是传统的民间文化。它们曲终人散，人亡艺绝。每一分钟，在深邃的民间，在我们的田野里、山坳里，都有一些非物质文化遗产死去。它们失却得无声无息，好似烟消云散。"湖北巴东县溪丘湾乡白羊坪村九组的谭文碧兄弟，多年来从事皮影戏表演。30 多年前，谭文碧与他的六弟谭文山师从老艺人，开始学习皮影戏。后来，谭文义、谭文党又跟他们学艺，一个兄弟皮影戏剧团就这样形成了。他们以口口相传的形式，可以表演 200 多出戏。方圆百余里的村民家中，遇有娶媳妇、盖新房、庆祝寿诞等喜事时，就请他们去助兴，一是图热闹，二是显示体面。随着电视电影的普及，皮影戏再也没有以往的风光了，表演场次也一年比一年少。现在方圆百里，能表演皮影戏的人也就只剩下几个 60 多岁的艺人了。陈廷亮在非物质文化遗产遗存丰厚的湖南永顺县双凤村、龙山县里耶镇、洗车河镇、凤凰县山江镇等地采访当地的一些中青年人时，问他们愿不愿意学本民族的传统歌舞，他们当中大多数人都认为那是很"土"的东西，学了又不能够赚钱，所以不愿意学。

（四）传承人的不断减少和老龄化

有学者曾指出，非物质文化遗产是依赖特定的人群和特定的环境而存在的。因此，保护非物质文化遗产不仅是要保护其文化形态，更重要的是要对其进行'传承'。而缺少'传承'又是目前非物质文化遗产面临的较严重的问题。传承人是直接参与非物质文化遗产传承、使非物质文化遗产能够沿袭的个人或群体（团体），是非物质文化遗产最重要的活态载体。从湖南湘西土家族苗族自治州人民政府 2006 年公布的湘西第一批民族民间文化传承人名单（25 人）看，传承人所涉及的非物质文化类别有 7 大类，且湘西 8 个县（市）都确定有传承人。这些民族民间文化传承人都是通过口传心授从上一辈艺人中传承技艺的。但通过对部分传承人的实地调查访问，上述传承人 90% 年龄都在 60 岁以上，很多人已经是疾病缠身，无法演唱或展示，有的甚至在被确定为传承人后不久就已经去世了。许多传承人也没有或无法再带徒传艺。因此，武陵山片区许多弥足珍贵的非物质文化遗产面临"人亡歌息、人去艺绝"和"青黄不接"的局面。

二、武陵山片区非物质文化遗产当前生存方式

（一）生活化生存

文化部部长蔡武（2013）在接受媒体访谈时表示：我国的大部分非物质文化遗产都是传统农耕文明的产物，与其生产、生活方式是息息相关的。城镇化的建设必然会使原有的文化生态及观念发生巨变，因此而产生的文化断裂，是我国目前面临的一个现实问题。非物质文化遗产的传承和发扬需要创新，必须与当前人民群众的生产生活紧密相连，才能拥有强大的生命力。只是把它当成标本、当成化石来做，完全脱离开人民群众的现实生活，成为一个和它不相干的事物，也不会得到传承。由此可见，"生活化"生存是武陵山片区非物质文化遗产重要的生存方式之一。

1. 非物质文化遗产"生活化"生存涵义

"生活化"生存，是指根据非物质文化遗产是特定社会环境下人们生活方式的自然展现这一本质属性，追本溯源，采取多种措施，传承和革新生活方式，营造有利于非物质文化遗产存续的社会环境，使非物质文化遗产在现代人们的生活中获得保护和传承。继承传统文化、保护非物质文化遗产，不是仅把遗产抢救保存起来，更要改善、修复那些式微的文化表现形式的生态，还要用善巧的方式使之与当代社会发展相关联、使之回到人们的生产生活中。

非物质文化遗产的"生活化"生存有两种形式：第一种，原生态"生活化"生存。即没有被特殊雕琢，存在于民间原始的、散发着乡土气息的，保持非物质文化遗产本来面目的一种生存方式。非物质文化遗产传承人的主要职责就是要维护非物质文化遗产的原生态"生活化"生存。在其他社会力量还未介入到遗产保护中去的时候，政府的支持，尤其是资金支持就显得尤为重要。第二种，在保持非物质文化遗产基本内核的前提下，适当改造或转型。如，江河号子生存的场景发生了变化，其功能也需从工作状态转向娱乐消遣。摆手舞由祭祀、娱乐功能转向健身。2011 年湖南省原创广场舞（试教版第一稿）中收录了《嘀咯调》《茅古斯跳起来》《摆手舞》等 11 支舞蹈。领略了桑植民歌等非遗元素的艺术魅力后，2014 年湖南省群众艺术馆打造第二版教材时，又将张家界大庸阳戏、土家花灯等民族特色舞蹈语汇，巧妙地融入现代流行元素，形成雅俗共赏、合乎潮流的广场健身舞。

2. 非物质文化遗产"生活化"生存路径

方李莉认为，日本与我们都同属东亚文化，许多地方同宗同源，中国台湾地区更是同属中华文化。因此，我们可以尝试着借鉴他们在非物质文化"生活化"保护中创建出来的有关社区总体营造中的经验。其基本理念如下：

从事社区营造，首先要根据社区特色，分别从单一的不同角度切入（一村一品），再带动其他相关项目，组建整合成一个总体的营造计划。这些可供切入的项目包括各种民俗活动的开发、古迹和建筑特色的建立、街道景观的整理、地方产业的文化包装、特有演艺活动的提倡、地方文史人物主题展示馆的建立、空间和景观的美化、国际小型活动的举办等。这些项目在过去曾经由不同的行政部门，孤立地在许多地方实施过，但由于缺乏总体的整合，不但不能产生相应的效果，甚至可能事倍功半。要使一个地方和社区重新恢复生机和活力，必须整体规划出不同类型的计划项目，彼此相互支持，综合的效果才会显现。

这种社区总体营造工作，一定要从社区本身做起，而且必须是自发性、自主性的。政府的角色只是在初期提供各种诱因和示范计划，着力于理念的推广、经验的交流、技术的提供以及部分经费的支援。一个计划若由上而下，纯粹由政府主导，就有违社区总体营造的原则，包括软硬设施在内的社区总体营造计划，通常在一个社区内要持续五到十年，甚至二十年才能完成。每一个社区就是一项长期的工作计划，这中间还包括居民共识的建立，民主程序的维持、公约或契约的签订、协调谈判整合的过程，详细周延的规划设计、资金的筹措、经营管理计划得以制定以及行政法令程序的克服等，就像一个庞大的社区开发计划一样。若是只靠政府部门去推动社区营造的工作，不仅时间会很久，而且，即使做完了，社区居民自己缺乏认同，不愿维持，那也会功亏一篑。

所以，社区营造的目标，不只是在营造一些实质环境，最重要的还是在于建立社区共同体成员对于社区事务的参与意识和提升社区居民在生活情境上的美学层次。所有的这些理念的指向最后都将导致一个结果："社区总体营造"不只是在营造一个社区，实际上是在营造一个在传统文化得到很好保护基础上的一个新的社会、新的文化，包括一个热爱自己家乡、珍爱自己的文化历史、珍爱自己的自然环境的新人。

这种工作实际上也是在"造人"，因为非物质文化遗产中许多优秀的部分就是要靠人来传承，要靠人参与保护，这就是它和物质文化遗产保护不一样的地方。没有一个热爱自己民族传统文化、认同并愿意参与自己传统文化保护的群体，这种工作是无法进行的。

社区营造是一个团队的创作，其参加者有当地政府、村民、学者、企业家。其中政府发挥的是倡导的作用；村民是整个社区营造的主体，他们是其中的生活者和主要创造者；学者可以帮助方案的策划和实施；企业家可以投资，帮助恢复一些传统的产业，并赋予其新的文化含义，让其更适合现代人的物质需求和精神需求。

社区营造后的最大特点就是会迎来许多观光的客人，但这并不意味着社区营造只是为了迎合观光者。如果是这样就往往容易使自己社区长期培育而来的历史、自然及文化生活等，在迎合外人的框框中不断地自我改变，最后毁掉了自己传统的根基。因此，日本宫崎教授认为，"社区营造，是为自己，绝非为了外来人。因此，我们必须思考：如何将社区所孕育的历史、自然、生活文化等琢磨得更丰富？如何享受社区生活？要传给孩子些什么？当此种以内发性的设想为基础的实践，与访客们的诉求一致时，当外人造访社区时，便可以达到社区活性化的结果"。

日本从20世纪70年代开始，就已经营造了三百多个有历史文化特点的村庄。中国台湾地区从20世纪80年代开始学习日本，也营造不少村庄，在这方面取得不少成果和经验。因此，我们不妨将其作为可以借鉴和参考的经验之一，对韩国和欧洲一些国家的经验也可以参考。然后根据自己国家的特点，找出一条适合于我们国家自己非物质文化遗产"生活化"生存的道路，同时也是一条新的，有关中国农村未来的新的文化和新的经济的可持续发展之路。

（二）学校化生存

2003年联合国教科文组织通过的《保护非物质文化遗产公约》第十四

条指出：各缔约国应竭力采取措施，通过向公众、尤其是向青年进行宣传和传播信息的教育计划，使"非遗"在社会中得到确认、尊重和弘扬。2001年联合国教科文组织通过的《世界文化多样性宣言》也指出：每个人都有权接受充分尊重其文化特性的优质教育和培训；应该通过教育，培养对文化多样性的积极意义的认识，并为此改进教学计划的制订和师资队伍的培训。

1. 非物质文化遗产"学校化"生存涵义

在我国历史上，文化传承的主要方式一般是通过民间艺人以师带徒的方式进行，这种方式的传承在一定程度上起着延续传统文化的作用，但也有其局限性。在现代化社会中，既要继承以师带徒的传承方式，也需对这种方式进行创新，学校教育无疑是非常好的选择。

非物质文化遗产"学校化"生存，就是非物质文化遗产通过进校园，进课堂，以教育传承的方式在学校找到生存和发展的机会。非物质文化遗产进校园，进课堂是保护传统文化的重要途径，更是建设和谐校园的重要途径。学校有良好的文化积淀和文化生态环境，是守望民族精神的特殊堡垒，能够引领民族文化和传承民族精神。非物质文化遗产进校园，是将非物质文化遗产进入教育传承的过程，能使民族文化、民族精神得到有效的传承和弘扬。同时，通过非物质文化遗产的自身魅力、特点和文化内涵，可以激发学生爱国主义精神和民族自豪感、认同感，通过学生的多角度、广泛性的参与，能对学生的能力培养和综合素质的提升发挥重要作用，引导学生树立正确的世界观、人生观和价值观，推进学校的素质教育。

2. 非物质文化遗产"学校化"生存路径

（1）形成非物质文化遗产教育体系

非物质文化遗产教育要从小学、中学到大学，贯穿整个教育过程。在不同阶段，非物质文化遗产教育的内容和方式方法各有侧重。在中小学阶段，宜编写本土非物质文化遗产教育读本，作为各地方学校阅读课程的内容。开设民间艺术课程，聘请民间艺术家来学校讲课、作现场表演，使中小学生了解非物质文化遗产，从中感受本地方非物质文化遗产的魅力。成立非物质文化遗产兴趣小组，学校可根据学生的个性爱好创办特色教学，造就一批民间艺术的传承人；通过举办民间艺术节目展演、民间游戏竞赛等系列活动，寓教于乐，推动中小学生对本地方非物质文化遗产的了解、保护和传承。湖北长阳庄溪小学是该县国家级非物质文化遗产"都镇湾故事"传承基地，自2010年以来，庄溪小学每年6月1日都会举办以"我们在故事中成长"为主题的民间故事节。全校400多名师生与民间艺人一起欢聚一堂，展出故事展板、故事书法、故事绘画，并演出一台故事节目。学生充分发挥聪明才智，将民间流传的都镇湾故事编排成故事剧和故事小品，既具有教育意义，又具有欣赏价值，更有利于都镇湾故事的传承与发展。庄溪小学还定期举办"都镇湾故事回访"活动，请来传承人与学生一起回味过去，展望未来，分享故事。如今，"都镇湾故事回访"活动已成为学生们最喜爱的活动之一。

在大学阶段，一是通过开设通识素质课程的形式进行保护和传承。通识素质课立足本土，以非物质文化遗产资源，培养学生对非物质文化遗产的兴趣，增强学生的传统文化素养。二是开办非物质文化遗产专业。中国戏曲学院表演系 2013 年首次招收藏戏专业方向的本科生，并实行免学费政策。至此，京剧、昆曲、粤剧、藏戏等中国 4 个世界级非遗剧种已全部纳入中国戏曲学院的本科教学计划。目前，中国戏曲学院对于京剧表演、京剧器乐、昆曲表演、多剧种表演等多个专业都实行免学费政策。位于益阳市的湖南省工艺美术职业学院是湖南省唯一的艺术设计类的全日制公办高职学院。该学院自 2006 年起开始培养湘绣设计与工艺专业人才，至今已毕业 5 届共 400 余名学生，全部充实到湘绣科研机构和企业。2011 年 6 月，湖南省工艺美术职业学院在原有湘绣设计与工艺专业的基础上成立了湘绣艺术学院。目前该学院设有设计与工艺、设计与营销两个专业，课程涵盖湘绣全产业链的各个环节。学院与湖南省湘绣研究所等湘绣研究机构以及部分湘绣企业合作，为他们订单式定向培养学员。

（2）有选择性地引进非物质文化遗产进校园

并不是所有的非物质文化遗产保护都适合"学校化"生存，校园传承选择的多是一些推广性较强、在当地有一定群众基础的项目。非物质文化遗产的产生和流传，必然与一定的生产生活环境紧密联系着，对一些非物质文化遗产而言，当它一旦失去了其存在的空间以后，就会发生衰退。比如贵州盘县"大筒箫"，其音域窄、音调低，只有在乡村绝对安静环境下才能展示和欣赏其独特魅力，较适合小范围传承，而不适合大批量培养传承人，如果硬要让其进入一个喧嚣的环境中进行传承，那只会使其为更多的人所摒弃。因此，有选择地引进那种适合的项目进入校园尤其重要。总的来看，传统音乐（桑植民歌、新化山歌、江河号子等）、传统舞蹈（摆手舞、鼓舞等）、传统戏剧（傩戏、阳戏等）、传统美术（踏虎凿花等）和曲艺杂技等更适合进校园、进课堂。

（3）开发非物质文化遗产课程

编写具有武陵山片区特色的非物质文化遗产教材，把非物质文化遗产加以选择、整理，注入课程体系，这是实现武陵山片区非物质文化遗产教育目标的重要一环。为此，必须大量收集、整理民族、民间非物质文化遗产，构建非物质文化遗产的教材内容体系。非物质文化遗产教材内容大致包括两大方面：一是武陵山片区各主要少数民族的特色非物质文化遗产。二是具有武陵山片区特色的地域非物质文化遗产。

（4）做好非物质文化遗产师资队伍建设

一是要充分利用各级学校现有的师资队伍，发挥他们的特长，上好各学校的非物质文化遗产课；二是要加强对教师的培训，采取集中轮训或选送到民族院校相关专业学习等方式，力争达到非物质文化遗产教学要求；三是充分发挥非物质文化遗产传承人的人才优势，可聘请他（她）们到学校上课。

（三）市场化生存

武陵山片区传统美术类、传统戏剧类、传统技艺类、曲艺类和中医药类等非物质文化遗产项目，在历史上便自然地与市场相互依存。但随着社会的变迁和科技的发展，许多非遗项目渐渐淡出了人们的视野。在现代条件下，如何使它们再次进入市场，在市场中得到生存和发展，已成为非物质文化遗产保护和传承的热点问题。武陵山片区属全国14个集中连片特困地区之一，地处偏僻，经济落后，可利用的资源不多，赋存在人们生产生活当中的非物质文化遗产普遍具有较大的文化价值和经济价值，非物质文化遗产的市场化利用将使这些无形文化资产转化为文化生产力，既能帮助当地人们脱贫致富，又能引导人们保护这些非物质文化遗产。

1. 非物质文化遗产"市场化"生存涵义

首批非物质文化遗产国家名录专家委员会主任、著名作家冯骥才表示，在对有生命力的非物质文化遗产的保护过程中，应借助市场力量保护文化遗产，把有生命力的非物质文化遗产进行创新，使之市场化。非物质文化遗产"市场化"生存就是强调对非物质文化遗产进行本真性、原生态保护的同时，要以适度的经济观念，以利用促保护的商业意识，将非物质文化遗产推向市场，在市场竞争中强化传承。

探索非物质文化遗产市场化运作过程中要把握好度，不能为追逐经济利益而进行盲目、破坏性的开发利用。首先要认真研究非遗项目，考察该项目的市场潜力和发展环境，防止一哄而上、盲目发展。另外，要防止以假乱真、粗制滥造等破坏非物质文化遗产的行为。同时，在利用非物质文化遗产项目进行创作、展示、产品开发等活动时，要充分尊重并珍视这些项目的真实性，遵循其自身发展规律，保护好它的形式和核心内涵。非遗市场化过程中最基本的元素是不能改变的，要原封不动传承下来。以雕漆为例，以大漆作为原料和雕漆所需的手工技艺是绝对不可改变的。因为二者是雕漆这门技艺的文化内核，一旦改变了这两个元素，雕漆也就变了味儿。

　　2. 非物质文化遗产"市场化"生存路径

　　市场化前期。第一，对非物质文化遗产市场化项目进行筛选。武陵山片区非物质文化遗产资源丰富种类齐全，但并不是每一项非物质文化遗产都可以进行市场化经营。市场化前期应该对非物质文化遗产产业化项目进行筛选，寻找适合市场化经营的项目。武陵山片区传统美术类、传统戏剧类、传统技艺类、曲艺类和中医药类等非物质文化遗产项目比较适合市场化。第二，制定非物质文化遗产市场化的政策及法律条例。市场有其自身的弱点和缺陷，竞争具有盲目性，因此任何的市场化实际操作都必须具有政策和法律条例规范来约束，非物质文化遗产的市场化也同样如此。各级政府要充分利用《中华人民共和国著作权法》《中华人民共和国商标法》《中华人民共和国专利法》等对非物质文化遗产进行知识产权的保护，并制定相关条例和办法。

　　市场化过程中。第一，根据非物质文化遗产的性质选择不同的市场化模式。当前非物质文化遗产市场化模式主要有以下三种可供选择：政府主导模式、企业主导模式和社区主导模式。第二，打造非物质文化遗产产业链。在文化产业领域，产业链不仅仅表现为垂直型，还表现为垂直和水平相混合的复合型结构。在垂直型产业链中，非物质文化遗产市场化不仅要向上游产品延伸，还要考虑向下游市场的拓展。如湖南凤凰县姜糖制作业，在上游带动了当地农民种生姜的积极性，增加了农民收入，保证了姜糖制作原料的供给。在下游促进了姜糖的加工和营销，2006 年从业人员就达 1 100 多人，2010 年全县姜糖销售额接近 4 000 万元，成为当地的支柱产业之一。第三，培养和引进专业人才。为了保障非物质文化遗产的市场化进程，培养和引进专业人才，做好传承者或群体的资格认证尤为重要。另外非物质文化遗产传承人大多只是一名普通的民间艺人，他们没有能力自己负责产品的研发、制作、包装和销售一条龙的商业运作模式，因此政府或企业应该成为非物质文化遗产市场化的"智囊团"，帮助他们策划、宣传、推销产品。第四，注重产品的创新，提高产品的竞争优势。对文化遗产进行解读，解释其中包含的文化密码，再用今天人们的感受去理解它、沟通它、丰富它、激活它，再创造出新的文化产品。只有不断地进行创新，才能提高产品的竞争优势。例如，在苗族银饰锻造技艺上，非遗传承人只有不断地摸索、设计，打造出新的样式，符合消费者的审美需求，才能提高产品的竞争优势。

市场化后期。第一，注重知识产权的保护。非物质文化遗产属于知识领域的精神产品，可以通过知识产权来加以保护。非物质文化遗产具有民族性和地域性，商标制度可以保护具有地方特色的文化遗产，在一定程度上可以促使非物质文遗产化遗产的文化资源实现其经济价值，把非物质文化遗产从静态保护向动态效益保护模式转变。对于传统技艺，可以采取专利保护等。第二，注重文化品牌的塑造。要想把文化产业做大做强，就必须注重文化品牌的塑造，有自己的文化品牌。如《新刘海砍樵—天门狐仙》就做得很好，虽然开发不久，但其效益是可观的，也逐渐树立了自身的品牌形象。

第二节　武陵山片区非物质文化遗产旅游化生存

文化是旅游的灵魂，旅游是文化的载体。旅游化生存是将非物质文化遗产作为一种旅游资源进行有效利用，开发成可供游客游览、体验、学习和购买的旅游产品，使非物质文化遗产在现代社会中以一种新的方式得到生存和发展的模式。"旅游化生存"是武陵山片区非物质文化遗产保护、传承最有效的模式之一。

非物质文化遗产"旅游化"生存的本质是存在非遗旅游市场。非遗旅游市场是否存在呢？市场是由某种物品或劳务的买者和卖者组成的一个群体。买者作为一个群体决定了一种产品的需求，而卖者作为一个群体决定了一种产品的供给。从市场的定义可以看出，市场的存在由买者和卖者决定，也就是说，只要有非遗买者和卖者群体，即存在非遗产品的需求和供给，非遗旅游市场就会产生，非物质文化遗产就能获得旅游化生存。

一、从需求看：非遗与旅游的不解之缘

非物质文化遗产和旅游活动的同质性，即两者的本质属性都是文化。由于旅游者所追求的是文化目标，这就从根本上决定了非物质文化遗产对旅游者的强大吸引力。

非物质文化遗产的独特性与旅游者追新求异的目标正好吻合。追新求异是人类的天性，旅游者总是希望在旅游目的地看到与其居住地不同的文化现象，差异越大、异文化现象越独特，吸引力越强，而武陵山片区各种非物质文化遗产所具有的独特性，与旅游者追新求异的目标正好吻合。

非物质文化遗产的多样性能够满足不同旅游者的旅游需求。武陵山片区

非物质文化遗产表现为多种不同的形式：风俗礼仪、节庆活动、音乐舞蹈、戏剧曲艺、工匠技艺等。这种多样性能够满足各种文化背景、不同类型、不同年龄旅游者的旅游需求。

旅游开发不仅是弘扬和传播优秀的非物质文化遗产的有效途径，而且还可以培育和扩大非物质文化遗产的受众群体。如湖南张家界把非物质文化遗产的保护传承和旅游演艺有机结合起来，不仅吸引大批的海内外游客慕名而来，而且众多的专家学者也纷纷加入研究行列，这对于传播和继承非物质文化遗产起到了重要的现实作用。

二、从供给看：旅游为非遗提供生存空间与动力

（一）旅游为非物质文化遗产营造生存的"土壤"

武陵山片区非物质文化遗存相对集中，由于人们生活环境和条件的变迁，非物质文化遗产及其生存环境受到严重威胁。把非物质文化遗产遗存区划为文化生态保护区不失为一种办法，但该区域居民的生活观念和方式仍会受到外来文化的影响。通过旅游开发利用的方式来营造非物质文化遗产生存的"土壤"刻不容缓。由于大多数非物质文化遗产是遗产旅游利用的重要内容，随着遗产旅游业的蓬勃兴起，一些逐渐或已经消失的传统文化被激活，出现了传统文化的复兴现象。一些非物质文化遗产也在这股"复古"的浪潮中被注入了新的生命力而重新激活，在现代旅游的带动下，一些非物质文化遗产也寻找到了其适合现代经济社会发展的环境和生存空间。例如，传统的戏曲艺术和民族歌舞，在逐渐淡出本地人记忆的时候，通过旅游利用，将这些民族歌舞和戏曲艺术重新搬上了舞台，获得了大批旅游者的青睐。这些民族民间歌舞在现代旅游利用过程中获得了新的生存空间（旅游经济活动）和新的受众（旅游者），为非物质文化遗产的生存和繁衍营造了原生态"土壤"。

（二）旅游利用吸引村民回流

武陵山片区的非物质文化遗产和我国其他区域一样，绝大部分集中在传统村落。传统村落，是指拥有物质形态和非物质形态文化遗产，具有较高的历史、文化、科学、艺术、社会、经济价值的村落，被誉为中华民族的DNA。"自2000年至2010年，我国自然村由363万个锐减至271万个，10年间，减少了90多万个自然村，其中包含大量传统村落"。多年来，冯骥才一直为传统村落的保护而奔走呼吁。他介绍，目前全国依旧保存与自然相融合的村落规划、代表性民居、经典建筑、民俗和非物质文化遗产的古村落还

剩下两三千座，而在 2005 年这个数字是约 5 000 个。随着社会发展和城镇化进程的加快，传统村落和现代人居需求发生冲突，加上年轻人的外出，村落的原始性、文化性正在逐步瓦解，濒临消亡。传统村落的消失或破坏，毁掉的不仅仅是各具特色的民居建筑，更重要的是其中蕴含的丰富的非物质文化遗产：从宗族谱系到祭祀礼仪，从婚丧嫁娶到饮食服饰，从乡规民约到节庆民俗，不一而足。

武陵山片区传统村落丰富的非物质文化遗产是重要的旅游资源，旅游利用后提供了很多的就业岗位，能吸引外出工作的村民回流，这也有利于当地非物质文化遗产的保护和传播。湖南张家界市的石堰坪村，位于一块盆地中，宛如一幅美丽的风景画。该村生态植被完好，森林覆盖率达 90% 以上。山脚下，180 余栋土家吊脚楼星罗棋布，错落有致。这个始建于清代的古建筑群，2013 年成为全国重点文物保护单位。2014 年 7 月，该村被列入国家文物局首批 50 个传统村落整体保护利用名单。该村居民的绝大多数仍使用传统的生活用具并保留着传统的农耕生产方式，有薅草锣鼓、山歌对唱、扬叉舞、草龙灯、太平歌、哭嫁、求雨、土地戏、铜铃舞、花灯、糊仓等丰富的非物质文化遗产。2013 年，石堰坪村接待游客 8 万多人次。日益兴起的旅游，吸引了年轻人回乡创业。原来在外打工的全子灼，看到村里光明的前景，2014 年回村发展，并在上半年竞选村主任成功。

(三)促进非遗保护与传承的文化自觉形成

武陵山片区非物质文化遗产保护的落脚点与归宿点应该放在引导该区域人们的文化自觉性上来，让非物质文化遗产真正融汇到每个人的文化血液中，人人保护，人人传播，让每个人从心底里认同非遗的不可或缺性。伴随着武陵山片区旅游业的发展，散落在该区域的非物质文化遗产被集中到各大旅游景区景点，充实了旅游市场，丰富了旅游文化生活。这些一般不是有意识的政府行为，而是市场驱动的直接结果。非物质文化遗产来自民间，保护人类这份珍贵的遗产，同样需要民间的力量。利用非物质文化遗产大力发展旅游业可以调动各方面的积极性，利用市场经济的利益驱动，将这一崭新概念真正地贯彻人心，使每个人意识到非物质文化遗产的价值，都自觉地加入到保护和传承非物质文化遗产的行列中来，从而促进非遗保护与传承的文化自觉形成。

贵州铜仁以傩戏为中心的傩文化与旅游相结合，一方面引导性地培养傩戏接班人，缓解傩戏传承的矛盾，一方面凭借黔东北"傩戏之乡"的知名度，打造傩文化村寨，推出特色旅游。傩面具雕刻、绘画、傩技表演等民间艺术，也被开发成旅游产品推介到国内外，由此更加激发了当地群众开发保护傩文化的热情。

武陵山片区民间文化土壤肥沃。因此，让"非遗"保护在人民大众中间成为一种习惯，人人关注文化，人人参与保护文化，这样非物质文化遗产才能经得起现代文化和外来文化的冲击，在民间得以发展和繁荣，并吸引更多的游客走进武陵山片区，领略"非遗"的风采。

（四）提供了非遗保护与传承的动力

非物质文化遗产的保护面临的一个问题就是活态传承人的后继乏人。事实上，一项文化要想得到有效的传承，重要的一点就是传承的这项文化要具有价值，这种价值还必须是社会所认可的价值。改革开放以前，一些民族地区传统文化被边缘化、排斥化，使得这些民族文化被赋予了一层迷信、落后、愚昧的形象，这些传统文化也在这不认同声、边缘化的过程中逐渐被当地人所遗忘甚至背叛。改革开放以后，随着旅游业的大潮席卷而至，以及现代旅游消费需求的原因，那些曾经被抛弃、被遗忘的文化，通过旅游资源的重组与利用，又焕发出了新的活动，逐渐被人们所认同和接受乃至喜爱。通过旅游利用，让这些文化持有人通过非物质文化遗产的开发获得了实实在在的经济利益、获得了社会的认同，为非物质文化遗产的传承培养了更多的群众基础；也赢得了年轻人青睐，有望破解非物质文化遗产后继乏人的传承之困。

第三节　武陵山片区非物质文化遗产旅游利用价值与评价

一、武陵山片区非物质文化遗产旅游利用价值

（一）审美观赏价值

武陵山片区非物质文化遗产保存较好，且特色鲜明，具备非物质文化遗产旅游利用的良好基础。其中的传统美术、传统技艺、表演艺术、民族服饰等，是历史上不同时代、不同民族人民劳动和智慧的结晶，具有浓厚的地方风格和鲜明的特色，具有很高的审美观赏价值。

武陵山片区的土家族是一个能歌善舞、擅长挑花织绣的民族，特别富于民族的审美情操，土家族的非物质文化遗产就是其审美情操的载体。土家族

在众多的民族节日和民俗事象中，总以歌乐相庆。即使在敬神、祭祀、跳丧等活动中，也以歌乐娱神。所以，歌乐是土家族文化、习俗等的重要组成部分。而歌乐中最有特色的，就是古朴典雅、别具一格的"摆手舞""毛古斯""梯玛神歌""撒叶儿嗬""薅草锣鼓""哭嫁歌"等非物质文化遗产，它们充分体现了土家族是一个具有高度审美情操的民族。同时，土家族的民族审美情操除能歌善舞之外，还特别表现在土家姑娘几乎人人都会挑花织绣上。土家姑娘织绣的"西兰卡普"，绚丽多姿，而且每种花纹图案都富有独特的民族魅力和审美情趣。

（二）文化旅游价值

武陵山片区非物质文化遗产承载着区域民族的文化基因，体现特定地域内人们适应自然、乐观生活的智慧与独特的审美情趣。通过对非物质文化遗产的欣赏和理解，可以最大程度的领略地方民间文化精华，把握地方文脉，深入体验地方文化。没有文化内涵的旅游地是没有生命力的，从某种程度上说，非物质文化遗产旅游产品给游客带来的就是一次对异域文化的体验过程。以山歌、傩戏、苗鼓、吊脚楼、银饰、花灯等为代表的武陵山片区非物质文化遗产源远流长、丰富多彩，它植根于巴楚文化沃土，还吸纳了不同地域文化的精华，形成了自己独特的风格，其神秘之美体现了深厚的武陵山区域文化特色，具有深厚的文化旅游价值。

（三）参与体验价值

武陵山片区的非物质文化遗产是动态的、鲜活的，富于情趣和知识性，将其开发为旅游产品，游客不仅可以观赏这种异域文化，而且可以参与其间，从亲身体验中获取知识、获得精神的愉悦。如湖南湘西龙山县惹巴拉村的土家织锦制作工艺体验，从欣赏各具特色的土家织锦作品、织锦编制技艺到参与织锦制作，可以满足游客猎奇的心理、体验的欲望和参与的乐趣。

（四）休闲娱乐价值

旅游者外出旅行，其中一项重要的需求就是谋求身心的放松和休闲娱乐。而产生于民间的非物质文化遗产如民俗舞蹈、戏曲艺术以及一些民俗节庆活动具有强烈的娱乐性、观赏性，休闲娱乐的特质明显。现代旅游业的开发过程中，几乎每个旅游目的地都拥有一台反映地方特色的歌舞晚会，这台晚会往往将当地的戏曲艺术、民族歌舞、神话传说等非物质文化遗产的内容融汇其中，让旅游者享受一餐视觉、听觉、乃至味觉的文化饕餐盛宴。旅游者在这种旅游活动形式下极易受到感染，往往产生较强的参与渴求，旅游者也在这种非常态化的文化情景中获得包括身心、情感乃至智力的深刻体验，获得心理的满足和精神的愉悦，实现了旅游者在旅游活动过程中休闲娱乐的目的。正是非物质文化遗产具有开发为旅游产品的强大的休闲娱乐功能，近年来武陵山片区旅游目的地开发出了以本地非物质文化遗产为核心的若干旅游演艺，如"张家界—魅力湘西""天门狐仙—新刘海砍樵"等。

（五）购物经济价值

武陵山片区的非物质文化遗产有大量商品型旅游资源，此类旅游资源符合大众旅游需求，能够激发旅游者的兴趣和购物欲望，具有较高的旅游经济价值。如苗族银饰、土家织锦、侗锦、踏虎凿花等传统技艺类、传统美术类等非物质文化遗产，具有浓郁的地域特色，非常适合开发成旅游商品。武陵山片区通过对这种传统技艺的原生态旅游开发，将传统工艺品进行重新设计包装使之成为旅游商品，不仅能提高旅游地的知名度，而且能为当地产生巨大的经济效益。目前我国许多旅游目的地都把利用和开发"非遗"的经济价值作为推动非遗保护和传承的手段，使旅游化生存成为非遗保护、传承的一种重要模式。

由此可见，武陵山片区非物质文化遗产具有很好的旅游利用价值。当然，在旅游利用过程中由于过分追求旅游经济效益，产生了对某些非物质文化遗产不利和消极的影响，如文化的商品化、文化舞台化和庸俗化等。但我们应该清晰地认识到，非物质文化遗产的旅游利用，是实现非物质文化遗产价值的一项重要手段，旅游利用本身不是造成这些消极影响的根本原因所在，而是实现非物质文化遗产的旅游产品过程中的认识误区及其方式方法所造成的。我们不能因为非物质文化遗产旅游利用过程中带来的对文化一系列的负面影响，从而否定非物质文化遗产的旅游利用，更不能将这些非物质文化遗产一味地封存。事实上，武陵山片区某些传统的非物质文化如某些民间歌舞、手工艺在现代社会和高科技的冲击下，正面临消亡的危险，只有让这些传统的非物质文化遗产在新时期被赋予新的生命力，注入新的旅游经济价值，才能让这些非物质文化遗产被人们自觉自愿地传承，非物质文化遗产才可能得到有效的保护。

二、武陵山片区非物质文化遗产旅游利用价值评价

非物质文化遗产与旅游的关系极其密切。然而，不是所有的非物质文化遗产都能成为旅游资源。只有那些具有旅游开发潜力的非物质文化遗产才能

成为旅游资源。这就要求我们构建武陵山片区非物质文化遗产旅游开发潜力的评估指标体系及确定指标的权重，从而应用到对具体某种或某类非物质文化遗产中进行评价。鉴别出哪些非物质文化遗产最适合于文化旅游利用，哪些非物质文化遗产不被鼓励用于旅游活动，以及哪些非物质文化遗产虽可以将旅游作为一种选择但是需要慎重管理的。

国内学者有关非物质文化遗产旅游利用评价主要从定性和定量两个角度展开研究。其一，研究早期主要以定性方法为主。陈金华、庄智斌（2007）采用 RMP 分析模式，从资源、市场和产品等三方面进行了非物质文化遗产旅游开发研究。肖刚等（2008）在分析非物质文化遗产旅游价值构成的基础上，进一步就非物质文化遗产的旅游现状、影响因素、旅游开发措施等进行了分析。顾金孚、王显成（2008）就非物质文化遗产旅游资源价值评价体系进行了研究，评价指标包括非物质文化遗产的旅游开发价值、遗产影响力、遗产开发潜力、遗产生态敏感度、遗产旅游开发条件。其二，2009 年后主要采用定量评价方法。苏卉（2010）采取多层次灰色综合评价的方法来展开评价工作，研究构建了非物质文化遗产旅游价值的多层次灰色评价模型，并进一步结合河南三处非物质文化遗产展开实证研究。陈炜、陈能幸（2011）针对我国西部地区非物质文化遗产旅游资源的特点，根据民俗学、经济学、旅游学等理论建立评价指标，运用德尔菲法由专家对指标进行筛选，采用层次分析法建立了非物质文化遗产旅游开发适宜性评价体系。评价体系由 4 个层次构成，A 层为目标层，B 层为评价综合层，包括开发潜力、开发条件、利益相关者因素、开发效益 4 个指标，C 层为评价项目层，由 11 个指标构成，D 层为评价因子层，由 33 个指标构成。

（一）武陵山片区非物质文化遗产旅游开发价值评价体系

彭小舟（2009）通过大量的文献阅读，初步提出了 39 个次级指标。再通过三轮专家问卷、游客和市民问卷调查以及 SPSS 社会统计学软件，运用菲尔特法和因子分析法，对指标进行反复筛选和修正，建立了由利益相关者因素、旅游产品开发因素、遗产价值因素和遗产承载力因素四个因素构成的非物质文化遗产旅游开发价值评估的体系，并最终确定了 29 个二级指标和各自权重，以此来评估非物质文化遗产的旅游开发价值。彭小舟构建的非物质文化遗产旅游开发价值评价体系比较科学，操作性强，因此，武陵山片区非物质文化遗产旅游开发价值评价采用此体系。

表 5.1　非物质文化遗产旅游开发价值评估指标体系

一级指标	二级指标	权重	一级指标	二级指标	权重
利益相关者因素（0.359）	1. 遗产给当地居民带来了利益	0.132	遗产价值因素（0.231）	18. 艺术价值	0.178
	2. 遗产目前的开发状况	0.130		19. 历史文化价值	0.174
	3. 政府是否采取修复措施	0.127		20. 规模丰度和活动频度	0.153
	4. 与其他旅游项目的组合状况	0.127		21. 游客可以感受到遗产全貌的程度	0.137
	5. 游客意向度	0.125		22. 政府是否有恰当的管理规划或政策	0.134
	6. 遗产的地域独特性	0.121			
	7. 高参观率对遗产本身消极影响	0.121		23. 遗产保存完好程度	0.115
	8. 高参观率对当地社区生活方式和文化传统的消极影响	0.120		24. 遗产的知名度	0.110
	9. 遗产的艺术独特性	0.117	承载力因素（0.137）	25. 遗产的研究状况	0.265
旅游产品开发因素（0.273）	10. 传承内容的变异程度	0.100		26. 传承者的存续状况	0.276
	11. 是本区其他旅游产品的补充	0.145		27. 遗产的记录和储存	0.265
	12. 遗产能否提供文化体验	0.124		28. 游客保护和尊重遗产的意识	0.260
	13. 周围环境与之协调程度	0.119		29. 居民的保护意识	0.194
	14. 从市中心到该遗产的交通状况	0.150			
	15. 与旅游相配套的设施状况	0.140			
	16. 遗产有相应的物质载体或空间载体	0.117			
	17. 遗产的适游期长度	0.108			

（二）武陵山片区非物质文化遗产旅游开发价值评价模型

　　确定非物质文化遗产的旅游利用价值不仅仅需要对市场吸引力的评估，还需要对遗产能够应付旅游者的能力及其承载力做出评估。彭小舟（2009）在构建非物质文化遗产旅游开发价值评价体系后，又构建了评价模型。模型主要从市场吸引力和承载力两个基本尺度评价非物质文化遗产的开发潜力，两者缺一不可，如果只有吸引力，游客不一定来参观；如果不对遗产进行恰当的管理和保护，旅游者可能会损害遗产。通过选取 29 个指标来构成市场吸引力—承载力矩阵，非物质文化遗产的市场吸引力和承载力评价分为低度、中度和高度，分值越高，表示市场吸引力越大或者承载能力越强。

　　市场吸引力—承载力矩阵模型是以市场吸引力（利益相关者因素和旅游产品开发因素）为横坐标，承载力（遗产的价值因素以及承载能力相关因素）为纵坐标，组合形成的二维空间矩阵。根据遗产在矩阵中的位置，将其分为四种类型：A1，A2 代表了具有高市场需求和中高承载能力，适宜大型

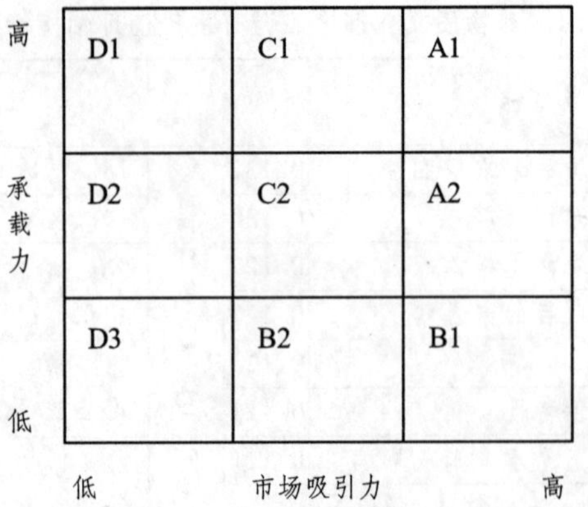

高	D1	C1	A1
承载力	D2	C2	A2
低	D3	B2	B1

低　　　　市场吸引力　　　　高

图 5.1　市场吸引力—承载力矩阵模型

旅游活动；B1，B2 代表了具有中高市场需求和低承载能力的类型，旅游者很有兴趣访问这些遗产，但是由于遗产自身的脆弱性，面对高强度旅游，它的承载力有限，因此，此类型遗产的管理应确保游览不损坏遗产的文化价值；C1，C2 代表了具有中高承载能力和中等市场需求的类型，此类型遗产应采取恰当的途径开发遗产的市场潜力，但同时应注意遗产保护和对游客的管理；D1，D2，D3 代表了低市场需求的遗产类型，即这类遗产目前不应该进行旅游开发。

模型应用步骤：根据表 5.1 建立的评估指标体系中的指标和权重，算出遗产在市场吸引力和承载力两个方面的得分，从而可以在区间内找到遗产对应的点，从点分布的区间可以看出遗产属于 A、B、C、D 四种类型中的某种。根据遗产的所属类型提出有针对性的保护性开发决策指导。

第六章　武陵山片区非物质文化遗产旅游利用

第一节　武陵山片区非物质文化遗产旅游利用理论基础

一、文化生态学理论

文化生态学（Cultural Ecology）是一门将生态学的方法运用于文化学研究的新兴交叉学科，是研究文化的存在和发展的资源、环境、状态及规律的科学。

1955 年，美国学者 J. H. 斯图尔德最早提出了文化生态学的概念，指出它主要是"从人类生存的整个自然环境和社会环境中的各种因素交互作用研究文化产生、发展、变异规律的一种学说"（司马云杰，1987）。

文化生态学主张从人、自然、社会、文化的各种变量的交互作用中研究文化产生、发展的规律，用以寻求不同民族文化发展的特殊形貌和模式。

"文化生态学"的概念主要源于"生态学"一词，该词是 19 世纪 70 年代由德国生物学家 E. H. 海克尔提出的，用以研究文化与整个环境生物集的关系。1955 年，美国文化人类学家 J. H. 斯图尔德首次提出"文化生态学"的概念，倡导建立专门学科，以探究具有地域性差异的特殊文化特征及文化模式的来源。此后，文化生态学为越来越多的人类学家和生态学家所重视，逐渐形成一门新的学科。

文化生态学的理论和概念主要是用来解释文化适应环境的过程。它认为，人类是一定环境中总生命网的一部分，与物种群的生成体构成一个生物层的亚社会层，它通常被称作群落。在这个总生命网中引进文化的因素，在生物层上建立起一个文化层。两个层次之间交互作用、交互影响，它们之间存在一种共生关系。这种共生关系不仅影响人类一般的生存和发展，而且也影响文化的产生和形成，并发展为不同的文化类型和文化模式。

文化生态学认为，文化不是经济活动的直接产物，它们之间存在着各种各样的复杂的变量。受山脉、河流、海洋等自然条件的影响，不同民族的居

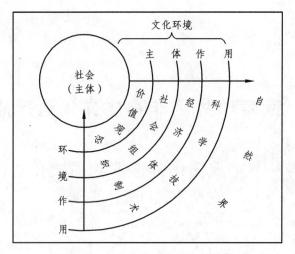

图 6.1 文化生态系统结构模式图

住地、环境、先前的社会观念、现实生活中流行的新观念，以及社会、社区的特殊发展趋势，等等，都给文化的产生和发展提供了特殊的、独一无二的场合和情境。文化生态学主张从人、自然、社会、文化的各种变量的交互作用中研究文化产生、发展的规律，用以寻求不同民族文化发展的特殊形貌和模式。斯图尔德把文化生态学的研究方法看作是真正整合的方法，认为如果孤立地考虑人口、居住模式、亲属关系结构、土地占有形式及使用制度、技术等文化因素，就不能掌握它们之间的关系及与环境的联系；只有把各种复杂因素联系在一起，进行整合研究，才能弄清楚环境诸因素在文化发展中的作用和地位，才能说明文化类型和文化模式怎样受制于环境。

文化生态学除研究文化对于自然环境的适应外，更主要的是研究影响文化发展的各种复杂变量间的关系，特别是科学技术、经济体制、社会组织及社会价值观念对人的影响。文化生态系统的结构模式如图 6.1 所示：与自然环境最近、最直接的是科学技术，它与自然环境强相关；其次是经济体制和社会组织；最远的是价值观念，与自然环境的关系显示出弱相关，它是通过经济体制、社会组织等中间变量来实现的。反过来看，对人的社会化影响最直接的是价值观念，即风俗、道德、宗教、哲学、艺术等观念形态的文化，二者表现出强相关；其次是社会组织、经济体制及科学技术；最远的是自然环境，它对人类的影响主要通过科学技术、经济体制、社会组织一类中间变量来实现。

二、社区参与旅游发展理论

"社区"是一个较为复杂的学术概念，自德国社会学家斐迪南·滕尼斯在 1881 年最早提出之后，至今在各种社会学文献中已经有百余种定义；而作为一个舶来语，"社区"在国内学界的滥觞也就是近十几年的事情。社区参与的概念最早于 1985 年由墨菲（Peter Murphy）在其著作《旅游：社区方法》一书中提出，对社区参与旅游发展的研究，国内外学者经历了一个从缺失到凸显的过程。尤其是近几年来，国内学者对社区参与的模式、社区参与旅游收益分配制度、社区增权、社区参与的动力机制、社区参与旅游开发与民族文化保护传承的关系等方面进行了理论探讨和实证研究，在一定程度上探索形成较为完善的社区参与旅游开发的理论框架体系。

社区参与旅游发展是指在旅游的决策、开发、规划、管理、监督等旅游发展过程中，充分考虑社区的意见和需要，并将其作为主要的开发主体和参与主体，以便在保证旅游可持续发展方向的前提下实现社区的全面发展。社区参与都是旅游业发展到一定程度的产物。在旅游业发展的最初阶段，社区的主体地位是被忽略的，社区参与是缺失的。旅游规划和旅游管理学科的研究目光往往集中于景区、旅游企业的规划和管理。以往的旅游区规划主要侧重对景观、景点的物质规划，而对社区居民考虑不够。这样的规划也缺少了当地居民和社区支持，致使规划的总体目标难以达成，规划也难以落到实处。同样，对旅游目的地或风景旅游区管理的研究，对社区及其居民的管理很少涉及，他们大多处于被忽略状态。而在实践中，大部分景区都牵涉到当地居民，处理好景区与社区居民的关系，成了开发商在旅游管理中不容回避的问题。以往的研究认为旅游开发对当地社会文化环境的影响程度取决于旅游者与居民的交流（交融）程度，而旅游者与社区相互作用的形态、领域和持续时间是决定当地文化变迁的关键指标。但对于社区旅游目的地而言，景区的管理、居民参与旅游的程度和方式才是最关键的因素。至此，社区及其居民成为旅游发展中的重要因素，对社区参与的分析和探讨开始重视起来，社区的主体地位也得以凸显。这种研究视角的转换尽管在一定程度上体现了人文关怀的理念，但更是社区与各种力量博弈的结果。事实上，没有人天生愿意关注到弱势群体，除非有用，要么是有正向作用，要么是有反向阻力。当社区意识到自己社区生活本身是一道展示给游客看的重要景观，而社区的需求却被长久忽略时，社区的反抗和抵制心理便油然而生，这是社区参与产生的诱因之一。出于对自身利益的考量，强势群体开始给予社区参与旅游发展的机会。研究者出于对关怀弱者和保持旅游可持续发展的双重思考，开始深入研究社区参与。

国内外对社区参与旅游发展的研究主要有如下内容或观点：①在《旅游业 21 世纪议程》等文献中，多数将社区参与视为一种民主化的决策过程。

在这一过程中，居民面对行使公民权的机会、责任和实施自我管理的机会。②社区参与旅游发展的分类。Pretty（1995）提出社区参与有 7 个层次，即象征式参与、被动式参与、咨询式参与、因物质激励而参与、功能性参与、交互式参与、自我激励式参与。Inskeep（1993）在旅游业社区参与的一些案例研究中表明，社区参与表现为象征式参与、被动参与和伪参与。提出发展中国家目前的社区参与多数停留在咨询式参与和象征式参与这两种形式上。③强调社区参与在旅游规划中的作用，并强调社区参与对旅游目的地发展的重要性。如目前理论界较多提倡旅游规划过程中的社区参与，包括世界旅游组织所编写的旅游规划指南中也多次提及以社区为基础的旅游规划方法。④从代内公平或收入公平分配的角度来理解社区参与，社区参与被认为可以使居民获得更多的收益。⑤研究了社区参与旅游发展存在的诸多障碍。此外，一些研究认为，社区参与主要体现在参与旅游地的发展决策和参与旅游收益分配两方面。

三、"前台、帷幕、后台"理论

"前台、后台"的理论，最初是美国社会人类学家马康纳（Dean Mac-Cannell）将社会学家戈夫曼（Erving Goffman）的拟剧论（Dramaturgical Perspective）大胆地演绎到研究旅游活动及研究旅游与现代性关系的尝试。戈夫曼把社会结构比作一个大舞台，并提出了"前台"（The front stage）与"后台"（The back stage）的理论。"前台"指演员演出及宾客与服务人员接触交往的地方，针对陌生人或偶然结识的朋友的行动叫"前台"行为；"后台"指演员准备节目的地方，这是一个封闭性的空间，只有关系更为密切的人才被允许看到"后台"所发生的一切，它是不能向外人随便展示的。

马康纳的理论告诉我们：在旅游开发中，由于东道主将他们的文化（包括他们自己）当作商品展示给游客，从而导致东道主社会生活真实性的"舞台化"。前台与后台是一种以某一地点的社会表演和社会角色为基础的社会整体。游客希望分享参观地的真实生活，或至少看到真实的生活方式，但是，并非所有的游客都注意观察参观地幕后（后台）的东西，也并非所有的游客都有机会观察到后台的东西。

戈夫曼与马康纳的"前台、后台"理论，为我们寻找文化保护的新途径带来了启示。前台是目的地社区居民展示、表演的空间，旅游目的地通过民族文化展示、表演，让游客了解民族文化，参与到文化互动中去，对民族文化进行体验。但这些展示、表演、体验实际上都是对民族文化的"走马观花"，是表象化的认知，是文化的快餐化。因为在前台，东道主社会生活的真实性已经"舞台化"，游客所见所闻，都出自东道主的表演，而不是东道主的真实生活。一方面，游客通过分享民族文化的快餐，在短暂的时间内了解了东道主文化，体验到了东道主文化；另一方面，前台只有通过这一方式才能接待大规模的、源源不断的游客，促进当地经济的发展。

杨振之（2006）认为如果让旅游目的地社区全部打开大门，毫无屏障地迎接游客的到来，那么，整个社区都成为了前台，东道主社会生活的真实性也就没有了存在的空间，文化的存续将会出现严重的危机。也就是说，旅游目的地发展旅游业，是要有所限制的，是要有个度的。为了不让前台的商业浪潮席卷整个旅游目的地社区，为了使东道主社区的文化形态有一个保留其原生性的空间，需要设置一道屏障，那就是帷幕。帷幕，是前台与后台之间的一个"缓冲区"，它是前台与后台的过渡空间，其功能类似于舞台上的帷幕。它将前台与后台分割，它封闭了后台，使后台更加神秘，同时也保护了后台。"缓冲区"是一个象征，其空间范围根据实际需要可大可小。帷幕是一个文化过渡区，是后台的缓冲空间和保护性空间，是后台的屏障。帷幕是一个商业文化空间和原生文化空间的文化"过渡区"，在这个"过渡区"里，文化的商业化逐渐减弱，文化的真实性逐渐增强；帷幕又是一个旅游开发的"缓冲区"，从旅游开发强度上讲，帷幕的开发强度是介于前台和后台之间的，在这个"缓冲区"里，实行有控制性的开发，大规模的建设是不允许的，这样使其文化形态和社区的社会生活基本保持原貌，没有大型的宾馆、购物、娱乐设施，只有旅游功能上必需的设施；此外，帷幕是保护后台的屏障，游客进入帷幕区不以损害生态容量、经济容量、心理容量为前提，虽然大众游客是可以进入的，但游客的行为受到较严格的限制，东道主社区的行为也受到制约，商业化的表演受到严厉禁止；从经济形态上讲，帷幕区照样发展旅游业，只不过原有的生产方式、生活习俗也不会因为发展旅游业而过多地加以改变，是传统产业和旅游业并重的一个区域，它不像前台，居民从事耕作都可能是为了表演。所以，如果说前台是高强度发展旅游业的区域，后台是受到保护的民族文化的原生地，帷幕就是前台的文化商业空间与后台的文化原生空间的过渡性空间。旅游业发展所带来的商业化热浪在帷幕区得以大大缓解。帷幕的屏障功能，阻止过度的商业化热浪席卷后台，它让后台的原汁原味的文化得以留存，使后台的文化得以保护。

后台一般情况下秘不示人，只有与后台相关或后台允许进入的人才能进入后台。后台是供游客基于"凝视"（gaze）的态度去审视民族文化的场域，即游客融入到社区中去，在凝视和融入中，发现民族文化的真正价值。游客与社区居民的相互"凝视"反而会带来东道主民族文化的"自醒"，带来民族文化精神的复兴。但这需要游客与当地居民的凝思和沉静，不再需要前台的热闹和喧嚣。前台与后台是两种类型的文化展示空间，前台是文化的"实验区"，后台是文化的"核心区"，旅游者在这两类空间中会有区别明显的两类体验方式、参与方式和游览方式，这对旅游经营者和当地居民来说也会有不同的效益。

这样，旅游目的地社区就形成了"前台、帷幕、后台"的新的理念模式，并将对旅游开发系统产生巨大的影响，该模式对旅游地的功能空间进行了与以往理论不尽相同的阐释，其关系如图 6.2 所示：

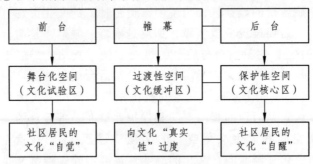

图6.2 "前台、帷幕、后台"模式图

四、原真性理论

"原真性"一词起源于中世纪欧洲，在希腊语和拉丁语中有"权威的"（Authoritative）和"原初的"（Original）含义。20 世纪 60 年代，原真性被引入遗产保护领域。1964 年制定的《威尼斯宪章》曾指出"人们越来越意识到人类价值的统一性，并把古代遗迹看做共同的遗产，认识到为后代保护这些古迹的共同责任，将它们真实地、完整地传下去是我们的职责"。1994 年 12 月，在日本古都奈良通过的《关于原真性的奈良文件》是有关原真性问题的重要国际文献，它肯定了原真性是定义、评估和监控文化遗产的一项基本因素。

"原真性"一直是遗产保护研究和旅游研究的热门话题，但两个领域关注的视角不同：遗产保护研究强调原真性是衡量遗产价值的标尺，也是遗产保护的关键；而旅游研究则强调主体对客体"真""假"的辨别及其体验效果。透过非物质文化遗产旅游开发的现实，出现了类似莎士比亚悲剧《哈姆雷特》中经典性追问："开发还是保护？建设还是破坏？传承还是发展？"这种看似二律悖反的现实，让我们陷入了两难境地：一方面需要旅游为非物质文化遗产的原真性保护搭建平台和提供市场支撑，需要开发非物质文化遗产旅游产品来满足旅游者原真性的文化旅游需求；而另一方面旅游活动的开展又对非物质文化遗产的原真性造成了冲击，旅游者的原真体验也受到了影响。在旅游研究中找出一种与非物质文化遗产旅游开发相契合的原真性理论，并基于这一理论对其进行解读，探寻其合理有效的运用，是解决这一两难困境的现实所需。

旅游研究领域的原真性概念经历了从重视旅游客体的原真性到强调旅游主体原真体验的演进历程，形成了四种理论流派，即客观主义原真性、建构主义原真性、后现代主义原真性和存在主义原真性。四种理论对旅游客体原真性和旅游主体本真体验的重视程度不同，其中，建构主义原真性是对客观主义原真性的修正，既关注旅游客体的原真性，也强调旅游主体的自身差异会带来不同的体验。

追溯建构主义的哲学基础要从十七到十八世纪意大利著名哲学家维柯（Giambattista Vico）谈起，他在《新科学》一书中指出人类历史的进程是社会文化各个方面相互联系、相互作用的有机进程，"真理就是创造"，认为人类史是人类自己创造的。此后，杜威的"实用主义"、库恩的"范式理论"、皮亚杰的"发生学结构主义"及罗蒂的"反表象主义"都为建构主义的产生与发展提供了思想渊源。而皮亚杰的发生认识论与维果茨基的心理发展理论也成为建构主义的重要心理学基础。尽管建构主义又分为不同的派别，各个流派的观点不尽相同，但在与客观主义的差异上它们的观点基本一致，即可归结为，人们对客观世界的认识并非是客观现实在人脑中的直接投射，而是经过认识主体建构之后的样子。

建构主义原真性理论认为：不存在一个独立于人的思想行为和符号语言之外的先验的、"真实的"的世界，绝对客观的、静态的起源或"原物/原作品"是不存在的，因而没有一种"原物/作品"意义上的绝对真实。社会是人创造、建构的，事物表现为真实，并不是因为它们生来就是真实的，而是因为人们依据观念、信仰、权威等将它们建构成那样。因此，建构主义学者关注人在建构旅游客体特征时所起的作用，真实可以界定为客体所表达的一系列社会建构的、象征的含义，是解说和建构的结果。对于旅游目的地的不同文化和民族来说，原真性是旅游客源输出地的游客基于其期望甚至刻板印象对旅游目的地旅游产品所贴上的一种标签。在效果上，旅游者确实在寻找原真性，但他们寻找的不是客观的原真性，而是社会建构的原真性。旅游目的或其他事物作为原真性被体验不是因为他们是原物或真实的，而是因为他们作为标志或原真性的象征被认识到。即使曾经是不真实的事物，随着时间的推移，在经历了一个"突现的真实"过程后会被重新定义为真实。因此绝对真实是不存在的，真实是建构的结果。

建构主义原真性理论还认为：真实或不真实是一种人们看待、解释事物的主观结果，即真实性是"一种被认知的真实性"，是一个构建和赢得旅游者认可的动态过程，而旅游者旅游经历的真实与否重要的是"整体的游客体验"以及这种体验之于个体旅游者的意义。不同的旅游者具有不同的体验追求，对自我体验质量的评价取决于旅游者个人的心理标准，只要他满足于眼见为"实"，这种"真实"就是他想要的"真实"。因此，建构主义者认为旅游客体的真实性是观察者赋予其上的价值或评价。但不同的旅游者有着不同的知识背景、旅游经历和期望，因此，有必要从建构的角度丰富真实性概念的涵义，体现出多元化。建构主义真实性观点不仅实现了"真实性"概念的重大突破，而且比较科学地解释了旅游活动带来的舞台化、文化商品化与真实性的关系。建构主义者认为舞台化、商品化并不一定会破坏文化的真实性，并大胆地提出舞台化、商品化会不断地为地方文化注入新的活力，成为民族身份的标志，成为当地人在外来公众面前自我表征的工具。商品化、舞台化的产品所体现的某些突出的当地特征会使旅游者认可该产品的真实性，并满足旅游者的期望。因此建构主义原真性理论提出建构性真实是相对的、多元化的。

五、文化再生产理论

"再生产"是法国著名的社会学家皮埃尔·布迪厄在 20 世纪 70 年代初提出的一个概念，并在他后来的一系列论著中得到进一步细化和完善。布迪厄试图用"再生产"概念表明社会文化的动态过程，一方面，文化通过不断的"再生产"维持自身平衡，使社会得以延续；另一方面，被再生产的不是一成不变的文化体系，而是在既定时空之内各种力量相互作用的结果。文化以再生产的方式不断演进，推动了社会、文化进步。

布迪厄的文化再生产理论是他的"实践"理论在社会文化研究领域的应用。布迪厄承认文化对行动、行动者的强大影响，但同时也指出文化的制约力有范围限度，人们在实践中必然根据主观需要、客观条件对文化有所继承、发展。因而，从一定意义上来说，文化也是人们不断再生产的"产品"。为了说明结构与行为如何相互作用，布迪厄提出"惯习""资本""场域"等概念。布迪厄把惯习定义为"被构造的和进行构造的意愿所构成的系统—惯习是在实践中形成的，并且总是取向于实践功能"。布迪厄使用的"资本"概念，意义上接近于"权力"（依赖掌握某种资源而拥有）。布迪厄把资本分为社会资本、文化资本、经济资本和符号资本等，它们之间有区别又相互作用、相互转化，并由此形成了"场"内的运动，以及"场"与"场"之间的联系。"资本"的概念与"场"的概念联系起来时，就显示出它的解释力。"场"是布迪厄进行关系分析时使用的一个概念。他曾简要地把"场"概述为"由不同位置之间的客观关系构成的一个网络，或一个构造"。布迪厄以"场"作为一个基点，分析社会文化动态变迁的过程。

正是"场域""资本""惯习"这三个概念在实践行动中的相互影响、相互转化而构成了文化的运作与更新。透过文化再生产理论，我们可以更深入地了解文化的实质，即文化是动态的，不断发展的，是一个处于不断再生产的过程。因此，运用文化再生产理论研究旅游演艺场域中非物质文化遗产的文化再生产具有积极的意义。

第二节　武陵山片区非物质文化遗产旅游利用原则

一、保护与利用并重的原则

旅游是对非物质文化遗产开发利用的一种方式，我们在开发利用的同时应当履行保护的义务实践中，两者之间很难达到和谐，旅游的利用不断威胁着保护，演化成保护和利用的矛盾。由于非物质文化遗产具有稀缺性、脆弱性和不可再生等特点，保护第一是管理遗产重要原则。从保护非物质文化遗产公约名称的表述上就可以看出，保护第一是联合国教科文组织和世界各国都强调的理念。因此，对非物质文化遗产的评估当然也要体现保护第一的理念，或者说，要激励旅游开发者在组织管理非物质文化遗产过程中保护优先的行为。

非物质文化遗产是人类社会在长期历史前进中所积累的巨大财富，但是，随着现代社会步伐的加快，外来文化的浸透，这种一般经由口耳、形体传播的方式，随着老艺人们的退出、减少，这类遗产面临比自然和物质遗产更艰难的处境。要想利用开发人类口头和非物质文化遗产，为旅游经济服务，首先应该挖掘、遴选本地区的人类口头和非物质文化遗产，保护好人类口头和非物质文化遗产；然后才能开发利用，推选出本地区的特色旅游资源。保护和抢救非物质文化遗产，是开发、利用旅游资源的前提，没有保护的利用是掠夺性、破坏性的利用。此外，没有抢救即将消亡的非物质文化遗产的先决条件，开发和利用非物质文化遗产旅游资源也就等于一纸空文。《中华人民共和国非物质文化遗产法》第三十七条规定："国家鼓励和支持发挥非物质文化遗产资源的特殊优势，在有效保护的基础上，合理利用非物质文化遗产代表性项目，开发具有地方、民族特色和市场潜力的文化产品和文化服务。"因此，开发利用非物质文化遗产发展旅游经济，在遵循保护与开发的原则时，一是要进一步认识非物质文化遗产的历史文化价值和经济价值，逐步形成全社会保护的自觉性意识；二是各级政府和旅游部门要将对其保护摆在旅游利用的重要议事日程，要重视对其保护；三是要眼光长远一点，不能因为眼前的经济利益，而忽视对资源的可持续利用和保护，导致重利用，轻保护，甚至开发型破坏的结果；四是政府要针对旅游活动中如何正确利用非物质文化遗产资源尽快出台相应的政策和法规。

二、独特性与文化性互补的原则

非物质文化遗产是一种文化传递，以它为资源来开发的旅游，则是围绕文化现象而展开的文化旅游活动。因为其文化性，能给旅游者带来文化的享受，能使旅游者处处感受到一个地区、一个民族的独特文化。因此，武陵山片区在开发利用非物质文化遗产旅游时，首先要寻找、发掘和利用其特色。因为鲜明的独特性是旅游资源的生命力所在，只有通过对它原有的特色加以保持，并使其原有特色更加鲜明和有所创新和发展，对旅游者来说才越独特，对旅游者的吸引力也才越大。但有的开发者缺乏对非物质文化遗产原有特色的准确把握，盲目开发和复制，丧失了祖先传承的原始韵味和文化底蕴。武陵山片区在开发利用非物质文化遗产旅游资源时，在建设旅游项目时，一定要高度重视其文化内涵，并结合本区域脱贫奔小康的目标，充分利用优秀的有独特价值的非物质文化遗产，对武陵山片区"生生不息"的民族精神发扬创新，达到一定水平和品味。从而实现其充分的互补，使其独特性与文化性进行高度的统一、完美的结合。

三、社会效益与经济效益双赢的原则

开发利用非物质文化遗产，以非物质文化遗产这一古老而独特的文化现象在旅游业中发展、流传，从而提高武陵山片区旅游经济发展水平，这是利用非物质文化遗产在经济建设中的具体体现。旅游业作为新世纪的支柱产业之一，但不能简单地以经济效益来衡量，因为发展非物质文化遗产旅游业，是一个文化含量非常高的旅游形式，在考虑实现经济效益的同时，一定要将社会效益和经济效益放在一起来考虑。通过对非物质文化遗产的利用开发，在观赏、娱乐、体验中促进人们在道德、知识、审美等方面的能力，激发人们的爱国热情，促进精神文明建设，增进各民族、各区域间的了解，从而获得良好的社会效益。因此，武陵山片区在开发利用非物质文化遗产发展旅游时，一是不能片面追求经济效益，使传统的非物质文化遗产在开发中完全商业化和庸俗化，不能歪曲非物质文化遗产的特征及赖以生存的历史背景，而盲目效仿，甚至把一些不健康的、迷信的陋习而当作本地的特色大肆宣传。所以在开发利用非物质文化遗产发展旅游经济，不能为了片面追求赢利，而一味地迎合部分游客的需求，把一些低级趣味的，甚至不健康的、腐朽的民间糟粕开发出来。这就违背了社会主义市场经济原则，与社会主义精神文明要求所背离。二是在利用非物质文化遗产这一重要的旅游资源时，不能与一般的生产资源等同，不能按一般的市场要素来考虑增值，不能只图眼前利益，要以可持续发展的思想来指导其工作。

第三节　武陵山片区非物质文化遗产旅游利用模式

一、旅游演艺模式

从本源来看，旅游演艺是在民族歌舞表演基础上产生的。民族歌舞艺术是民族文化中一种综合性较强的表现形式，它和民族的日常生产生活密切相关，通过音乐、舞蹈、服饰等物质载体将民族文化中包括风俗民情、历史文化、观念信仰等内涵外化出来。同时，作为一种艺术形式，民族歌舞本身就具有欣赏、娱乐价值。随着民族歌舞表演搭上旅游业这条快行车道，依托旅游这个平台逐渐将其舞台由剧场转入旅游景区、景点。打造各种旅游项目，其也就转型为一种新型的旅游产品，是一种民族文化的表现形式。这就是旅游演艺的雏形。1982 年 9 月，陕西省歌舞剧院推出《仿唐乐舞》表演，拉开了我国旅游演艺事业的序幕。不过，真正掀起旅游演艺热潮的还是由著名导演张艺谋执导的《印象·刘三姐》。这部 2004 年在桂林阳朔推出的大型山水实景演出，仅在 2009 年就演出了 497 场，观众达 130 万人次，收入逾 2.6 亿元，成为国内文化产业成功运作的典范，也由此引发了国内大型实景演出的热潮。《印象·丽江》《印象·西湖》《印象·海南岛》《印象·大红袍》等"印象"系列以及杭州的《宋城千古情》、河南嵩山的《禅宗少林·音乐大典》、开封的《大宋·东京梦华》等一批大制作、大投入、大规模的旅游演艺项目相继出现。被称为中国实景演出创始人的梅帅元说出了旅游演艺成功的奥秘，即文化与旅游的结合：文化的优势是内涵，旅游的优势是市场。《印象·刘三姐》的成功，是文化演出与热门旅游目的地的完美结合。旅游演艺一般取材于当地的历史文化，其中主要是非物质文化遗产。以非物质文化遗产为主要素材的旅游演艺有室内舞台剧和实景舞台剧两种类型。

实景舞台剧是国内最近几年比较流行的大型演出形式，指以天然的真实景观作为舞台或者背景的演出，演出主要以民族民俗文化、历史、传说等为主题，音乐、舞蹈、服装、演出和景观通常融为一体，效果宏大，震撼人心。从概念界定可以看出，演出的主题内容大多属非物质文化遗产范畴，而从实景舞台剧几个字眼来看，实景即依托的景区、景点，舞台剧也就是非物质文化遗产舞台化、载体化的表现形式。非物质文化遗产项目有很多种类，对于具有观赏性、审美性、互动性、体验性的项目，可在非物质文化遗产的内容上丰富，形式上更新，将其亮点整合、放大，加以活态化呈现（即舞台化和载体化），同时还可运用现代数字技术，以声光色电再现其神韵，让其走进旅游景区（即与物质文化遗产结合），成为我们文化娱乐生活中的一部分。实景舞台剧是基于著名风景名胜、非物质文化遗产（名文化）、名导演（名人）相组合的非物质文化遗产转型为旅游产品的模式，是最具创新意义的模式，也是通过实践证明了是能够带来巨大经济效益的转型模式。

目前武陵山片区这类开发中比较有代表性的有室内舞台剧《张家界·魅力湘西》和实景舞台剧《天门狐仙——新刘海砍樵》《夷水丽川》《印象武隆》等。

《张家界·魅力湘西》旅游演艺位于湖南省张家界市武陵源区，是"国家文化产业示范基地"，2010年10月列入"中国文化旅游重点项目名录"。《张家界·魅力湘西》以大湘西原生态的非物质文化遗产（见表6.1）为素材，对民族音乐、服装、道具等元素进行提炼升华，将非物质文化遗产与现代舞台之声、光、电技术完美融合，打造出了一台民族特色浓郁、观赏性强的旅游演艺产品。整台演出由"浪漫湘西""神秘湘西""快乐湘西""激情湘西"和场外篝火晚会组成，其节目《追爱》（原名《爬楼》）2012年荣登中央电视台春节联欢晚会。

表6.1 《张家界·魅力湘西》中涉及的非物质文化遗产项目

节目名称	项目名称	非物质文化遗产类型	遗产级别
火鼓	苗族鼓舞	传统舞蹈	国家级
追爱相思楼	瑶族民歌	传统音乐	国家级
追爱相思楼	瑶族长鼓舞	传统舞蹈	国家级
狂野毛古斯	毛古斯舞	传统舞蹈	国家级
柔情马桑树	桑植民歌	传统音乐	国家级
豪情合拢宴	侗族合拢宴	民俗	省级

续表 6.1

穿苗服	苗族服饰	民俗	国家级
大神梯玛歌	土家族梯玛歌	民间文学	国家级
情浓边边场	土家摆手舞	传统舞蹈	国家级
情定女儿会	土家族女儿会	民俗	省级
悲喜哭嫁歌	土家族哭嫁歌	民间文学	国家级
英魂归故乡	湘西赶尸	民俗	未定
篝火晚会	大庸武术硬气功	传统体育	省级

《天门狐仙——新刘海砍樵》是在张家界天门山举办的一场大型山水实景音乐剧。故事取材于湖南传统花鼓戏《刘海砍樵》，以此为基础进行了艺术再创造，演绎了一段感天动地、曲折动人的人狐之恋的故事。演出选址在天门山风景区山门口内至天门山顶的整条峡谷，峡谷全长约 5 公里，海拔高差达 1 100 米。主舞台建于山门口内的峡谷下端，整条峡谷两侧的数十座奇峰峻岭以及凌空高悬的天门洞，均成为主舞台的纵深背景。主表演台与峡谷、奇峰、森林、溪流飞瀑融为一体，共同形成一个纵深数公里、横宽和高差均逾千米的超级大舞台。整个舞台自然天成，矗立在神奇的天门山脚下，讲述一个传奇的故事。

大型天然溶洞实景舞台表演剧《夷水丽川》位于湖北恩施利川腾龙洞景区。《夷水丽川》的演出场地选择在腾龙洞旱洞内一个天然穹隆型溶洞大厅内。旱洞内终年恒温，常年温度在摄氏 18 度左右，冬暖夏凉；湿度适中，且透气条件好，没有一般洞穴的湿漉、沉闷之感。舞台依托溶洞穹隆大厅的边缘，采用投幕背景，配置简易土家建筑小品及洋溢土家文化气息的生产与生活用具，呈现出一种古朴、原始、自然、生态的环境氛围。环境奇特的喀斯特自然溶洞配合时尚、现代化的灯饰系统，给人一种神秘与神奇的环境氛围体验。《夷水丽川》集恩施土家族苗族自治州非物质文化遗产资源之大成，融民族文化遗产元素、音乐舞蹈、灯光、自然溶洞为一体，有机地将当地非物质文化遗产融入舞台艺术，坚持创新追求，使得这幕别开生面、贯通古今的大型原生态情景歌舞剧常演常新。《夷水丽川》为非物质文化遗产元素转型为喜闻乐见的旅游产品创造了天人合一的艺术载体，是世界上天然溶洞旅游开发成功的案例。《夷水丽川》包括 17 个节目（见表 6.2），涵盖了恩施自治州民间文学、民俗、传统技艺、传统音乐和传统舞蹈 5 个非物质文化遗产类别，并包括像《龙船调》这样顶级的非物质文化遗产资源，堪称为土家族非物质文化遗产活的博物馆。

表 6.2　《夷水丽川》中涉及的非物质文化遗产项目

剧情结构	节目名称	非物质文化遗产类型	遗产级别
序曲：焚香祭祖	武落钟离、盐阳夷水	民间文学	未定
上篇：白虎雄风（廪君化白虎）	盐阳女神	民间文学	未定
	巴氏禀君	民间文学	省级
	夷城悲歌	民间文学	未定
中篇：巴裔风情	狩猎舞	传统舞蹈	未定
	选夫、刀梯摘彩	民俗	未定
	吊脚楼、西兰卡普	传统技艺	国家级
	哭嫁、陪十姐妹	民间文学	国家级
	送亲	民俗	未定
下篇：龙船古韵	土家花灯	传统音乐	省级
	八宝铜铃舞	传统舞蹈	省级
	肉连响	民间舞蹈	国家级
	龙船调	传统音乐	联合国教科文组织推荐的世界著名民歌
	焰火草龙	民俗	未定
	毛古斯	传统舞蹈	国家级
	撒叶尔嗬	传统舞蹈	国家级
尾声：鼓鸣舍巴	篝火映红、鼓鸣舍巴（摆手舞）	传统舞蹈	国家级

　　非物质文化遗产在旅游演艺这个新场域中上演的并非传承人原真性的"文化再生产"，而是经过改编的舞台化、市场化的"文化再生产"。旅游演艺场域中非物质文化遗产再生产的价值主要是传播非物质文化遗产，扩大非物质文化遗产的影响力；以及激发非遗传承人、当地民众和整个社会对非物质文化遗产的自豪感，促进他们保护和传承非物质文化遗产自觉意识的形成。

二、社区旅游模式

　　"非遗"是存在于生活过程中的，是不脱离生活的"生活文化"。对其保护首先要立足于恢复它生活样式的本色。而在此基础上发展社区旅游，就成为"非遗"生活化生存的一种模式，社区旅游是非物质文化遗产生态旅游开发的必由之路。社区旅游是以社区为基础的一种旅游方式，其基本特征就是"旅游与社区的结合"。有三层涵义：其一，社区旅游是非物质文化遗产的原生态保护的有效途径，坚持非物质文化遗产与其所在的社区紧密结合起来，让非物质文化遗产有了"物质载体"，有利于其保护与继承；其二，社区旅游强调社区居民参与，非物质文化遗产是社区居民祖祖辈辈遗存下来的宝贵财富，特别要充分重视社区这一相对弱势的利益方，尊重社区参与的权利，让社区居民参与旅游开发和经营，使之成为非物质文化遗产旅游的活态部分；其三是要让社区居民分享非物质文化遗产旅游开发带来的成果，在相关的利益主体之间搭建合理的利益协调、责任承担和分配机制，重点是确保社区等相对弱势的利益群体能够参与到旅游发展的过程中，并能够从中获得收益，使得保护与开发形成良性互动。

社区旅游，既促进了"非遗"的延续和传承，同时也满足了当代旅游者对文化真实性的追求。更为重要的是，它能够使传统地区的社区居民实现生活富裕，享受到现代物质文明所带来的幸福生活。非物质文化基本是"活态"的，保护非物质文化，不能停留在"记忆工程"和收藏实物的层面上，最重要的是能够创造一种非物质文化的现代生存方式，使其能够通过自己的方式生存、发展下去，而不是只依靠政府和社会的救济、供养才能够存活——靠救济、供养生存实际上是一种消极的保护方式，而创造一种新的生存方式让其能够自己生存和发展才是真正意义上的积极保护，才能够起到根本性保护的目的。相比之下，"旅游化生存"实际上就是一种能够从根本上解决"非遗"生存方式的保护、传承模式。

社区旅游是武陵山片区非物质文化遗产旅游利用的主要形式之一。现在湖南吉首德夯苗寨、龙山惹巴拉村和永定区王家坪镇石堰坪村等就是非物质文化遗产社区旅游的典范。社区旅游模式和文化生态保护实验区建设相结合，既可以增强社区旅游的原真性体验，又可以为文化生态保护实验区建设提供旅游化生存，可谓一举两得。湖南凤凰县依托凤凰古城及中国武陵山区·凤凰山江苗族文化生态保护实验区，先后建成苗族银饰、湘西阳戏、土家织锦等5个项目传习所和1个民族服饰研制基地，对接凤凰体验式旅游模式，取得了很好的效果。

三、主题公园模式

自1955年美国诞生了第一家迪斯尼主题公园后，主题公园这一全新的旅游开发模式在全世界范围内迅速发展。主题公园是指同时满足旅游者游乐与开发者的商业目标，并以虚拟态环境塑造与园林环境载体为特点的休闲娱乐活动空间。非物质文化遗产主题公园是一种以展现非物质文化遗产为主题，以满足旅游者多样化休闲娱乐为目的，同时进行集中展示，具有极强参与性和知识性的主题景区。它的目标是要同时实现两方面需求：满足游客体验非物质文化旅游需求，同时要满足非物质文化遗产得以传承和保护的需求。其中民俗文化类的主题公园占有很大比例，而民俗作为非物质文化遗产一种类别，其主题公园仅是非物质文化遗产主题公园中的一个特例，对非物质文化遗产主题公园开发模式探讨有一定的借鉴意义。

非物质文化遗产主题公园根据非物质文化遗产展示方式，可以分为以下三类具体的利用方式：

第一类，集锦荟萃展现式。即集各地现有的非物质文化遗产，汇集成非物质文化遗产主题公园。它可以让游客用很短的时间、走很少的路程就领略到原本需花很长时间、很长路程才能了解到的非物质文化遗产，但要避免在重建或移植过程中丧失非物质文化原真性。比如，中国非物质文化遗产主题公园已正式落户成都市金牛区，主要展示90多项世界级非物质文化遗产项目，518项中国国家级非物质文化遗产项目以及进入四川省成都市非物质文化遗产名录的200多项地区级非物质文化遗产项目；另外宜昌正在开展"中国三峡·世界非物质文化遗产博览园"项目建设。而安徽合肥也不甘示弱，也正在筹划建设中国（合肥）非物质文化遗产园，并寄望成为全国首个"中国非物质文化遗产研发示范基地"。

第二类，原生自然浓缩式。即在良好的自然和人文生态环境中，挖掘非物质文化内涵，以旅游地居民的日常生产、生活为核心，全面而真实地展示当地的非物质文化遗产。这主要局限在民俗、传统技艺类非物质文化遗产利用上，包括民俗村、民族村寨或主题园等具体形式。比如云南、贵州、广西等地区，进行旅游开发的主要是少数民族聚居的村寨。湖南湘西非物质文化遗产园位于吉首乾州古城，由非遗展示展览馆、湘西坊、百工坊、百味坊等"非遗"展示展览组成。目前，古城已入驻了土家织锦传承人叶水云、石砚雕刻传承人杨光三、苗族鼓舞传承人龙英棠等10余名各级"非遗"传承人；百余项"非遗"项目的展演也将在园中形成常态。这种形式对武陵山片区很有现实意义。

第三类，专项物质载体化再现式。即挖掘本地已经消逝，或仅是口头流传、或仅有文字记载的技艺。比如民间文学、民间传说、传统技艺等通过主题公园的形式，再现非物质文化遗产的内涵。譬如，浙江宁波以梁祝传说为主题建造的梁祝文化主题公园。苏州吴中区青口镇政府将在"香山帮传统建筑营造技艺"的发源地建立"香山工坊",为"香山帮传统营造技艺"这项非物质遗产搭建一个有形的物质实体,试图通过这一汇集香山帮建筑项目的"工坊"形式,来保护这一国家级的非物质文化遗产项目。

四、旅游购物品模式

这类模式主要与遗产所在地的旅游纪念品开发联系在一起,通常集中在传统技艺类和传统美术类的非物质文化遗产开发上。某种传统技艺和传统美术所形成的物化成果既可以作为艺术品进行展览,也可以制作成商品进行销售。目前常见的购物开发还是通过作坊式的加工,将技艺所产生的成品直接销售给游客。除了这种针对传统技艺和传统美术的商旅游购物品开发,还有作为演艺活动附属品的音像制品以及有关非物质文化遗产的印刷品等其他形式。

武陵山片区非物质文化遗产旅游购物品的开发一定要突出创新,通过观念创新、技术创新等塑造品牌。第一,要注重开发深层次的旅游购物品,如根据游客的年龄、性别、职业、爱好等组织各具特色的旅游购物品,面向不同的细分市场。第二,要重视品牌。品牌是旅游者对旅游购物品的综合感觉,是旅游购物品魅力的灵魂。品牌的价值来自于旅游者使用的经验、价格、包装、感官享受、直觉联想等。2013年10月13日,中国凤凰第四届苗族银饰服饰文化节在凤凰古城隆重开幕,来自贵州、云南、广西、重庆、湖南等省区的17支苗族服饰银饰展演代表队齐聚凤凰同台竞秀,展示苗族银饰服饰的无限魅力。此次文化节旨打造凤凰苗族银饰服饰品牌,让银饰服饰成为世界看中国看凤凰的新窗口。第三,在旅游购物品经营的过程中,要注意丰富和深化产品经营的文化内涵,突出地域文化特色。通过旅游购物品开发,彰显区域非物质文化遗产的魅力和区域文化魅力。

武陵山片区将非物质文化遗产开发为旅游购物品应该和非物质文化遗产"生产性保护"结合起来。苗族银饰、蜡染、蓝印花布、踏虎凿花、苗画、土家织锦等传统技艺类、传统美术类等非遗项目有广阔的市场空间,通过生产性保护,既可以满足当地人的生产生活需要,又很受游客欢迎。今后应重点支持蜡染、制银、织锦、刺绣、根雕、石雕、民间剪纸、西兰卡普、油纸伞、傩戏面具、柚子龟、阳戏面具等民族工艺品的发展,形成武陵山片区旅游购物品品牌。

五、旅游节庆模式

武陵山片区承载非遗内容的古老技艺、舞蹈、音乐、体育等民间节日活动，产生于人们原始的宗教信仰或生产、生活、娱乐活动中，由于长期以来逐渐失去其原有的存在价值和历史意义而慢慢消亡。民族节日为旅游业所利用，通过对民族文化资源的考证、挖掘、整理和研究工作，将民族舞蹈、音乐、服饰、竞技、体育活动等非物质文化遗产纷纷转化为文化产品，推动民族节日文化不断地交流、更新和完善，并使那些面临消失、退化或不被人重视的"非遗"找到了一种重新适应现代市场经济和社会生活的土壤，得到复兴和发展。一方面可以集中向众人展示优秀的民族文化遗产，吸引游客，带来经济效益；另一方面，由于节庆旅游与民众生活贴近，社区居民参与性较强，参与过程中增强了社区居民的心理认同和文化自觉，激发了传承主体对自身文化的尊重和重新认识，实现其文化传承功能。如此，节庆旅游开发带来经济和社会的双重功效将引导遗产保护由被动保护向主动保护方向转变。

武陵山片区旅游节庆模式成功的关键有两点：一是弘扬民族传统节日。民族传统节日本身就是非物质文化遗产，同时还荟萃了服饰、音乐、舞蹈、曲艺等非遗项目。2014年8月7日，湖南花垣县董马库乡，上万名苗族群众欢聚一堂，打苗鼓、唱苗歌、舞龙灯，欢度苗族传统节日"赶秋节"。每年立秋，是花垣苗家的赶秋节，苗族群众穿戴漂亮的民族服饰，从四面八方汇聚一地，庆祝五谷丰登的好年成。赶秋节还是苗家青年男女展示自己才能、寻求终身伴侣的好时机。武陵山片区拥有端午节（屈原故里端午习俗）、仡佬毛龙节、苗族四月八姑娘节、苗族四月八、土家年等五项国家级节庆类非物质文化遗产，乾州春会、土家族舍巴日、盘王节、苗族赶秋、苗侗芦笙节、大戊梁歌会、古丈跳马节、苗族跳香、桑植白族游神、张家界泼水龙习俗、苗族接龙、土家糊仓习俗、六月六尝新节、恩施社节、恩施土家女儿会、思南上元沙洲节、仡佬族敬雀节、玉屏赶坳、苗族二月二、丰都庙会等20项省（直辖市）级节庆类非物质文化遗产，非常丰富。

二是社区居民要广泛参与。国家级德国啤酒节、美国玫瑰节以及国内的青岛国际啤酒节之所以成功，很大程度上是由于旅游开发惠及社区，尊重了社区居民参与权利，形成居民与游客互动的良性发展。例如，永定土家习俗"糊仓"，主要流传在湖南省张家界市永定区以农事耕作为主的乡镇农村，是古代农耕文化延续的产物。"糊仓"的过程分为开秧门、吃盖碗肉和糊仓三部分。"糊仓"是插秧的高潮，在快要结束时举行。插得快的人就会走上田埂，率先抓起泥团朝关了猪笼的人砸去。也有专门去砸主人一身稀泥巴的。主人身上被砸的稀泥越多，主人越高兴。到了最后，田野里就会上演一场你追我赶的游戏。土家人把它叫作"糊仓"。"糊仓"意味着风调雨顺，农作物丰收。谁身上泥巴糊得越多，谁家的收成就越好，仓里储的粮食鼠不咬、虫不蛀，粒粒饱满，颗颗金黄。将传统民俗打造成为旅游节庆活动，永定区石堰坪村湖南省非物质文化遗产"糊仓"习俗已被打造成为土家族的"泼水节"。

今后要积极扶持黔江武陵山民族文化节、梵净山旅游文化节、酉阳摆手舞文化节、丰都鬼城庙会、芷江和平文化节、通道芦笙节、沅陵全国龙舟赛、恩施女儿会、来凤土家摆手节、巴东纤夫节、秭归屈原端午文化旅游节、长阳廪君文化旅游节和张家界国际乡村音乐节等旅游节庆，打造武陵山片区旅游节庆品牌。

六、博物馆模式

博物馆是以收藏、展示、研究、宣传各类文物为主，采用综合手段全方位地展示某个国家或者地区不同历史时期的自然与社会特征。非物质文化遗产博物馆是收藏和展示一个国家、地区或者民族非物质文化遗产的场所，是旅游者了解某个国家、地区或者民族非物质文化遗产的窗口，也是以记录、录像或者其他载体的形式保存非物质文化遗产的重要方式。

非物质文化遗产博物馆按照其收集、展示的非物质文化遗产种类主要有两类方式：一类是综合性非物质文化遗产博物馆。现今这类主要以在原有的博物馆内增建或者增加非物质文化遗产展览馆为主。自从我国第一批国家级非物质文化遗产公布以来，国家、地区性的非物质文化遗产成果展已经接连不断在国家或者地区性博物馆增加展馆展览，吸引了大批的游客，比如首都博物馆尝试新途径展示非物质文化遗产，在首都博物馆"馆藏京剧文物展"展厅的戏楼举办长期的昆曲展示项目。该项目参照欧美通行的博物馆"三 E 功能"，即：教育国民、提供娱乐、充实人生（Edueate，Entertain，Enjoy）。将文物的静态陈列与戏曲表演的动态展示结合起来，加强了社会参与性：演员的化妆安排在前台，观众可以看到演员化妆的全过程；等到换装后，随着伴奏的响起，演员登台开始表演，整个过程都采用开放式的展示形式。

另一类是专题性非物质文化遗产博物馆。这类非物质文化遗产博物馆包含了早已存在的某一类非物质文非化遗产博物馆，比如民俗博物馆；同时也有新建的非物质文化遗产博物馆。中国苗族博物馆原名为中国凤凰山江苗族家庭博物馆，坐落在湖南凤凰县山江镇叭崀苗寨，2006 年由文化部直接命名为"中国苗族博物馆"。中国苗族博物馆历时 20 年筹备，于 2002 年 10 月1 日正式开馆。按不同的历史时期不同苗族家庭特征布展的民营博物馆，为凤凰县人民政府首批开放的旅游景点。苗族是中华民族大家庭中的一个历史悠久、勤劳的古老民族，一个最先开发中原，最早拓展南方的伟大民族。因为战乱和天灾历经五次大迁徙，从黄河流域步步退往长江中下游和中国西南地区；有的背井离乡移居东南亚，漂洋过海远徙欧美诸国。湖南省人民政府督学，湖南省湘西土家族苗族自治州人民政府原副州长龙文玉和他的家人，在世界乡土文学大师沈从文和著名苗族歌唱家宋祖英的大力支持下，创办了中国·凤凰·山江苗族博物馆。博物馆占地 1 864 平方米，建筑面积 2 600 平方米。藏品一万多件，总投资两百多万元。里面共分为九个馆，还有一场一园。即第一馆，普通农家；第二馆，古代住所；第三馆，殷实人家；第四馆，武士家居；第五馆，服饰掠影；第六馆，绣女之家；第七馆，匠人居室；第八馆，巫师小屋；第九馆，文人陋室。还有新修的库房楼、贵宾楼、生活区和苗族风情园。把实物布置、专业演示的群众活动紧密结合在一起。本馆以家庭文化特征为切入点，通过苗族家庭这个社会细胞，把历史的真实性、严密的科学性、鲜明的民族性、高度的艺术性融为一体，向人们展示苗族同胞在数千年迁徙生活岁月演递，劳作不息、奋斗不绝的发展历史和奇异神秘、绚丽多彩的苗族文化画卷。苗族博物馆以其珍贵丰富的文物展品吸引着中外参观者，加之博物馆坐落在民族特色鲜明的、民族风情浓郁、山光水色奇特苗寨之中，占尽了天进、地利、人和。让我们走进苗族博物馆，就如读一部苗族生活简史，看一帧苗族社会缩影，看一座苗文化殿堂，看一幅苗族英雄画卷。

可以说，一座博物馆就是一部物化的发展史。作为收集、典藏、陈列和研究人类文化遗产实物的场所，人们透过其陈列的文物与历史对话，可以穿越时空来俯瞰历史。博物馆式开发模式，即是对非物质文化遗产"有形化"和"物质化"的物品进行集中收集和展示。旅游者可以通过博物馆陈列的"有形化"的物品来了解这项非物质文化遗产，通过导游人员讲解、图文说明，以及视频录像资料等深入理解非物质文化遗产。博物馆式的利用模式能满足观光游客的需要，是一种大众观光旅游利用模式。

七、导游才艺模式

武陵山片区非物质文化遗产资源非常丰厚，该区域众多旅游景区都开发了非遗旅游项目，导游员掌握非物质文化遗产知识，是导游讲解的需要。导游员还应该向非物质文化遗产传承人学习传统音乐、传统戏剧、传统舞蹈和曲艺等项目，展示导游风采和才艺，宣传本地非遗项目。湖南桑植民歌是国家级非物质文化遗产，张家界目前已对 5 000 多名导游员进行了教唱普及。

张家界市永定区文化局还与张家界旅游职业学校联合开设了阳戏课程，配备了专门的师资、场地，划拨了专门经费，教唱阳戏。

"张家界导游万里行"活动创始于 2002 年，10 余年的时间，先后到华南、华北、华东等地区进行促销活动。促销活动中张家界导游员用民族歌舞的流动形式，把绝美张家界风光送进了当地的学校、工厂、景区、街道、社区，深受当地市民的欢迎。从 2011 年开始，"张家界导游万里行"所到之处还为当地市民送去了充满民族味道的桑植民歌、阳戏、白族仗鼓舞等张家界国家级非物质文化遗产。

第四节　武陵山片区非物质文化遗产旅游利用路径

一、完善地方性非遗法律法规，保障合理开发利用

制定相关法律法规，规范旅游开发管理，都要有章可循，非遗开发也不例外。如果开发商在开发过程中没有法律法规或者政策条例等书面规定的约束，那么就很容易导致非遗在商业开发中变了味，所以很有必要对开发商的开发行为作严格的规定和约束，这样才能容易将非遗开发的度掌控在那些旨在保护和传承非遗的人手中。有关法律和政策的制定应该牢牢锁定非遗开发利用的过程上，且根据不同类型的非遗制定相应的注意事项。这并非量身打造，但也需要相关的部门做深入细致的分析和总结工作，思考非遗开发中可能出现的问题并制定相应的政策、法规、条例等，使开发商明确做什么、如何做和做错了的后果和责任。法规条例尽量做到细致有效，且具有可操作性，从而对非遗的开发管理起到规范作用。

武陵山片区所在的湖北省、贵州省和重庆市都在 2012 年制定颁发了本省（市）的《非物质文化遗产保护条例》，湖南省在 2005 年发布了《关于加强非物质文化遗产保护工作的意见》。条例和意见的出台为武陵山片区非物质文化遗产的旅游利用提供了法律依据和规范，三部条例都提出："鼓励和支持发挥非物质文化遗产资源的特殊优势，在有效保护的基础上，合理利用非物质文化遗产代表性项目，开发具有地方、民族特色和市场潜力的文化产品和文化服务。鼓励和支持结合发展文化旅游、民俗节庆活动开发利用具有生产性、表演性或者观赏性的非物质文化遗产代表性项目。合理利用非物质文化遗产代表性项目的，依法享受国家规定的税收、信贷等各项优惠。"

二、实施非遗知识产权保护，规范非遗利用利益分配

目前在非遗的开发利用中，不少开发商在经济利益的驱动下往往将遗产的保护抛之脑后，且获得的经济收益没有给其获取利益的源头——非遗以及传承人（群体）带来相应的回报，从而使非遗开发利用的利益分配严重不均，有的甚至涉及知识产权的侵犯和民族文化价值的流失，从而带来许多矛盾和问题。因此，非遗知识产权制度的建立健全和相关法律的制定已经迫在眉睫。

建立健全非遗知识产权制度，从法律上保障传承人（群体）的利益。我国的非遗是中华民族千百年来创造的知识产品，需要通过一定的知识产权制度和法律加以规范的保护和利用。这样做一方面有利于规范国内非遗开发利用市场，平衡各主体的利益分配。另一方面，也有利于防止我国非遗的流失和加强我国民族文化的保护。在具体操作上，应该注意非遗知识产权制度相对一般知识产权制度的特殊性，同时注意完善和加强非遗知识产权的可操作性，特别注意明确非遗知识产权的权利主体和权利内容。因为非物质文化遗产是民间文化的结晶，且涉及的内容和范围非常广泛，因此其主体可能是个人、某一团体或者整个社会群体，因此非遗知识产权权利主体的确定至关重要，否则会造成权力归属的混乱，给非遗的利益分配带来很大的困难。只有建立并不断完善非遗知识产权制度，将非遗的直接传承者和拥有者的利益以法律的形式加以明确和保护，才能使非遗开发的具体运作真正走上一条科学合理的开发之路。

公平且合理的利益分配对于非遗的开发利用具有重要意义，不仅可以一定程度上抑制过度的商业行为，也可以通过对传承人的政策倾斜鼓励其坚持和发扬珍贵的非物质文化遗产。有效的利益分配机制的建立需要在各方力量的支持和努力下逐步建立，包括政府部门、专家学者和传承人（群体）甚至广大群众的积极参与。在机制建立过程中政府仍然发挥着主导作用，例如可以通过政府制定相关的政策，使开发商利用非遗所获取的经济收益按照一定的比例以非遗保护专项资金、非遗传承人补贴等形式分配到相应的传承个人或群体手中。一方面相当于可以筹集一部分非遗保护的专项资金，也使开发商承担一部分非遗保护的责任，另一方面使得非遗所创造的价值得到更加合理公平的分配，以维护传承人（群体）的权益，促进合理公平的利益分配机制的建立。

2010年11月国家知识产权局颁发给中国优秀织锦工艺传承人、湖南龙山县科技特派员黎成凤12份土家织锦外观设计专利证书。取得专利证书后，

土家织锦产品价格翻了 3 倍。作为具有 3 000 多年历史的土家织锦的发源地，龙山县土家族织锦首次获得国家专利保护。知识产权的保护使土家织锦产业摆脱了"为人作嫁"的思想束缚，甩掉了"物美价廉"的尴尬，树立重视自主创新、保护精品产权的新风。现在，黎成凤的土家织锦传习所加大了对土家织锦色彩、形状、图案等方面的创造和革新，传承技艺时更是传授精髓，带动了整个行业的创新发展，拉动了当地经济发展。土家织锦制作的日用品和旅游纪念品畅销北京、上海、深圳等地。目前，"龙山县土家织锦行业协会"的 40 多家土家织锦工艺坊，有近 5 000 名农民从事土家织锦制作，年生产量 30 多万件，总产值近 2 亿元。

三、坚持政府引导市场主导，实现经济社会效益统一

现阶段，对于非物质文化遗产的保护和利用在我国还普遍处于政府主导的状态。许多地方政府承担着非物质文化遗产的保护主体角色，积极申报各级非物质文化遗产，获取保护资金，并利用自己的行政资源优势、资金优势以及媒体资源，鼓励、推动、扶持非物质文化遗产的传承和发展。同时政府在许多非物质文化遗产的利用中也发挥着重要的主导作用，如以政府的身份引进非物质文化遗产招商项目，吸取文化投资。但政府部门的职能及属性使得它很难完全适应非物质文化遗产内在的文化延展性，政府完全主导开发和利用容易使非物质文化遗产发生文化偏离和曲解。因此，今后应从政府主导转向政府引导、市场主导。

要继续发挥政府的保护主体作用，强调政府的保护责任，利用政府的行政权力做好非物质文化遗产的法制化管理；发挥政府的宏观调控作用，全面规划非物质文化遗产的发展，为非物质文化遗产的发展提供良好的公共文化服务体系；加强政府的监督管理功能，促进非物质文化遗产的市场规范运作等。为非物质文化遗产保护全力护航的同时，由政府出面对于可经营性的非物质文化遗产资源进行招商引资。武陵山片区的非物质文化遗产数量和质量都相当高，但其所在的地理位置及本身社会经济的发展状况都不尽如人意，如要合理地进行商业利用，很好地挖掘其潜在的经济价值，必然离不开政府部门的引导。2009 年 5 月湖南湘西州政府就以湘西非物质文化遗产园为项目进行公开招商，已经开始展现当地政府的这种引导作用。

目前，在全国范围内非物质文化遗产受到前所未有的重视和热捧，很多地方都尝试用市场化运作手段对非物质文化遗产进行旅游开发利用。武陵山片区属于非物质文化遗产富集区，经济社会发展又相对滞后，需要抢救保护的文化数量庞大。但政府力量毕竟有限，有效的市场化运作可以反哺非物质

文化遗产挖掘和保护，建立起更为广泛的群众基础。鼓励企业参与，将非物质文化遗产作为旅游产业来运作，不仅可以为当地提供经济支撑，更能为非物质文化资源本身和社会团体及个人提供一个广阔的发展平台。武陵山片区非物质文化遗产旅游开发利用的市场主导模式就是要借助市场的力量挖掘非物质文化遗产的价值，培育非物质文化遗产市场，积极主动地参与市场竞争，将非物质文化资源作为旅游产品来开发利用，并将非物质文化资源优势转化为产业优势。武陵山片区非物质文化遗产资源中有很多民间工艺品和民间传统手工艺，如土家族织锦技艺、苗族剪纸、苗族银饰锻制技艺都可以进行旅游利用。

《中华人民共和国非物质文化遗产法》规定："保护非物质文化遗产，应当注重其真实性、整体性和传承性。有利于增强中华民族的文化认同，有利于维护国家统一和民族团结，有利于促进社会和谐和可持续发展。"该规定揭示了非物质文化遗产原真性保护的诉求。武陵山片区非物质文化遗产原真性保护与旅游利用应该形成和谐共生的态势，这样既可以保护非物质文化遗产，又可以提升游客旅游体验质量，实现经济效益和社会效益的统一。

四、构建社区参与机制，促进非遗保护与旅游利用双赢

承载"非遗"主要内容的民间舞蹈、戏剧、音乐、传统手工技艺、竞技体育活动等是在特定时空下发生的能动活动，社区居民是文化传承的主体，也是原生态文化的展示载体，离开社区居民的实际参与，"非遗"便失去生命之源，旅游开发也失去了原动力。邓小艳（2012）提出在开发中，当地居民本身作为旅游吸引物和旅游资源所有者双重身份，有权最大限度地参与旅游活动策划、管理、运营的全过程，分享"非遗"开发带来成果的同时促进遗产的保护。社区居民经济收入的增加，使"非遗"的传承与发展得到强有力的经济支持。文化自觉带来民族认同感和凝聚力，使文化主体得以重新审视自身的文化价值。

（一）以民族村寨为依托，构筑"前后台"参与平台

民族村寨既是大量传统的物质文化元素展示的空间，也是大量非物质文化遗产诞生和存续的文化土壤，两者相互交织。武陵山片区非物质文化遗产主要存在于民族村寨中，因此，以民族村寨为依托，构筑社区参与平台，是武陵山片区非物质文化遗产旅游利用的主要模式。一是"后台"参与，促进非物质文化遗产的"完整性"传承。这种参与是将整个民族村寨社区作为一项完整性旅游产品进行推出，建立文化生态保护区或村寨生态博物馆，寨子里的村民与景区是一个不可分割的整体，村寨社区的生产生活是旅游活动和

展示的主要组成部分。"后台"参与主要是群体参与传统的生产、生活方式，无需刻意表演，突出对文化空间的保护与开发，强调为游客营造与村民同吃同住，感受地道民族文化，体验浓郁民族风情的文化氛围和感知空间。同时又反过来增强民族村寨居民的民族感、地方感和文化自豪感，促进村寨文化的保护和传承。湖南湘西德夯苗寨就是这种利用模式，将旅游接待等同于日常生活方式，社区主导、全民参与，以文化真实、文化持续、旅游持续和尊重当地社区意愿为重要特征。二是"前台"参与，促进"舞台真实"中的"符号"传承。文化并不仅仅是"历史沿袭"的符号传递，而且还是一种具有符号意义的建构行动，非物质文化遗产承载着当地居民的社区记忆，是活态的文化符号的聚合，所蕴含的极具民族个性和地方象征意义的文化符号常被挖掘为旅游的"卖点"，符号意义的构建和开发是民族村寨非物质文化遗产旅游开发的重点。因此，社区居民可以充分利用民族服饰、民俗节庆、民间歌舞艺术、传统手工技艺等文化元素开展民族文化展演、制作和销售旅游纪念品等，在充分把握文化精髓和内核的基础上，在不违背其内在规律和自身运作方式的前提下，通过将非物质文化遗产元素导入当代产业体系。既适应游客需要，又融入现代生存环境，在"舞台真实"中实现非物质文化遗产的再创造、重构与整合，从而促使"符号"的传承。

（二）以社区自主为内核，拓展内部参与能力与外围支撑保障

高度重视社区居民的主观能动性，确立社区居民在非物质文化遗产旅游开发中的主体地位，是化解旅游开发与文化传承之间矛盾的内生路径。社区自主能否真正实现，一方面依赖于内部是否有参与能力，另一方面依赖于外围是否有环境支撑。

第一，拓展内部参与能力。一是致力于本区域民族成员生活基础的奠定与培养，让社区世世代代所积累的乡土知识和技能得到有效的认识和传承，增强民族文化信心，在以民族教育为途径延续民族文化命脉的同时，为社区居民实现社区旅游参与主体角色的转换提供条件。二是加强沟通能力和展示技能的培养。非物质文化遗产旅游产品的特点之一就是交流的互动性。可以通过本土传承人教育培训、送出去培训或者请人进来培训等多种方式，加强社区居民沟通能力的针对性提升。培育居民对游客的文化背景更好地理解，并在相互认同的基础上更好地诠释、解读和展示非物质文化遗产的精神内蕴。三是加强主动参与意识、旅游可持续发展意识、利益协调和分享意识等多方面意识的培养。

第二，营造和完善外围支撑环境。一是政策保障。在制定政策时以社区

利益为重，在政策上和财政上给当地居民以扶持，为社区居民参与的实现搭建政策平台。二是体制保障。充分发挥政府的有效引导作用，理顺旅游管理体制，权力分配上由集中领导向民主决策的转变，切实扫清社区居民参与的制度障碍，并建立合理的利益分配机制和协调机制，构建完整有效的监督保护体系。三是制度保障。不断摸索找到适合当地的乡规民约，最大限度地团结、组织和规范社区居民的有效参与。

参考文献

［1］苑利，顾军. 非物质文化遗产学［M］. 北京：高等教育出版社，2009.

［2］苑利. 保护非物质文化遗产的当代意义［N］. 光明日报，2011 - 6 - 2.

［3］程惠哲. 非物质文化遗产的价值［N］. 经济观察报，2006 - 6 - 10.

［4］陈天培. 非物质文化遗产是重要的区域旅游资源［J］. 经济经纬，2006（2）.

［5］王德刚，田芸. 旅游化生存：非物质文化遗产的现代生存模式［J］. 北京第二外国语学院学报，2010（1）.

［6］王健. 非物质文化遗产与旅游的不解之缘［J］. 旅游学刊，2010（4）.

［7］刘桂兰. 民艺类非物质文化遗产的特征与旅游价值评价［J］. 河南师范大学学报哲学：社会科学版，2010（6）.

［8］彭小舟. 非物质文化遗产旅游开发潜力的评估研究——以桑植民歌为例［D］. 长沙：湖南师范大学，2009.

［9］龙先琼，蒋小梅. 旅游开发视野下非物质文化遗产保护与开发研究——以土家族为个案［J］. 吉首大学学报：社会科学版，2010（6）.

［10］黎洁，赵西萍. 社区参与旅游发展理论的若干经济学质疑［J］. 旅游学刊，2001（4）.

［11］孙九霞，保继刚. 从缺失到凸显：社区参与旅游发展研究脉络［J］. 旅游学刊，2006（7）.

［12］杨振之. 前台、帷幕、后台——民族文化保护与旅游开发的新模式探索［J］. 民族研究，2006（2）.

［13］邓小艳. 基于建构主义原真性理论对非物质文化遗产旅游开发的解读［J］. 贵州民族研究，2010（2）.

［14］邓小艳. 文化传承视野下社区参与非物质文化遗产旅游开发的思路探讨［J］. 广西民族研究，2012（1）.

［15］王磊磊. 真实性视角下的非物质文化遗产旅游开发研究［D］. 上海：

华东师范大学出版社，2008.

[16] 刘水良，吴吉林. 湘西非物质文化遗产保护与利用互动研究［J］. 贵州师范大学学报：社会科学版，2010（4）.

[17] 刘水良，吴吉林，姚小云. 湘西地区非物质文化遗产产业化经营思考［J］. 邵阳学院学报：社会科学版，2011（6）.

[18] 姚小云. 旅游演艺场域中非物质文化遗产的文化再生产——以《张家界·魅力湘西》为例［J］. 怀化学院学报，2013（12）.

[19] 黄涛. 民间事还应民间办［N］. 中国文化报，2014 - 02 - 07.

[20] 张志勇. 民间的事情民间办［N］. 中国艺术报，2013 - 03 - 09.

[21] 韩洋. 非物质文化遗产与博物馆相关问题的探讨［J］. 博物馆研究，2006（3）.

[22] 陈廷亮. 湘西非物质文化遗产研究［D］. 北京：中央民族大学，2009.

[23] 雷蓉，胡北明. 非物质文化遗产旅游开发的必要性分析——基于保护与传承的视角［J］. 贵州民族研究，2012（2）.

[24] 陈炜，陈能幸. 西部地区非物质文化遗产旅游开发适宜性评价指标体系与评价模型构建［J］. 社会科学家，2011（10）.

[25] 马木兰. 非物质文化遗产旅游产品化的转型模式研究——以实景舞台剧"夷水丽川"为例［D］. 上海：华东师范大学，2008.

[26] 汪宇明，马木兰. 非物质文化遗产转型为旅游产品的路径研究——以大型天然溶洞实景舞台剧《夷水丽川》为例［J］. 旅游科学，2007（4）.

附录1

武陵山片区非物质文化遗产名录

一、民间文学（7＋18项）

编号	项目名称	申报地区或单位	等级
I－1	苗族古歌	湖南省花垣县	国家级
I－47	屈原传说	湖北省秭归县	国家级
I－56	都镇湾故事	湖北省长阳土家族自治县	国家级
I－80	土家族梯玛歌	湖南省龙山县	国家级
I－93	盘瓠传说	湖南省泸溪县	国家级
I－112	土家族哭嫁歌	湖南省永顺县、古丈县	国家级
I－124	酉阳古歌	重庆市酉阳土家族苗族自治县	国家级
	苗族古老话	湖南花垣县	省级
	土家族山歌	湖南保靖县	省级
	土家族挖土锣鼓歌	湖南古丈县、龙山县	省级
	土家族摆手歌	湖南省古丈县、龙山县	省级
	侗款	湖南省通道侗族自治县	省级
	盘瓠与辛女传说	湖南省泸溪县	省级
	桩巴龙传说	湖南省石门县	省级
	二酉藏书洞传说	湖南省沅陵县	省级
	梅王传说	湖南省安化县	省级
	苗族傩歌	湖南省湘西土家族苗族自治州吉首市	省级
	苗族杨家将故事	湖南省城步苗族自治县	省级
	蚩尤传说	湖南省湘西土家族苗族自治州	省级
	寇准的故事	湖北省巴东县	省级
	廪君传说	湖北省长阳土家族自治县	省级
	土家族哭嫁歌	湖北省来凤县	省级
	男女石柱神话	重庆市石柱县	省市级
	吴幺姑传说	重庆市黔江区	省市级
	巫傩诗文	重庆市酉阳土家族自治县	省市级

二、传统音乐 （18＋31项）

编号	项目名称	申报地区或单位	等级
Ⅱ－10	桑植民歌	湖南省桑植县	国家级
Ⅱ－15	石柱土家啰儿调	重庆市石柱土家族自治县	国家级
Ⅱ－23	靖州苗族歌鼟	湖南省靖州苗族侗族自治县	国家级
Ⅱ－24	川江号子	重庆市	国家级
Ⅱ－25	南溪号子	重庆市黔江区	国家级
Ⅱ－27	薅草锣鼓	湖北五峰土家族自治县、 长阳土家族自治县、宣恩县	国家级
Ⅱ－54	土家族打溜子	湖南省湘西土家族苗族自治州， 湖北省五峰土家族自治县、鹤峰县	国家级
Ⅱ－84	秀山民歌	重庆市秀山土家族苗族自治县	国家级
Ⅱ－85	酉阳民歌	重庆市酉阳土家族苗族自治县	国家级
Ⅱ－89	茶山号子	湖南省辰溪县	国家级
Ⅱ－95	新化山歌	湖南省娄底市	国家级
Ⅱ－98	江河号子 （长江峡江号子、 西水船工号子）	湖北省巴东县、秭归县， 湖南省保靖县、龙山县	国家级
Ⅱ－109	苗族民歌	湖南省吉首市	国家级
Ⅱ－110	瑶族民歌 （花瑶呜哇山歌）	湖南省隆回县	国家级
Ⅱ－125	土家族咚咚喹	湖南省龙山县	国家级
Ⅱ－129	芦笙音乐	湖南省通道侗族自治县	国家级
Ⅱ－142	利川灯歌	湖北省利川市	国家级
	土家族民歌	湖南省湘西土家族苗族自治州， 贵州省沿河土家族自治县	国家级
	沅陵山歌	湖南省沅陵县	省级
	侗族喉路歌	湖南省通道侗族自治县	省级
	石马江劳动号子	湖南省新邵县	省级
	石门土家山歌	湖南省石门县	省级
	侗族大歌	湖南省通道侗族自治县	省级

编号	项目名称	申报地区或单位	等级
	喜花鼓	湖北省建始县	省级
	长阳山歌	湖北省长阳土家族自治县	省级
	建始丝弦锣鼓	湖北省建始县	省级
	十姊妹歌	湖北省宣恩县	省级
	长阳吹打乐	湖北省长阳土家族自治县	省级
	星岩坪山歌	湖北省五峰土家族自治县	省级
	五句子山歌	湖北省恩施州	省级
	石工号子	湖北省恩施州	省级
	高腔山歌（宣恩高腔山歌）	湖北省宣恩县	省级
	穿句子山歌（鹤峰山歌）	湖北省鹤峰县	省级
	吹打乐（五峰民间吹打乐、建始南乡锣鼓、来凤唢呐）	湖北省五峰土家族自治县、建始县、来凤县	省级
	鞍子苗歌	重庆市彭水苗族土家族自治县	省市级
	后坝山歌	重庆市黔江区	省市级
	土家斗锣	重庆市石柱土家族自治县	省市级
	诸佛盘歌	重庆市彭水苗族土家族自治县	省市级
	彭水耍锣鼓	重庆市彭水苗族土家族自治县	省市级
	彭水道场音乐	重庆市彭水苗族土家族自治县	省市级
	马喇号子	重庆市黔江区	省市级
	帅氏莽号	重庆市黔江区	省市级
	土家族打溜子	贵州省沿河土家族自治县	省级
	船工号子	贵州省思南县	省级
	凤冈吹打乐	贵州省凤冈县	省级
	黔北打闹歌	贵州省余庆县	省级
	仡佬族哭嫁歌	贵州省道真仡佬族苗族自治县	省级
	土家族高腔山歌	贵州省印江土家族苗族自治县	省级
	仡佬族情歌	贵州省石阡县	省级

三、传统舞蹈（10＋28项）

编号	项目名称	申报地区或单位	等级
Ⅲ－4	龙舞（地龙灯、芷江孽龙、城步吊龙）	湖北省来凤县，湖南省芷江侗族自治县、湖南省城步苗族自治县	国家级
Ⅲ－5	狮舞（高台狮舞）	重庆市彭水苗族土家族自治县	国家级
Ⅲ－17	土家族摆手舞	湖南省湘西土家族苗族自治州、湖北省来凤县、重庆市酉阳土家族苗族自治县	国家级
Ⅲ－18	土家族撒叶儿嗬	湖北省长阳土家族自治县	国家级
Ⅲ－30	湘西苗族鼓舞	湖南省湘西土家族苗族自治州	国家级
Ⅲ－31	湘西土家族毛古斯舞	湖南省湘西土家族苗族自治州	国家级
Ⅲ－52	肉连响	湖北省利川市	国家级
Ⅲ－98	仗鼓舞（桑植仗鼓舞）	湖南省桑植县	国家级
	棕包脑	湖南省洞口县	国家级
	玩牛	重庆市石柱土家族自治县	国家级
	龙舞（板板龙灯、湘西苗族接龙舞、雪峰断颈龙舞）	湖南省慈利县、吉首市、花垣县、洪江市	省级
	张家界高花灯	湖南省永定区	省级
	土家族跳丧舞	湖南石门县	省级
	文武茶灯	湖南凤凰县	省级
	蚕灯舞	湖南省溆浦县	省级
	湘西土家族铜铃舞	湖南省保靖县	省级
	苗族络巾舞	湖南省花垣县	省级
	七江炭花舞	湖南省隆回县	省级
	连山斗牛舞	湖南省会同县	省级
	枫坪傩狮舞	湖南省涟源市	省级
	石羊走马灯	湖南省武冈市	省级
	苗族团圆鼓舞	湖南省古丈县	省级
	桑植跳丧舞	湖南省桑植县	省级
	建始闹灵歌	湖北省建始县	省级

编号	项目名称	申报地区或单位	等级
	耍耍	湖北省宣恩县、恩施市	省级
	地盘子	湖北省咸丰县	省级
	宣恩土家族八宝铜铃舞	湖北省宣恩县	省级
	地龙灯	湖北省来凤县	省级
	龙舞（恩施板凳龙、咸丰板凳龙）	湖北省恩施市、咸丰县	省级
	滚龙连厢	湖北省宣恩县	省级
	地花鼓（五峰土家花鼓子、长阳花鼓子）	湖北省五峰土家族自治县、长阳土家族自治县	省级
	普子铁炮火龙	重庆市彭水苗族土家族自治县	省市级
	庙池甩手揖	重庆市彭水苗族土家族自治县	省市级
	打绕棺	重庆市酉阳土家族自治县、秀山土家族苗族自治县、石柱土家族自治县	省市级
	松桃瓦窑四面花鼓	贵州省松桃苗族自治县	省级
	莲花十八响	贵州省沿河土家族自治县	省级
	土家族摆手舞	贵州省沿河土家族自治县	省级
	矮人舞	贵州省余庆县	省级

四、传统戏剧（10＋25项）

编号	项目名称	申报地区或单位	等级
Ⅳ－7	高腔（辰河高腔）	湖南省辰溪县、泸溪县	国家级
Ⅳ－77	灯戏	湖北省恩施市	国家级
Ⅳ－78	花灯戏（思南花灯戏）	贵州省思南县	国家级
Ⅳ－83	侗戏	湖南省通道侗族自治县	国家级
Ⅳ－87	目连戏（辰河目连戏）	湖南省溆浦县	国家级
Ⅳ－89	傩戏（侗族傩戏、沅陵辰州傩戏、梅山傩戏、鹤峰傩戏、恩施傩戏、仡佬族傩戏）	湖南省新晃侗族自治县、沅陵县、冷水江市，湖北省鹤峰县、恩施市，贵州省道真仡佬族苗族自治县	国家级

编号	项目名称	申报地区或单位	等级
IV－92	木偶戏（邵阳布袋戏）	湖南省邵阳县	国家级
IV－112	花鼓戏	湖南省邵阳市	国家级
IV－125	南剧	湖北省来凤县、咸丰县	国家级
IV－157	阳戏（张家界阳戏、上河阳戏）	湖南省张家界市永定区、怀化市鹤城区	国家级
	祁剧	湖南省邵阳市	省级
	阳戏（湘西阳戏）	湖南凤凰县、吉首市	省级
	苗戏	湖南省花垣县	省级
	傩戏"杠菩萨"	湖南省会同县	省级
	湖南花灯戏（麻阳花灯戏、桑植花灯戏）	湖南省麻阳苗族自治县、桑植县	省级
	邵东木偶戏	湖南省邵东县	省级
	湘剧	湖南省涟源市湘剧院	省级
	木偶戏（龙山木偶戏）	湖南省龙山	省级
	鹤峰柳子戏	湖北省鹤峰县	省级
	巴东堂戏	湖北省巴东县	省级
	皮影戏（秭归皮影戏）	湖北省秭归县	省级
	面具阳戏	重庆市酉阳土家族苗族自治县	省市级
	余家傩戏	重庆市秀山土家族苗族自治县	省市级
	石柱土戏	重庆市石柱土家族自治县	省市级
	辰河戏	重庆市秀山土家族苗族自治县	省市级
	保安灯儿戏	重庆市秀山土家族苗族自治县	省市级
	木腊庄傩戏	重庆市彭水苗族土家族自治县	省市级
	濯水后河戏	重庆市黔江区	省市级
	石阡木偶戏	贵州省石阡县	省级
	花灯戏	贵州省余庆县、石阡县	省级
	仡佬族傩戏	贵州省道真仡佬族苗族自治县	省级
	丝弦灯	贵州省凤冈县	省级

编号	项目名称	申报地区或单位	等级
	仡佬族滚龙戏	贵州省正安县	省级
	傩戏（印江土家族傩戏）	贵州省印江土家族苗族自治县	省级
	阳戏	贵州省沿河土家族自治县	省级

五、曲艺（5＋7项）

编号	项目名称	申报地区或单位	等级
V－27	丝弦	湖南省武冈市、常德市	国家级
V－71	南曲	湖北省五峰土家族自治县	国家级
V－74	恩施扬琴	湖北省恩施市	国家级
V－76	四川竹琴	重庆市三峡曲艺团	国家级
V－106	三棒鼓	湖北省宣恩县	国家级
	侗族琵琶歌	湖南省通道侗族自治县	省级
	湘西三棒鼓	湖南省龙山县	省级
	丝弦（辰溪丝弦）	湖南省辰溪县	省级
	利川小曲	湖北省利川市	省级
	满堂音	湖北省鹤峰县	省级
	恩施三才板	湖北省恩施市	省级
	围鼓	贵州省正安县	省级

六、传统体育、游艺与杂技（2＋13项）

编号	项目名称	申报地区或单位	等级
VI－65	赛龙舟	湖南省沅陵县，广东省东莞市，贵州省铜仁市、镇远县	国家级
	梅山武术	湖南省新化县	国家级
	苗族武术（苗家八合拳）	湖南省花垣县、古丈县	省级
	大成拳	湖南省邵阳市	省级
	张家界鬼谷神功	湖南省永定区	省级
	岩鹰拳	湖南省新宁县	省级
	板凳拳	湖北省咸丰县	省级

编号	项目名称	申报地区或单位	等级
	中塘向氏武术	重庆市黔江区	省市级
	金六福字牌	重庆市秀山土家族苗族自治县	省市级
	仡佬族高台舞狮	贵州省道真仡佬族苗族自治县、务川仡佬族苗族自治县	省级
	寨英滚龙	贵州省松桃苗族自治县	省级
	仡佬族打篾鸡蛋	贵州省道真仡佬族苗族自治县	省级
	傩技—上刀山	贵州省松桃苗族自治县	省级
	赛龙舟	贵州省铜仁市	省级
	民间棋艺	贵州省正安县	省级

七、传统美术（7＋12 项）

编号	项目名称	申报地区或单位	等级
Ⅶ－8	滩头木版年画	湖南省隆回县	国家级
Ⅶ－16	剪纸（踏虎凿花）	湖南省泸溪县	国家级
Ⅶ－25	挑花（花瑶挑花、苗族挑花）	湖南省隆回县、溆浦县、泸溪县	国家级
Ⅶ－46	竹刻（宝庆竹刻）	湖南省邵阳市	国家级
Ⅶ－66	彩扎（凤凰纸扎）	湖南省凤凰县	国家级
Ⅶ－98	苗画	湖南省保靖县	国家级
	石雕（沅洲石雕）	湖南省芷江侗族自治县	国家级
	土家族转角楼建筑艺术	湖南省永顺县	省级
	湘西苗族服饰绘画	湖南省保靖县	省级
	浦市窨子屋建筑艺术	湖南省泸溪县	省级
	木雕（湘西木雕、洞口木雕、傅氏木雕、苗族木雕）	湖南省永顺县、洞口县、怀化市、泸溪县	省级
	石雕（塔卧石雕、杨柳石雕、洞口墨晶石雕）	湖南省永顺县、泸溪县、洞口县	省级
	土家族竹雕	湖南省龙山县	省级
	湘西苗绣	湖南省花垣县、凤凰县	省级

编号	项目名称	申报地区或单位	等级
	泸溪傩面具	湖南省泸溪县	省级
	苗族插绣	湖南省绥宁县	省级
	剪纸（梅山剪纸）	湖南省安化县	省级
	咸丰何氏根雕	湖北省咸丰县	省级
	民间绣活 （土家族苗族绣花鞋垫）	湖北省咸丰县、宣恩县	省级

八、传统技艺（8＋30项）

编号	项目名称	申报地区或单位	等级
Ⅷ－18	土家族织锦技艺	湖南省湘西土家族苗族自治州	国家级
Ⅷ－24	蓝印花布印染技艺	湖南省凤凰县、邵阳县	国家级
Ⅷ－34	玉屏箫笛制作技艺	贵州省玉屏侗族自治县	国家级
Ⅷ－40	苗族银饰锻制技艺	湖南省凤凰县	国家级
Ⅷ－104	侗锦织造技艺	湖南省通道侗族自治县	国家级
Ⅷ－152	黑茶制作技艺 （千两茶制作技艺）	湖南省安化县	国家级
Ⅷ－211	土家族吊脚楼营造技艺	湖北省咸丰县，湖南省永顺县， 重庆市石柱土家族自治县	国家级
	绿茶制作技艺 （恩施玉露制作技艺）	湖北省恩施市	国家级
	竹编技艺（中方斗笠、 民间手工竹编技艺）	湖南省中方县、会同县、 永顺县、保靖县	省级
	苗族花带技艺	湖南省花垣县	省级
	湘西土陶制作技艺	湖南省龙山县、永顺县、保靖县	省级
	古丈毛尖茶制作技艺	湖南省古丈县	省级
	武冈卤菜制作技艺	湖南省武冈市	省级
	雕花蜜饯制作技艺	湖南省靖州苗族侗族自治县	省级
	酒鬼酒酿制技艺	湖南省湘西土家族苗族自治州	省级
	保靖松花皮蛋制作技艺	湖南省保靖县	省级
	滩头手工抄纸	湖南省隆回县	省级

编号	项目名称	申报地区或单位	等级
	手工榨油术	湖南省邵阳县	省级
	凤凰扎染技艺	湖南省凤凰县	省级
	水冲石砚	湖南省吉首市	省级
	土家织锦"西兰卡普"	湖北省来凤县	省级
	五峰采花毛尖茶制作技艺	湖北省五峰土家族自治县	省级
	糕点制作技艺（建始花坪桃片糕制作技艺）	湖北省建始	省级
	绿茶制作技艺（宣恩伍家台贡茶制作技艺）	湖北省宣恩县	省级
	豆制品制作技艺（利川柏杨豆干制作技艺、巴东五香豆干制作技艺）	湖北省利川市、巴东县	省级
	油茶汤制作技艺	湖北省咸丰县、来凤县	省级
	漆筷制作技艺（来凤漆筷制作技艺）	湖北省来凤县	省级
	龙凤花烛	重庆市秀山土家族苗族自治县	省市级
	朗溪竹板桥造纸	重庆市彭水苗族土家族自治县	省市级
	纸竹工艺	重庆市武隆县	省市级
	郁山鸡豆花制作技艺	重庆市彭水苗族土家族自治县	省市级
	郁山擀酥饼制作技艺	重庆市彭水苗族土家族自治县	省市级
	秀山竹编制作技艺	重庆市秀山土家族苗族自治县	省市级
	濯水绿豆粉制作技艺	重庆市黔江区	省市级
	印染工艺	贵州省印江土家族苗族自治县	省级
	油茶制作技艺	贵州省正安县、玉屏侗族自治县	省级
	焰火架制作技艺	贵州省印江土家族苗族自治县	省级
	皮纸制作技艺	贵州省务川仡佬族苗族自治县、印江土家族苗族自治县	省级

九、传统医药（2+2项）

编号	项目名称	申报地区或单位	等级
IX－15	苗医药（癫痫症疗法、钻节风疗法）	湖南省凤凰县、花垣县	国家级

编号	项目名称	申报地区或单位	等级
	中医正骨疗法 （新邵孙氏正骨术）	湖南省新邵县	国家级
	小儿提风疗法	湖南省永顺县	省级
	严氏眼科中医疗法	湖北省咸丰县	省级

十、民俗（8＋38 项）

编号	项目名称	申报地区或单位	等级
X－3	端午节 （屈原故里端午习俗）	湖北省宜昌市、秭归县	国家级
X－26	仡佬毛龙节	贵州省石阡县	国家级
X－51	秀山花灯	重庆市秀山土家族苗族自治县	国家级
X－65	苗族服饰	湖南省湘西土家族苗族自治州	国家级
X－77	苗族四月八姑娘节	湖南省绥宁县	国家级
X－77	苗族四月八	湖南省吉首市	国家级
X－128	土家年	湖南省永顺县	国家级
	茶俗（仡佬族三幺台）	贵州省道真仡佬族苗族自治县	国家级
	乾州春会	湖南省吉首市	省级
	土家族舍巴日	湖南省湘西土家族苗族自治州	省级
	苗族椎牛祭	湖南省湘西土家族苗族自治州	省级
	盘王节（盘瓠祭、 八峒瑶族跳鼓坛）	湖南麻阳苗族自治县、新宁县	省级
	苗族赶秋	湖南省花垣县、吉首市	省级
	苗侗芦笙节	湖南省靖州苗族侗族自治县	省级
	大戊梁歌会	湖南省通道侗族自治县	省级
	古丈跳马节	湖南省古丈县	省级
	苗族跳香	湖南省泸溪县	省级
	油茶习俗	湖南省城步苗族自治县	省级
	花瑶"讨僚皈"	湖南省隆回县	省级
	桑植白族游神	湖南省桑植县	省级

编号	项目名称	申报地区或单位	等级
	张家界泼水龙习俗	湖南省永定区	省级
	扎故事（涟源珠梅抬故事）	湖南省涟源市	省级
	白仓高跷	湖南省邵阳县	省级
	花瑶婚俗	湖南省隆回县	省级
	苗族接龙	湖南省吉首市	省级
	土家糊仓习俗	湖南省永定区	省级
	六月六尝新节	湖南省武冈市	省级
	望星楼通书习俗	湖南省隆回县	省级
	八部大王祭	湖南省保靖县	省级
	五峰土家告祖礼仪	湖北省五峰土家族自治县	省级
	恩施社节	湖北省恩施市	省级
	恩施土家女儿会	湖北省恩施市	省级
	巴东土家族民间历法	湖北省巴东县	省级
	丰都庙会	重庆市丰都县	省市级
	思南上元沙洲节	贵州省思南县	省级
	仡佬族敬雀节	贵州省石阡县	省级
	茅坪花苗婚俗	贵州省湄潭县	省级
	仡佬族婚俗	贵州省务川仡佬族苗族自治县	省级
	土家族过赶年	贵州省印江土家族苗族自治县	省级
	下洞祭风神	贵州省印江土家族苗族自治县	省级
	余庆龙灯	贵州省余庆县	省级
	仡佬族宝王祭拜	贵州省务川仡佬族苗族自治县	省级
	仡佬族丧葬习俗	贵州省石阡县	省级
	玉屏赶坳	贵州省玉屏侗族自治县	省级
	说春	贵州省石阡县	省级
	苗族二月二	贵州省松桃苗族自治县	省级

备注：截至2014年9月30日，武陵山片区拥有国家级非物质文化遗产项目77项，省（直辖市）级非物质文化遗产项目204项。

附录 2

保护非物质文化遗产公约

联合国教育、科学及文化组织（以下简称教科文组织）大会于 2003 年 9 月 29 日至 10 月 17 日在巴黎举行的第 32 届会议，参照现有的国际人权文书，尤其是 1948 年的《世界人权宣言》以及 1966 年的《经济、社会及文化权利国际公约》和《公民权利和政治权利国际公约》；考虑到 1989 年的《保护民间创作建议书》、2001 年的《教科文组织世界文化多样性宣言》和 2002 年第三次文化部长圆桌会议通过的《伊斯坦布尔宣言》强调非物质文化遗产的重要性，它是文化多样性的熔炉，又是可持续发展的保证；考虑到非物质文化遗产与物质文化遗产和自然遗产之间的内在相互依存关系，承认全球化和社会转型进程在为各群体之间开展新的对话创造条件的同时，也与不容忍现象一样，使非物质文化遗产面临损坏、消失和破坏的严重威胁，在缺乏保护资源的情况下，这种威胁尤为严重；意识到保护人类非物质文化遗产是普遍的意愿和共同关心的事项，承认各社区，尤其是原住民、各群体，有时是个人，在非物质文化遗产的生产、保护、延续和再创造方面发挥着重要作用，从而为丰富文化多样性和人类的创造性做出贡献；注意到教科文组织在制定保护文化遗产的准则性文件，尤其是 1972 年的《保护世界文化和自然遗产公约》方面所做的具有深远意义的工作；还注意到迄今尚无有约束力的保护非物质文化遗产的多边文件；考虑到国际上现有的关于文化遗产和自然遗产的协定、建议书和决议需要有非物质文化遗产方面的新规定有效地予以充实和补充；考虑到必须提高人们，尤其是年轻一代对非物质文化遗产及其保护的重要意义的认识；考虑到国际社会应当本着互助合作的精神与本公约缔约国一起为保护此类遗产做出贡献；忆及教科文组织有关非物质文化遗产的各项计划，尤其是"宣布人类口头遗产和非物质遗产代表作"计划；认为非物质文化遗产是密切人与人之间的关系以及他们之间进行交流和了解的要素，它的作用是不可估量的，于 2003 年 10 月 17 日通过本公约。

第一章　总　则

第一条　本公约的宗旨

本公约的宗旨如下：

（一）保护非物质文化遗产；

（二）尊重有关社区、群体和个人的非物质文化遗产；

（三）在地方、国家和国际一级提高对非物质文化遗产及其相互欣赏的重要性的意识；

（四）开展国际合作及提供国际援助。

第二条　定义

在本公约中：

（一）"非物质文化遗产"，指被各社区、群体，有时是个人，视为其文化遗产组成部分的各种社会实践、观念表述、表现形式、知识、技能以及相关的工具、实物、手工艺品和文化场所。这种非物质文化遗产世代相传，在各社区和群体适应周围环境以及与自然和历史的互动中，被不断地再创造，为这些社区和群体提供认同感和持续感，从而增强对文化多样性和人类创造力的尊重。在本公约中，只考虑符合现有的国际人权文件，各社区、群体和个人之间相互尊重的需要和顺应可持续发展的非物质文化遗产。

（二）按上述第（一）项的定义，"非物质文化遗产"包括以下方面：

1．口头传统和表现形式，包括作为非物质文化遗产媒介的语言；

2．表演艺术；

3．社会实践、仪式、节庆活动；

4．有关自然界和宇宙的知识和实践；

5．传统手工艺。

（三）"保护"指确保非物质文化遗产生命力的各种措施，包括这种遗产各个方面的确认、立档、研究、保存、保护、宣传、弘扬、传承（特别是通过正规和非正规教育）和振兴。

（四）"缔约国"指受本公约约束且本公约在它们之间也通用的国家。

（五）本公约经必要修改对根据第三十三条所述之条件成为其缔约方之领土也适用。在此意义上，"缔约国"亦指这些领土。

第三条　与其他国际文书的关系

本公约的任何条款均不得解释为：

（一）改变与任一非物质文化遗产直接相关的世界遗产根据1972年《保护世界文化和自然遗产公约》所享有的地位，或降低受其保护的程度；

（二）影响缔约国从其作为缔约方的任何有关知识产权或使用生物和生态资源的国际文书所获得的权利和所负有的义务。

第二章　公约的有关机关

第四条　缔约国大会

一、兹建立缔约国大会，下称"大会"。大会为本公约的最高权力机关。

二、大会每两年举行一次常会。如若它作出此类决定或政府间保护非物质文化遗产委员会或至少三分之一的缔约国提出要求，可举行特别会议。

三、大会应通过自己的议事规则。

第五条　政府间保护非物质文化遗产委员会

一、兹在教科文组织内设立政府间保护非物质文化遗产委员会，下称"委员会"。在本公约依照第三十四条的规定生效之后，委员会由参加大会之缔约国选出的 18 个缔约国的代表组成。

二、在本公约缔约国的数目达到 50 个之后，委员会委员国的数目将增至 24 个。

第六条　委员会委员国的选举和任期

一、委员会委员国的选举应符合公平的地理分配和轮换原则。

二、委员会委员国由本公约缔约国大会选出，任期四年。

三、但第一次选举当选的半数委员会委员国的任期为两年。这些国家在第一次选举后抽签指定。

四、大会每两年对半数委员会委员国进行换届。

五、大会还应选出填补空缺席位所需的委员会委员国。

六、委员会委员国不得连选连任两届。

七、委员会委员国应选派在非物质文化遗产各领域有造诣的人士为其代表。

第七条　委员会的职能

在不妨碍本公约赋予委员会的其他职权的情况下，其职能如下：

（一）宣传公约的目标，鼓励并监督其实施情况；

（二）就好的做法和保护非物质文化遗产的措施提出建议；

（三）按照第二十五条的规定，拟订利用基金资金的计划并提交大会批准；

（四）按照第二十五条的规定，努力寻求增加其资金的方式方法，并为此采取必要的措施；

（五）拟订实施公约的业务指南并提交大会批准；

（六）根据第二十九条的规定，审议缔约国的报告并将报告综述提交大会；

（七）根据委员会制定的、大会批准的客观遴选标准，审议缔约国提出的申请并就以下事项作出决定：

1. 列入第十六条、第十七条和第十八条述及的名录和提名；

2．按照第二十二条的规定提供国际援助。

第八条　委员会的工作方法

一、委员会对大会负责。它向大会报告自己的所有活动和决定。

二、委员会以其委员的三分之二多数通过自己的议事规则。

三、委员会可设立其认为执行任务所需的临时特设咨询机构。

四、委员会可邀请在非物质文化遗产各领域确有专长的任何公营或私营机构以及任何自然人参加会议，就任何具体的问题向其请教。

第九条　咨询组织的认证

一、委员会应建议大会认证在非物质文化遗产领域确有专长的非政府组织具有向委员会提供咨询意见的能力。

二、委员会还应向大会就此认证的标准和方式提出建议。

第十条　秘书处

一、委员会由教科文组织秘书处协助。

二、秘书处起草大会和委员会文件及其会议的议程草案和确保其决定的执行。

第三章　在国家一级保护非物质文化遗产

第十一条　缔约国的作用

各缔约国应该：

（一）采取必要措施确保其领土上的非物质文化遗产受到保护；

（二）在第二条第（三）项提及的保护措施内，由各社区、群体和有关非政府组织参与，确认和确定其领土上的各种非物质文化遗产。

第十二条　清单

一、为了使其领土上的非物质文化遗产得到确认以便加以保护，各缔约国应根据自己的国情拟订一份或数份关于这类遗产的清单，并应定期加以更新。

二、各缔约国在按第二十九条的规定定期向委员会提交报告时，应提供有关这些清单的情况。

第十三条　其他保护措施

为了确保其领土上的非物质文化遗产得到保护、弘扬和展示，各缔约国应努力做到：

（一）制定一项总的政策，使非物质文化遗产在社会中发挥应有的作用，并将这种遗产的保护纳入规划工作；

（二）指定或建立一个或数个主管保护其领土上的非物质文化遗产的

机构；

（三）鼓励开展有效保护非物质文化遗产，特别是濒危非物质文化遗产的科学、技术和艺术研究以及方法研究；

（四）采取适当的法律、技术、行政和财政措施，以便：

1．促进建立或加强培训管理非物质文化遗产的机构以及通过为这种遗产提供活动和表现的场所和空间，促进这种遗产的传承；

2．确保对非物质文化遗产的享用，同时对享用这种遗产的特殊方面的习俗做法予以尊重；

3．建立非物质文化遗产文献机构并创造条件促进对它的利用。

第十四条　教育、宣传和能力培养

各缔约国应竭力采取种种必要的手段，以便：

（一）使非物质文化遗产在社会中得到确认、尊重和弘扬，主要通过：

1．向公众，尤其是向青年进行宣传和传播信息的教育计划；

2．有关社区和群体的具体的教育和培训计划；

3．保护非物质文化遗产，尤其是管理和科研方面的能力培养活动；

4．非正规的知识传播手段。

（二）不断向公众宣传对这种遗产造成的威胁以及根据本公约所开展的活动；

（三）促进保护表现非物质文化遗产所需的自然场所和纪念地点的教育。

第十五条　社区、群体和个人的参与

缔约国在开展保护非物质文化遗产活动时，应努力确保创造、延续和传承这种遗产的社区、群体，有时是个人的最大限度的参与，并吸收他们积极地参与有关的管理。

第四章　在国际一级保护非物质文化遗产

第十六条　人类非物质文化遗产代表作名录

一、为了扩大非物质文化遗产的影响，提高对其重要意义的认识和从尊重文化多样性的角度促进对话，委员会应该根据有关缔约国的提名编辑、更新和公布人类非物质文化遗产代表作名录。

二、委员会拟订有关编辑、更新和公布此代表作名录的标准并提交大会批准。

第十七条　急需保护的非物质文化遗产名录

一、为了采取适当的保护措施，委员会编辑、更新和公布急需保护的非物质文化遗产名录，并根据有关缔约国的要求将此类遗产列入该名录。

二、委员会拟订有关编辑、更新和公布此名录的标准并提交大会批准。

三、委员会在极其紧急的情况（其具体标准由大会根据委员会的建议加以批准）下，可与有关缔约国协商将有关的遗产列入第一款所提之名录。

第十八条　保护非物质文化遗产的计划、项目和活动

一、在缔约国提名的基础上，委员会根据其制定的、大会批准的标准，兼顾发展中国家的特殊需要，定期遴选并宣传其认为最能体现本公约原则和目标的国家、分地区或地区保护非物质文化遗产的计划、项目和活动。

二、为此，委员会接受、审议和批准缔约国提交的关于要求国际援助拟订此类提名的申请。

三、委员会按照它确定的方式，配合这些计划、项目和活动的实施，随时推广有关经验。

第五章　国际合作与援助

第十九条　合作

一、在本公约中，国际合作主要是交流信息和经验，采取共同的行动，以及建立援助缔约国保护非物质文化遗产工作的机制。

二、在不违背国家法律规定及其习惯法和习俗的情况下，缔约国承认保护非物质文化遗产符合人类的整体利益，保证为此目的在双边、分地区、地区和国际各级开展合作。

第二十条　国际援助的目的

可为如下目的提供国际援助：

（一）保护列入《急需保护的非物质文化遗产名录》的遗产；

（二）按照第十一条和第十二条的精神编制清单；

（三）支持在国家、分地区和地区开展的保护非物质文化遗产的计划、项目和活动；

（四）委员会认为必要的其他一切目的。

第二十一条　国际援助的形式

第七条的业务指南和第二十四条所指的协定对委员会向缔约国提供援助作了规定，可采取的形式如下：

（一）对保护这种遗产的各个方面进行研究；

（二）提供专家和专业人员；

（三）培训各类所需人员；

（四）制订准则性措施或其他措施；

（五）基础设施的建立和营运；

（六）提供设备和技能；

（七）其他财政和技术援助形式，包括在必要时提供低息贷款和捐助。

第二十二条　国际援助的条件

一、委员会确定审议国际援助申请的程序和具体规定申请的内容，包括打算采取的措施、必需开展的工作及预计的费用。

二、如遇紧急情况，委员会应对有关援助申请优先审议。

三、委员会在作出决定之前，应进行其认为必要的研究和咨询。

第二十三条　国际援助的申请

一、各缔约国可向委员会递交国际援助的申请，保护在其领土上的非物质文化遗产。

二、此类申请亦可由两个或数个缔约国共同提出。

三、申请应包含第二十二条第一款规定的所有资料和所有必要的文件。

第二十四条　受援缔约国的任务

一、根据本公约的规定，国际援助应依据受援缔约国与委员会之间签署的协定来提供。

二、受援缔约国通常应在自己力所能及的范围内分担国际所援助的保护措施的费用。

三、受援缔约国应向委员会报告关于使用所提供的保护非物质文化遗产援助的情况。

第六章　非物质文化遗产基金

第二十五条　基金的性质和资金来源

一、兹建立一项"保护非物质文化遗产基金"，下称"基金"。

二、根据教科文组织《财务条例》的规定，此项基金为信托基金。

三、基金的资金来源包括：

（一）缔约国的纳款；

（二）教科文组织大会为此所拨的资金；

（三）以下各方可能提供的捐款、赠款或遗赠：

1. 其他国家；

2. 联合国系统各组织和各署（特别是联合国开发计划署）以及其他国际组织；

3. 公营或私营机构和个人。

（四）基金的资金所得的利息；

（五）为本基金募集的资金和开展活动之所得；

（六）委员会制定的基金条例所许可的所有其他资金。

四、委员会对资金的使用视大会的方针来决定。

五、委员会可接受用于某些项目的一般或特定目的的捐款及其他形式的援助，只要这些项目已获委员会的批准。

六、对基金的捐款不得附带任何与本公约所追求之目标不相符的政治、经济或其他条件。

第二十六条 缔约国对基金的纳款

一、在不妨碍任何自愿补充捐款的情况下，本公约缔约国至少每两年向基金纳一次款，其金额由大会根据适用于所有国家的统一的纳款额百分比加以确定。缔约国大会关于此问题的决定由出席会议并参加表决，但未作本条第二款中所述声明的缔约国的多数通过。在任何情况下，此纳款都不得超过缔约国对教科文组织正常预算纳款的百分之一。

二、但是，本公约第三十二条或第三十三条中所指的任何国家均可在交存批准书、接受书、核准书或加入书时声明不受本条第一款规定的约束。

三、已作本条第二款所述声明的本公约缔约国应努力通知联合国教育、科学及文化组织总干事收回所作声明。但是，收回声明之举不得影响该国在紧接着的下一届大会开幕之日前应缴的纳款。

四、为使委员会能够有效地规划其工作，已作本条第二款所述声明的本公约缔约国至少应每两年定期纳一次款，纳款额应尽可能接近它们按本条第一款规定应交的数额。

五、凡拖欠当年和前一日历年的义务纳款或自愿捐款的本公约缔约国不能当选为委员会委员，但此项规定不适用于第一次选举。已当选为委员会委员的缔约国的任期应在本公约第六条规定的选举之时终止。

第二十七条 基金的自愿补充捐款

除了第二十六条所规定的纳款，希望提供自愿捐款的缔约国应及时通知委员会以使其能对相应的活动作出规划。

第二十八条 国际筹资运动

缔约国应尽力支持在教科文组织领导下为该基金发起的国际筹资运动。

第七章 报 告

第二十九条 缔约国的报告

缔约国应按照委员会确定的方式和周期向其报告它们为实施本公约而通过的法律、规章条例或采取的其他措施的情况。

第三十条 委员会的报告

一、委员会应在其开展的活动和第二十九条提及的缔约国报告的基础上，向每届大会提交报告。

二、该报告应提交教科文组织大会。

第八章　过渡条款

第三十一条　与宣布人类口头和非物质遗产代表作的关系

一、委员会应把在本公约生效前宣布为"人类口头和非物质遗产代表作"的遗产纳入人类非物质文化遗产代表作名录。

二、把这些遗产纳入人类非物质文化遗产代表作名录绝不是预设按第十六条第二款将确定的今后列入遗产的标准。

三、在本公约生效后，将不再宣布其他任何人类口头和非物质遗产代表作。

第九章　最后条款

第三十二条　批准、接受或核准

一、本公约须由教科文组织会员国根据各自的宪法程序予以批准、接受或核准。

二、批准书、接受书或核准书应交存教科文组织总干事。

第三十三条　加入

一、所有非教科文组织会员国的国家，经本组织大会邀请，均可加入本公约。

二、没有完全独立，但根据联合国大会第1514（XV）号决议被联合国承认为充分享有内部自治，并且有权处理本公约范围内的事宜，包括有权就这些事宜签署协议的地区也可加入本公约。

三、加入书应交存教科文组织总干事。

第三十四条　生效

本公约在第三十份批准书、接受书、核准书或加入书交存之日起的三个月后生效，但只涉及在该日或该日之前交存批准书、接受书、核准书或加入书的国家。对其他缔约国来说，本公约则在这些国家的批准书、接受书、核准书或加入书交存之日起的三个月之后生效。

第三十五条　联邦制或非统一立宪制

对实行联邦制或非统一立宪制的缔约国实行下述规定：

（一）在联邦或中央立法机构的法律管辖下实施本公约各项条款的国家的联邦或中央政府的义务与非联邦国家的缔约国的义务相同；

（二）在构成联邦，但按照联邦立宪制无须采取立法手段的各个州、成员国、省或行政区的法律管辖下实施本公约的各项条款时，联邦政府应将这些条款连同其建议一并通知各个州、成员国、省或行政区的主管当局。

第三十六条　退出

一、各缔约国均可宣布退出本公约。

二、退约应以书面退约书的形式通知教科文组织总干事。

三、退约在接到退约书十二个月之后生效。在退约生效日之前不得影响退约国承担的财政义务。

第三十七条　保管人的职责

教科文组织总干事作为本公约的保管人，应将第三十二条和第三十三条规定交存的所有批准书、接受书、核准书或加入书和第三十六条规定的退约书的情况通告本组织各会员国、第三十三条提到的非本组织会员国的国家和联合国。

第三十八条　修订

一、任何缔约国均可书面通知总干事，对本公约提出修订建议。总干事应将此通知转发给所有缔约国。如在通知发出之日起六个月之内，至少有一半的缔约国回复赞成此要求，总干事应将此建议提交下一届大会讨论，决定是否通过。

二、对本公约的修订须经出席并参加表决的缔约国三分之二多数票通过。

三、对本公约的修订一旦通过，应提交缔约国批准、接受、核准或加入。

四、对于那些已批准、接受、核准或加入修订的缔约国来说，本公约的修订在三分之二的缔约国交存本条第三款所提及的文书之日起三个月之后生效。此后，对任何批准、接受、核准或加入修订的缔约国来说，在其交存批准书、接受书、核准书或加入书之日起三个月之后，本公约的修订即生效。

五、第三款和第四款所确定的程序对有关委员会委员国数目的第五条的修订不适用。此类修订一经通过即生效。

六、在修订依照本条第四款的规定生效之后成为本公约缔约国的国家如无表示异议，应

（一）被视为修订的本公约的缔约方；

（二）但在与不受这些修订约束的任何缔约国的关系中，仍被视为未经修订之公约的缔约方。

第三十九条　有效文本

　　本公约用英文、阿拉伯文、中文、西班牙文、法文和俄文拟定，六种文本具有同等效力。

　　第四十条　登记

　　根据《联合国宪章》第一百零二条的规定，本公约应按教科文组织总干事的要求交联合国秘书处备案。

附录3

中华人民共和国非物质文化遗产法

(2011 年 2 月 25 日第十一届全国人民代表大会常务委员会
第十九次会议通过)

第一章 总 则

第一条 为了继承和弘扬中华民族优秀传统文化,促进社会主义精神文明建设,加强非物质文化遗产保护、保存工作,制定本法。

第二条 本法所称非物质文化遗产,是指各族人民世代相传并视为其文化遗产组成部分的各种传统文化表现形式,以及与传统文化表现形式相关的实物和场所。包括:

(一)传统口头文学以及作为其载体的语言;

(二)传统美术、书法、音乐、舞蹈、戏剧、曲艺和杂技;

(三)传统技艺、医药和历法;

(四)传统礼仪、节庆等民俗;

(五)传统体育和游艺;

(六)其他非物质文化遗产。属于非物质文化遗产组成部分的实物和场所,凡属文物的,适用《中华人民共和国文物保护法》的有关规定。

第三条 国家对非物质文化遗产采取认定、记录、建档等措施予以保存,对体现中华民族优秀传统文化,具有历史、文学、艺术、科学价值的非物质文化遗产采取传承、传播等措施予以保护。

第四条 保护非物质文化遗产,应当注重其真实性、整体性和传承性,有利于增强中华民族的文化认同,有利于维护国家统一和民族团结,有利于促进社会和谐和可持续发展。

第五条 使用非物质文化遗产,应当尊重其形式和内涵。

禁止以歪曲、贬损等方式使用非物质文化遗产。

第六条 县级以上人民政府应当将非物质文化遗产保护、保存工作纳入本级国民经济和社会发展规划,并将保护、保存经费列入本级财政预算。

国家扶持民族地区、边远地区、贫困地区的非物质文化遗产保护、保存工作。

第七条 国务院文化主管部门负责全国非物质文化遗产的保护、保存工作;县级以上地方人民政府文化主管部门负责本行政区域内非物质文化遗产的保护、保存工作。

县级以上人民政府其他有关部门在各自职责范围内，负责有关非物质文化遗产的保护、保存工作。

第八条　县级以上人民政府应当加强对非物质文化遗产保护工作的宣传，提高全社会保护非物质文化遗产的意识。

第九条　国家鼓励和支持公民、法人和其他组织参与非物质文化遗产保护工作。

第十条　对在非物质文化遗产保护工作中做出显著贡献的组织和个人，按照国家有关规定予以表彰、奖励。

第二章　非物质文化遗产的调查

第十一条　县级以上人民政府根据非物质文化遗产保护、保存工作需要，组织非物质文化遗产调查。非物质文化遗产调查由文化主管部门负责进行。

县级以上人民政府其他有关部门可以对其工作领域内的非物质文化遗产进行调查。

第十二条　文化主管部门和其他有关部门进行非物质文化遗产调查，应当对非物质文化遗产予以认定、记录、建档，建立健全调查信息共享机制。

文化主管部门和其他有关部门进行非物质文化遗产调查，应当收集属于非物质文化遗产组成部分的代表性实物，整理调查工作中取得的资料，并妥善保存，防止损毁、流失。其他有关部门取得的实物图片、资料复制件，应当汇交给同级文化主管部门。

第十三条　文化主管部门应当全面了解非物质文化遗产有关情况，建立非物质文化遗产档案及相关数据库。除依法应当保密的外，非物质文化遗产档案及相关数据信息应当公开，便于公众查阅。

第十四条　公民、法人和其他组织可以依法进行非物质文化遗产调查。

第十五条　境外组织或者个人在中华人民共和国境内进行非物质文化遗产调查，应当报经省、自治区、直辖市人民政府文化主管部门批准；调查在两个以上省、自治区、直辖市行政区域进行的，应当报经国务院文化主管部门批准；调查结束后，应当向批准调查的文化主管部门提交调查报告和调查中取得的实物图片、资料复制件。

境外组织在中华人民共和国境内进行非物质文化遗产调查，应当与境内非物质文化遗产学术研究机构合作进行。

第十六条　进行非物质文化遗产调查，应当征得调查对象的同意，尊重

其风俗习惯，不得损害其合法权益。

第十七条　对通过调查或者其他途径发现的濒临消失的非物质文化遗产项目，县级人民政府文化主管部门应当立即予以记录并收集有关实物，或者采取其他抢救性保存措施；对需要传承的，应当采取有效措施支持传承。

第三章　非物质文化遗产代表性项目名录

第十八条　国务院建立国家级非物质文化遗产代表性项目名录，将体现中华民族优秀传统文化，具有重大历史、文学、艺术、科学价值的非物质文化遗产项目列入名录予以保护。

省、自治区、直辖市人民政府建立地方非物质文化遗产代表性项目名录，将本行政区域内体现中华民族优秀传统文化，具有历史、文学、艺术、科学价值的非物质文化遗产项目列入名录予以保护。

第十九条　省、自治区、直辖市人民政府可以从本省、自治区、直辖市非物质文化遗产代表性项目名录中向国务院文化主管部门推荐列入国家级非物质文化遗产代表性项目名录的项目。推荐时应当提交下列材料：

（一）项目介绍，包括项目的名称、历史、现状和价值；

（二）传承情况介绍，包括传承范围、传承谱系、传承人的技艺水平、传承活动的社会影响；

（三）保护要求，包括保护应当达到的目标和应当采取的措施、步骤、管理制度；

（四）有助于说明项目的视听资料等材料。

第二十条　公民、法人和其他组织认为某项非物质文化遗产体现中华民族优秀传统文化，具有重大历史、文学、艺术、科学价值的，可以向省、自治区、直辖市人民政府或者国务院文化主管部门提出列入国家级非物质文化遗产代表性项目名录的建议。

第二十一条　相同的非物质文化遗产项目，其形式和内涵在两个以上地区均保持完整的，可以同时列入国家级非物质文化遗产代表性项目名录。

第二十二条　国务院文化主管部门应当组织专家评审小组和专家评审委员会，对推荐或者建议列入国家级非物质文化遗产代表性项目名录的非物质文化遗产项目进行初评和审议。

初评意见应当经专家评审小组成员过半数通过。专家评审委员会对初评意见进行审议，提出审议意见。

评审工作应当遵循公开、公平、公正的原则。

第二十三条　国务院文化主管部门应当将拟列入国家级非物质文化遗产

代表性项目名录的项目予以公示，征求公众意见。公示时间不得少于二十日。

第二十四条　国务院文化主管部门根据专家评审委员会的审议意见和公示结果，拟订国家级非物质文化遗产代表性项目名录，报国务院批准、公布。

第二十五条　国务院文化主管部门应当组织制定保护规划，对国家级非物质文化遗产代表性项目予以保护。

省、自治区、直辖市人民政府文化主管部门应当组织制定保护规划，对本级人民政府批准公布的地方非物质文化遗产代表性项目予以保护。

制定非物质文化遗产代表性项目保护规划，应当对濒临消失的非物质文化遗产代表性项目予以重点保护。

第二十六条　对非物质文化遗产代表性项目集中、特色鲜明、形式和内涵保持完整的特定区域，当地文化主管部门可以制定专项保护规划，报经本级人民政府批准后，实行区域性整体保护。确定对非物质文化遗产实行区域性整体保护，应当尊重当地居民的意愿，并保护属于非物质文化遗产组成部分的实物和场所，避免遭受破坏。

实行区域性整体保护涉及非物质文化遗产集中地村镇或者街区空间规划的，应当由当地城乡规划主管部门依据相关法规制定专项保护规划。

第二十七条　国务院文化主管部门和省、自治区、直辖市人民政府文化主管部门应当对非物质文化遗产代表性项目保护规划的实施情况进行监督检查；发现保护规划未能有效实施的，应当及时纠正、处理。

第四章　非物质文化遗产的传承与传播

第二十八条　国家鼓励和支持开展非物质文化遗产代表性项目的传承、传播。

第二十九条　国务院文化主管部门和省、自治区、直辖市人民政府文化主管部门对本级人民政府批准公布的非物质文化遗产代表性项目，可以认定代表性传承人。

非物质文化遗产代表性项目的代表性传承人应当符合下列条件：

（一）熟练掌握其传承的非物质文化遗产；

（二）在特定领域内具有代表性，并在一定区域内具有较大影响；

（三）积极开展传承活动。认定非物质文化遗产代表性项目的代表性传承人，应当参照执行本法有关非物质文化遗产代表性项目评审的规定，并将所认定的代表性传承人名单予以公布。

第三十条　县级以上人民政府文化主管部门根据需要，采取下列措施，支持非物质文化遗产代表性项目的代表性传承人开展传承、传播活动：

（一）提供必要的传承场所；

（二）提供必要的经费资助其开展授徒、传艺、交流等活动；

（三）支持其参与社会公益性活动；

（四）支持其开展传承、传播活动的其他措施。

第三十一条　非物质文化遗产代表性项目的代表性传承人应当履行下列义务：

（一）开展传承活动，培养后继人才；

（二）妥善保存相关的实物、资料；

（三）配合文化主管部门和其他有关部门进行非物质文化遗产调查；

（四）参与非物质文化遗产公益性宣传。非物质文化遗产代表性项目的代表性传承人无正当理由不履行前款规定义务的，文化主管部门可以取消其代表性传承人资格，重新认定该项目的代表性传承人；丧失传承能力的，文化主管部门可以重新认定该项目的代表性传承人。

第三十二条　县级以上人民政府应当结合实际情况，采取有效措施，组织文化主管部门和其他有关部门宣传、展示非物质文化遗产代表性项目。

第三十三条　国家鼓励开展与非物质文化遗产有关的科学技术研究和非物质文化遗产保护、保存方法研究，鼓励开展非物质文化遗产的记录和非物质文化遗产代表性项目的整理、出版等活动。

第三十四条　学校应当按照国务院教育主管部门的规定，开展相关的非物质文化遗产教育。

新闻媒体应当开展非物质文化遗产代表性项目的宣传，普及非物质文化遗产知识。

第三十五条　图书馆、文化馆、博物馆、科技馆等公共文化机构和非物质文化遗产学术研究机构、保护机构以及利用财政性资金举办的文艺表演团体、演出场所经营单位等，应当根据各自业务范围，开展非物质文化遗产的整理、研究、学术交流和非物质文化遗产代表性项目的宣传、展示。

第三十六条　国家鼓励和支持公民、法人和其他组织依法设立非物质文化遗产展示场所和传承场所，展示和传承非物质文化遗产代表性项目。

第三十七条　国家鼓励和支持发挥非物质文化遗产资源的特殊优势，在有效保护的基础上，合理利用非物质文化遗产代表性项目开发具有地方、民族特色和市场潜力的文化产品和文化服务。

开发利用非物质文化遗产代表性项目的，应当支持代表性传承人开展传承活动，保护属于该项目组成部分的实物和场所。

县级以上地方人民政府应当对合理利用非物质文化遗产代表性项目的单位予以扶持。单位合理利用非物质文化遗产代表性项目的，依法享受国家规定的税收优惠。

第五章　法律责任

第三十八条　文化主管部门和其他有关部门的工作人员在非物质文化遗产保护、保存工作中玩忽职守、滥用职权、徇私舞弊的，依法给予处分。

第三十九条　文化主管部门和其他有关部门的工作人员进行非物质文化遗产调查时侵犯调查对象风俗习惯，造成严重后果的，依法给予处分。

第四十条　违反本法规定，破坏属于非物质文化遗产组成部分的实物和场所的，依法承担民事责任；构成违反治安管理行为的，依法给予治安管理处罚。

第四十一条　境外组织违反本法第十五条规定的，由文化主管部门责令改正，给予警告，没收违法所得及调查中取得的实物、资料；情节严重的，并处十万元以上五十万元以下的罚款。

境外个人违反本法第十五条第一款规定的，由文化主管部门责令改正，给予警告，没收违法所得及调查中取得的实物、资料；情节严重的，并处一万元以上五万元以下的罚款。

第四十二条　违反本法规定，构成犯罪的，依法追究刑事责任。

第六章　附　则

第四十三条　建立地方非物质文化遗产代表性项目名录的办法，由省、自治区、直辖市参照本法有关规定制定。

第四十四条　使用非物质文化遗产涉及知识产权的，适用有关法律、行政法规的规定。

对传统医药、传统工艺美术等的保护，其他法律、行政法规另有规定的，依照其规定。

第四十五条　本法自 2011 年 6 月 1 日起施行。

附录4

文化部关于加强
国家级文化生态保护区建设的指导意见

文非遗发〔2010〕7号

各省、自治区、直辖市文化厅（局），新疆生产建设兵团文化局：

根据《国务院关于加强文化遗产保护的通知》（国发〔2005〕42号）、《国务院办公厅关于加强我国非物质文化遗产保护工作的意见》（国办发〔2005〕18号）精神和《国家"十一五"时期文化发展规划纲要》要求，文化部开展了文化生态保护区建设工作。为进一步深化非物质文化遗产保护，加强国家级文化生态保护区建设，现提出以下指导意见：

一、国家级文化生态保护区建设的重要意义

国家级文化生态保护区是指以保护非物质文化遗产为核心，对历史文化积淀丰厚、存续状态良好，具有重要价值和鲜明特色的文化形态进行整体性保护，并经文化部批准设立的特定区域。

随着经济全球化趋势的增强和现代化进程的加快，我国的文化生态环境正发生急剧变化。《国家"十一五"时期文化发展规划纲要》明确提出，要"确定10个国家级民族民间文化生态保护区"。随着非物质文化遗产保护工作的深入开展，我国将逐步设立一批国家级文化生态保护区。设立国家级文化生态保护区，以非物质文化遗产为核心加强文化生态保护，对于推动非物质文化遗产的整体性保护和传承发展，维护文化生态系统的平衡和完整；对于提高文化自觉，建设中华民族共有精神家园，增进民族团结，增强民族自信心和凝聚力；对于促进经济社会全面协调和可持续发展，具有重要的意义。

各地文化行政部门要进一步提高对国家级文化生态保护区建设重要性的认识，增强责任感和紧迫感，切实做好国家级文化生态保护区建设工作。

二、国家级文化生态保护区建设的方针和原则

国家级文化生态保护区建设要以科学发展观为指导，认真贯彻非物质文化遗产保护工作"保护为主、抢救第一、合理利用、传承发展"的指导方针。在文化生态保护区的建设工作中，应坚持以保护非物质文化遗产为核心的原则，坚持人文环境与自然环境协调、维护文化生态平衡的整体性保护原则，坚持尊重人民群众的文化主体地位的原则，坚持以人为本、活态传承的原则，坚持文化与经济社会协调发展的原则，坚持保护优先、开发服从保护的原则，坚持政府主导、社会参与的原则。

三、国家级文化生态保护区设立的条件

——传统文化历史积淀丰厚、存续状态良好，并为社会广泛认同；

——非物质文化遗产资源丰富，分布较为集中，且具有较高的历史、文化、科学价值和鲜明的区域特色、民族特色；

——非物质文化遗产所依存的自然生态环境和人文生态环境良好；

——当地群众的文化认同与参与保护的自觉性较高；

——当地人民政府重视文化生态保护区建设工作，保护措施有力。

四、国家级文化生态保护区设立的程序

各省、自治区、直辖市文化厅（局）要组织专家对申请设立国家级文化生态保护区的地区进行实地考察，并对申请地区编制的《文化生态保护区规划纲要》进行论证，经省级人民政府同意后，将申请地区人民政府和省、自治区、直辖市文化厅（局）设立文化生态保护区的申请、省级人民政府同意设立文化生态保护区的函件、专家论证意见以及《文化生态保护区规划纲要》等申报材料一并报送文化部。

在对各地报送的国家级文化生态保护区的申报材料进行认真审核的基础上，文化部组织专家对申请地区进行实地考察，并对《文化生态保护区规划纲要》进行论证、评审。经论证、评审通过的申请地区，文化部将设立为国家级文化生态保护实验区。国家级文化生态保护实验区建设取得一定成果和经验后，文化部组织专家进行验收，验收合格后命名为国家级文化生态保护区。

五、国家级文化生态保护区建设的基本措施

（一）科学制定文化生态保护区总体规划。制定总体规划是建设文化生态保护区的前提条件。要在调查研究、统筹协调和科学论证的基础上，组织制定文化生态保护区总体规划。总体规划应当体现人与自然和谐相处、文化遗产保护与区域经济社会全面协调发展的要求，突出非物质文化遗产资源的独特价值、文化内涵和民族特色、地方特色。总体规划要详实具体，内容应包括文化生态保护区文化资源与文化生态的现状与分析；文化生态保护区的建设目标、工作原则与保护内容；文化生态保护区的保护范围与重点区域；文化生态保护区的保护方式、保护措施与保障措施；总体规划的分期实施方案等。要将《文化生态保护区总体规划》纳入当地经济社会发展总体规划。

（二）确定重点区域进行整体性保护。在文化生态保护区中选择若干自然生态环境基本良好、传统文化生态保持较为完整的街道、社区或乡镇、村落等，作为实施整体性保护的重点区域。要注意保持重点区域的历史风貌和传统文化生态，不得改变与其相互依存的自然景观和环境。要注重非物质文化遗产的不同项目之间，非物质文化遗产与物质文化遗产之间，文化遗产与自然环境、人文环境之间的关联性，将单一项目、单一形态的保护模式，转变为多种文化表现形式的综合性保护。文化生态保护区内涉及文物、历史文化街区、名镇、名村、名城自然保护区、风景名胜区的，应当执行国家有关法律、法规的规定。

（三）加强非物质文化遗产名录项目的保护。要根据各级非物质文化遗产名录项目特别是国家级名录项目的不同类别特点，因地制宜、因类制宜地采取针对性保护措施，做好保护工作。对传统表演艺术类的项目，要注重传统剧（节）目及其资料的挖掘和整理，及时抢救记录老艺人及其代表性剧（节）目；对传统技艺类的项目，要注重代表性传承人的技艺传承及原材料保护，征集代表性传承人主要代表作品，鼓励探索生产性保护方式；对民俗类的项目，注重在相关社区的宣传、教育和民俗活动的开展，促进群体传承。对区域内濒危的非物质文化遗产名录项目，要优先抢救保护。要建立非物质文化遗产档案和数据库。

（四）加强非物质文化遗产名录项目代表性传承人的保护。要继续对文化生态保护区内各级非物质文化遗产名录项目代表性传承人进行认定和命名，为其开展传习活动提供必要的场所，资助其开展授徒传艺、教学、交流等活动，对高龄和无固定经济来源的代表性传承人，可发放一定的生活补贴，对传承工作有突出贡献的代表性传承人给予表彰、奖励；对学艺者采取助学、奖学等方式，鼓励其学习、掌握非物质文化遗产，成为后继人才。

（五）加强非物质文化遗产基础设施建设。非物质文化遗产基础设施是展示和传习非物质文化遗产的重要场所。国家级文化生态保护区要在统筹规划的基础上，建设一个以上的国有综合性非物质文化遗产展示馆，根据当地实际建设非物质文化遗产专题展示馆，为各级非物质文化遗产名录项目建设传习所；鼓励个人、企事业单位等社会力量建设多种形式的非物质文化遗产专题展示馆和传习所；要注重非物质文化遗产珍贵实物资料和传承人代表性作品的征集，并进行科学的展示陈列，充分发挥非物质文化遗产基础设施在保护、传承、展示、宣传非物质文化遗产等方面的积极作用。

（六）加强文化生态保护区理论和政策研究。文化生态保护区内有种类繁多的非物质文化遗产，对这些非物质文化遗产的历史与现状，对它们的文化艺术价值、对它们的传承发展和开发利用的规律要进行深入研究。同时，鼓励在文化生态保护区内建立相应的研究机构，积极开展与文化生态保护区有关的理论研究和政策研究。充分发挥研究机构和高等院校的作用，利用国内外学术研讨会、理论论坛、座谈会、交流会等方式，深入研究文化生态保护区建设中遇到的新情况、新问题，为文化生态保护区的建设提供理论依据和决策参考。

（七）加强非物质文化遗产教育传承。在文化生态保护区内要整合文化、教育等多方资源，将非物质文化遗产保护知识纳入当地教育体系，积极推进非物质文化遗产进课堂、进教材、进校园，通过组织代表性传承人进学校开展授课辅导活动，编写非物质文化遗产传承普及和辅导读本，在中小学开设非物质文化遗产项目选修课程，在保护区内的职业学校和高等院校设立非物质文化遗产相关专业等方式，使非物质文化遗产成为对青少年进行传统文化教育和爱国主义教育的重要载体，培养新的传承群体，探索多种形式的传承方式。

（八）加强非物质文化遗产保护人才队伍建设。人才队伍是做好非物质文化遗产保护工作的关键。要通过组织培训班、现场考察学习、经验交流等方式，开展文化生态保护人员培训工作，提高保护人员的业务水平和工作能力。要与高等院校、科研院所密切协作，设置非物质文化遗产保护相关专业，培养一批非物质文化遗产保护专业人才，为文化生态保护区建设提供人才支撑。

（九）突出社会公众的文化主体地位。文化生态保护区内广大人民群众的参与程度是衡量保护区建设成效的决定因素。要充分理解和尊重文化生态保护区内社会公众的意愿，增进社会公众的文化认同感和自豪感，对积极有益的民俗活动给予支持，鼓励民众积极参与非物质文化遗产生产性保护、民俗节庆活动等，激发社会公众的保护意识，提升社会公众的文化自觉，充分调动社会公众参与文化生态保护区建设的主动性和创造性。

（十）营造有利于文化生态可持续发展的良好社会氛围。充分利用报刊、广播电视、互联网等新闻媒体对文化生态保护区建设进行宣传报道，利用"文化遗产日"、民族传统节目，大力开展丰富多彩的群众文化活动，鼓励开展健康有益的民俗文化活动，增强人们自觉参与文化生态保护的意识，努力营造文化生态保护的良好氛围。

六、国家级文化生态保护区建设的工作机制

（一）发挥政府主导作用。国家级文化生态保护区建设要充分发挥政府主导作用，加强领导，建立由有关政府领导牵头，各相关部门共同参与的领导机构。要将文化生态保护区建设纳入本地区经济社会发展规划和工作考核目标，并根据文化生态保护区总体规划和当地特点制定出台文化生态保护区建设的相关政策。在文化行政部门设立日常工作机构，实施具体工作。

（二）加大资金投入。要将文化生态保护区建设纳入本地区公共文化服务体系建设，所需经费列入本级财政预算。同时通过政策引导等措施，鼓励个人、企业和社会组织对文化生态保护区建设予以资助，多渠道吸纳社会资金投入。

（三）建立专家咨询机制。要成立文化生态保护区建设专家咨询机构，充分发挥专家的工作指导、咨询、参谋作用，结合工作实际开展理论研究，为文化生态保护区建设提供智力支持。

（四）调动社会各方面力量参与保护区建设。采取多种方式，广泛调动有关学术研究机构、高等院校、企事业单位、社会组织、个人等各种社会力量的积极性，形成合力，共同开展文化生态保护区建设工作。

（五）加强指导检查。各级文化行政部门要把国家级文化生态保护区建设作为文化建设的一项重要工作。文化部和各省、自治区、直辖市文化厅（局）要对国家级文化生态保护区总体规划的实施情况进行指导和检查，及时发现问题，纠正偏差，总结经验，改进工作。对国家级文化生态保护区建设成绩突出的地区，给予表彰奖励。

二〇一〇年二月十日文化部办公厅印发

附录 5

文化部关于加强非物质文化遗产
生产性保护的指导意见

文非遗发〔2012〕4 号

各省、自治区、直辖市文化厅（局），新疆生产建设兵团文化广播电视局，各计划单列市文化局：

为进一步规范、加强非物质文化遗产生产性保护，根据《中华人民共和国非物质文化遗产法》（主席令第 42 号）和《国务院办公厅关于加强我国非物质文化遗产保护工作的意见》（国办发〔2005〕18 号）精神，现就非物质文化遗产生产性保护提出以下指导意见：

一、充分认识开展非物质文化遗产生产性保护的重要意义

非物质文化遗产生产性保护是指在具有生产性质的实践过程中，以保持非物质文化遗产的真实性、整体性和传承性为核心，以有效传承非物质文化遗产技艺为前提，借助生产、流通、销售等手段，将非物质文化遗产及其资源转化为文化产品的保护方式。目前，这一保护方式主要是在传统技艺、传统美术和传统医药药物炮制类非物质文化遗产领域实施。

在有效保护和传承的前提下，加强传统技艺、传统美术和传统医药药物炮制类非物质文化遗产代表性项目的生产性保护，符合非物质文化遗产传承发展的特定规律，有利于增强非物质文化遗产自身活力，推动非物质文化遗产保护更紧密地融入人们的生产生活；有利于提高非物质文化遗产传承人的传承积极性，培养更多后继人才，为非物质文化遗产保护奠定持久、深厚的基础；有利于继承弘扬优秀传统文化，推动优秀传统文化繁荣发展，满足人民群众的精神文化需求；有利于促进文化消费、扩大就业，促进非物质文化遗产保护与改善民生相结合，推动区域经济、社会全面协调可持续发展。

各级文化行政部门应充分认识非物质文化遗产生产性保护的重要意义，增强责任感和紧迫感，积极探索，加强引导，进一步推动我国非物质文化遗产生产性保护工作深入开展。

二、正确把握非物质文化遗产生产性保护的方针和原则

非物质文化遗产生产性保护要坚持以科学发展观为指导，按照《中华人民共和国非物质文化遗产法》的规定，认真贯彻"保护为主、抢救第一、合理利用、传承发展"的方针。在非物质文化遗产生产性保护工作中，坚持以人为本、活态传承原则，坚持保护传统工艺流程的整体性和核心技艺的真实性原则，坚持保护优先、开发服从保护原则，坚持把社会效益放在首位，社会效益和经济效益有机统一原则，坚持依法保护、科学保护原则。

三、科学推进非物质文化遗产生产性保护工作深入开展

（一）坚持正确导向。非物质文化遗产生产性保护是一种保护方式，出发点和落脚点都是非物质文化遗产的保护和传承。因此，应当坚持非物质文化遗产生产性保护的正确导向，严格遵循非物质文化遗产传承发展的规律，处理好保护传承和开发利用的关系，始终把保护放在首位，坚持在保护的基础上合理利用，尊重非物质文化遗产生产方式的多样性，坚持传统工艺流程的整体性和核心技艺的真实性，不能为追逐经济利益而忽视非物质文化遗产保护和传承，反对擅自改变非物质文化遗产的传统生产方式、传统工艺流程和核心技艺。

（二）合理规划布局。加强对非物质文化遗产生产性保护的调查研究与整体规划，编制促进非物质文化遗产生产性保护的行动计划，将非物质文化遗产生产性保护纳入本地区经济社会发展规划。重点培育一批国家级非物质文化遗产生产性保护示范基地，积极探索和总结非物质文化遗产生产性保护的做法和经验，充分发挥国家级非物质文化遗产示范基地的示范、带动作用。发掘东中西部地区各自优势，规划建设各具特色的非物质文化遗产生产性保护示范基地，彰显区域特色和民族特色。

（三）健全传承机制。要研究非物质文化遗产生产性保护的特点，建立健全符合非物质文化遗产自身规律的传承机制。制定非物质文化遗产生产性保护传承人培养计划，建立传承人培养激励机制，增强代表性传承人履行传承义务的责任感和荣誉感；为代表性传承人开展生产、授徒传艺、展示交流等活动创造条件，提供服务；对年老体弱的代表性传承人，抓紧开展抢救性记录工作，详实记录代表性传承人掌握的精湛技艺和工艺流程；对传承工作有突出贡献的代表性传承人给予表彰、奖励；对学艺者采取助学、奖学等措施，鼓励其学习、掌握传统技艺；遵循非物质文化遗产项目生产方式的个性和特征，鼓励和支持代表性传承人设立个人工作室等。

（四）落实扶持措施。要统筹规划，加强天然原材料、珍稀原材料的保护，处理好天然原材料、珍稀原材料保护与利用的关系，依照相关法规制度为传承人使用天然原材料、珍稀原材料提供帮助和支持；鼓励和支持传承人在传承传统技艺、坚守传统工艺流程和核心技艺的基础上对技艺有所创新和发展；鼓励和支持传承人在制作传统题材作品的同时创作适应当代社会需求的作品，推动传统产品功能转型和审美价值提升；支持和帮助代表性传承人开展产品宣传，利用报刊、电视、网络等媒体宣传非物质文化遗产代表性项目及其产品的文化内涵和审美价值；积极为代表性传承人提供技艺展示、产品销售的渠道和平台。

（五）加强引导规范。深入开展调查研究，掌握本地区适合生产性保护的非物质文化遗产代表性项目生存发展状况，根据不同状况采取相应的引导、规范措施。对适合生产性保护但处于濒危状态、传承困难的代表性项目，要优先抢救与扶持，记录、保存相关资料，尽快扶持恢复生产，传承技艺，督促开展相关工作；对有市场潜力的代表性项目，鼓励采取"项目＋传承人＋基地""传承人＋协会""公司＋农户"等模式，结合发展文化旅游、民俗节庆活动等开展生产性保护，促进其良性发展；对开展生产性保护效益较好的代表性项目，要引导传承人坚持用天然原材料生产，保持传统工艺流程的整体性和核心技艺的真实性，促进该项遗产的有序传承；对开展生产性保护取得显著成绩的代表性项目，要及时总结，推广经验；对忽视技艺保护和传承或者过度开发、破坏传统工艺流程和核心技艺的，要及时纠正偏差，落实整改措施，加强管理和规范。

（六）建设基础设施。要充分发挥政府职能，合理布局，有计划地建设一批非物质文化遗产生产性保护基础设施，为代表性传承人提供必要的生产、展示和传习场所。鼓励开展非物质文化遗产生产性保护的企业、单位和个人根据自身条件建设非物质文化遗产展示馆（室）和传习所，鼓励社会力量参与非物质文化遗产生产性保护设施建设。充分发挥已有设施的作用，积极开展宣传、展示、传习等活动，有计划地征集非物质文化遗产项目代表性传承人的代表作品，妥善保存和科学展陈传统工艺精品、传承人代表性作品。

（七）发挥协会作用。要充分发挥传统工艺美术等已有行业协会的积极作用，鼓励成立非物质文化遗产相关行业协会，支持协会开展非物质文化遗产的宣传、展示、教育、传播、研究、出版等活动，鼓励协会制定有关非物质文化遗产代表性项目在原材料、传统工艺流程和核心技艺方面的相关标准和规范，支持协会开展行业管理、行业服务、行业维权等工作，通过行业自律和行业监管，推动非物质文化遗产生产性保护健康发展。

（八）营造良好氛围。非物质文化遗产生产性保护与人民群众的生产生活密切相关，许多非物质文化遗产项目具有鲜明的地域特色、民族特色，依存于传统民俗节庆活动之中。要鼓励开展各种健康有益的民俗文化活动，尊重和支持民众在民俗文化活动中开展非物质文化遗产生产性保护实践；充分利用"文化遗产日"和传统民俗节庆，开展非物质文化遗产生产性保护宣传展示活动，营造非物质文化遗产生产性保护的良好社会氛围。

四、建立完善非物质文化遗产生产性保护的工作机制

（一）坚持政府引导。坚持政府对非物质文化遗产生产性保护的价值引导、政策引导和舆论引导，组织开展非物质文化遗产生产性保护知识和成果宣传，利用现有的优惠政策和出台新的优惠政策扶持非物质文化遗产生产性保护，为非物质文化遗产生产性保护营造环境、创设条件和提供服务。

（二）鼓励社会参与。积极采取措施，鼓励个人、企业和社会组织积极参与非物质文化遗产生产性保护，多渠道吸纳社会资金投入非物质文化遗产生产性保护；鼓励建立社会中介组织，使其成为非物质文化遗产生产性保护与社会需求、市场需求联系的桥梁与纽带。

（三）发挥专家作用。鼓励专家结合非物质文化遗产生产性保护工作实际开展理论研究和实践研究，充分发挥专家的指导、咨询和参谋作用，为非物质文化遗产生产性保护提供学术支持和实践指导。

（四）加强指导检查。加强对国家级、省级非物质文化遗产生产性保护示范基地的管理，制定相关管理办法；建立非物质文化遗产生产性保护绩效评估机制，对生产性保护实施情况进行指导和检查，及时发现问题，总结经验，改进工作；对非物质文化遗产生产性保护成绩突出的地区或单位予以鼓励。

文化部非物质文化遗产司
二〇一二年二月二日

后 记

　　武陵山片区跨湖北、湖南、重庆、贵州四省市，既是革命老区、民族地区，也是贫困地区；是跨省交界面大、少数民族聚集多、贫困人口分布广的连片特困地区，也是重要的经济协作区。武陵山片区非物质文化遗产资源丰富，拥有国家级非物质文化遗产 77 项，省市级非物质文化遗产 204 项，涵盖了民间文学、传统音乐等全部十大类别。在武陵山片区区域发展与扶贫攻坚战役中，我们既要保护好该区域的非物质文化遗产，也可以适当加以旅游利用。当前关于非物质文化遗产与旅游的有关论著中，多用"旅游开发"一词，但冯骥才说："我是最反对对文化用'开发'这个词，野蛮的词汇，世界上没有一个国家对自己的文化遗产用'开发'这个词。联合国用的是'利用'，香港和台湾地区用的是'活化'这个词，我也赞同。开发的目的是为了经济，不是为了精神、文化的传承。"我们非常认同这个观点。因此，本教材没有提非物质文化遗产"旅游开发"，而是"旅游利用"。

　　本教材主要服务于通识素质课或地方特色课程建设，通过学习，使学生在熟悉武陵山片区非物质文化遗产项目的基础上，了解非物质文化遗产保护与利用的基础知识。因此，教材用了较多篇幅介绍武陵山片区的非物质文化遗产项目。

　　教材由吉首大学姚小云和刘水良共同编写，姚小云负责大纲制定、教材统稿以及第一、二、三、六章的编写和附录收集，刘水良编写第四、五章。本书由"吉首大学服务武陵山片区区域发展与扶贫攻坚特色专业群建设项目"和国家社会科学基金"武陵山片区文化产业与旅游产业融合发展研究"项目资助出版，编写过程中，得到了西南交通大学出版社的大力支持，同时也参考了大量网站资料、著作和论文，在此一并致谢！书中引用了一些图片，但由于各种原因暂时还无法和作者取得联系，恳请图片拍摄者与我们联系，以便做出妥善处理。

姚小云　刘水良

2014 年 9 月 5 日